KURSBUCH

A2

Pluspunkt Deutsch
→ ÖSTERREICH

von Friederike Jin, Jutta Neumann und Joachim Schote

Cornelsen

Vorwort

Deutschkenntnisse sind der erste Schritt und die wichtigste Basis für gelungene Integration. Wer Deutsch spricht, kann sich verständigen, hier arbeiten, an der Gesellschaft teilhaben – zusammengefasst: ein selbstständiges Leben führen. Die Vermittlung von Deutschkenntnissen ist daher eine zentrale Aufgabe der Integrationspolitik und somit ein wesentlicher Schwerpunkt des Staatssekretariats für Integration.

Ich freue mich deshalb sehr, Ihnen das neue, dreibändige Deutsch-Lehrwerk „Pluspunkt Deutsch – Österreich" vorzustellen. Die Lehrbücher sind gezielt auf Zuwanderinnen und Zuwanderer nach Österreich zugeschnitten. Ihre Inhalte sind praxisorientiert und machen fit für Alltagssituationen.

Das Lehrwerk „Pluspunkt Deutsch – Österreich" wurde außerdem speziell als Vorbereitung für die gängigen ÖIF-Prüfungsformate entwickelt: „A1 – Fit für Österreich", „ÖIF-Test Neu (A2-Niveau)" sowie „Deutsch-Test für Österreich (DTÖ, A2- und B1-Niveau)". Die drei Bände sind für all jene besonders geeignet, die sich auf eine Prüfung im Rahmen von „Deutsch vor Zuzug", der Integrationsvereinbarung oder eines Staatsbürgerschaftsantrags vorbereiten. Das Werk ist somit eine gute Wahl sowohl für Kursleiterinnen und Kursleiter als auch für Migrantinnen und Migranten.

Ein solches Lehrwerk hat zuletzt etwa der Expertenrat für Integration vorgeschlagen. „Pluspunkt Deutsch – Österreich" ist damit ein weiterer Schritt auf dem Weg zu einer umfassenden Verbesserung des Integrationsprozesses in Österreich. Mein Wunsch ist es, dass mit Hilfe des vorliegenden Lehrwerks Zuwanderinnen und Zuwanderer die deutsche Sprache so gut erlernen, dass sie ihren Weg in Österreich erfolgreich gehen können.

Ich wünsche allen Leserinnen und Lesern viel Erfolg beim Deutschlernen!

Sebastian Kurz
Staatssekretär für Integration

(seit Dezember 2013 Bundesminister für Europa, Integration und Äußeres)

Pluspunkt Deutsch • Österreich auf einen Blick

Pluspunkt Deutsch • Österreich ist ein Grundstufenlehrwerk für Erwachsene ohne Deutsch-Vorkenntnisse. Es ist besonders geeignet für Lernende mit unterschiedlichen Voraussetzungen und Lernerfahrungen. **Pluspunkt Deutsch • Österreich** orientiert sich eng an den Vorgaben DTÖ (Deutsch-Test für Österreich) für Integrationskurse und setzt die Kannbeschreibungen des Gemeinsamen europäischen Referenzrahmens konsequent um. Das Lehrwerk bereitet auf den Test *A1-Fit für Österreich*, den *ÖIF-Test Neu* sowie auf den *DTÖ (Deutsch-Test für Österreich)* vor.

Das **Kursbuch** enthält vierzehn Lektionen, vier fakultative Stationen und einen Anhang. Jede Lektion beginnt mit einer bilderreichen Auftaktseite, die an den Wortschatz und das Thema heranführt. Es folgen drei Doppelseiten, auf denen der Lernstoff in thematisch abgeschlossenen Blöcken kleinschrittig präsentiert wird. Im Vordergrund stehen Themen des alltäglichen Lebens und ihre sprachliche Bewältigung, wobei die Grundfertigkeiten Sprechen, Hörverstehen, Leseverstehen und Schreiben systematisch und integriert trainiert werden. Die Doppelseite *Alles klar!* bietet Übungen zur aktiven Selbstevaluation. Die abschließende *Gewusst-wie*-Seite fasst die wichtigsten Redemittel und grammatischen Strukturen übersichtlich zusammen. Die fakultativen Stationen bieten auf jeweils zwei Doppelseiten Möglichkeiten zur spielerischen Wiederholung des Gelernten, stellen Berufe aus verschiedenen Bereichen vor und bereiten gezielt auf den *ÖIF-Test Neu* vor. Der Anhang umfasst:
– Phonetikübungen, die den einzelnen Lektionen zugeordnet sind,
– eine systematische Zusammenfassung der Grammatik,
– eine Liste der unregelmäßigen Verben sowie der Verben mit Präpositionen,
– die Hörtexte, die nicht in den Lektionen abgedruckt sind,
– eine alphabetische Wortliste mit den jeweiligen Fundstellen und
– Bildkarten zur Wiederholung und Vertiefung wichtiger Wortfelder.

Die **Audio-CDs** enthalten alle Hörtexte und Phonetikübungen aus dem Kursbuch. Alle Hörtexte sind im österreichischen Standarddeutsch aufgenommen.

Das **Arbeitsbuch** mit eingelegter **Lerner-Audio-CD** unterstützt die Arbeit mit dem Kursbuch. Es enthält ein umfangreiches Übungsangebot mit ausgewiesenen Übungen zur Binnendifferenzierung. Auf den *Deutsch-Plus*-Seiten wird das Gelernte vertieft und explizit das Hör- und Leseverstehen trainiert. Die letzte Doppelseite enthält den Lernwortschatz der Lektion sowie ein gezieltes Wortschatztraining mit Lerntipps. In den Stationen können die Lernenden ihren Sprachlernstand selbst überprüfen. Außerdem finden Sie hier weitere Übungen zur Vorbereitung auf den *ÖIF-Test Neu*. Am Ende jeder Niveaustufe finden sich bebilderte Grammatikkarten zur Wiederholung wichtiger Grammatikstrukturen. .

Die **Handreichungen für den Unterricht** enthalten Tipps für den Unterricht, Vorschläge für Differenzierungsmaßnahmen sowie Kopiervorlagen.

Unter **www.cornelsen.de/pluspunkt-oesterreich** gibt es für die Arbeit mit **Pluspunkt Deutsch • Österreich** Zusatzmaterialien, Übungen und didaktische Tipps sowie interessante Links.

Viel Spaß und Erfolg mit **Pluspunkt Deutsch • Österreich** wünschen

Autoren und Cornelsen Verlag

Inhalt

Seite		Sprachhandlungen	Grammatik
9	**Lektion 1** Meine Geschichte	• über Erfahrungen in Österreich sprechen • über Sprachenlernen sprechen • Lerntipps geben	• *seit* + Dativ • Possessivartikel • Perfekt mit *sein* oder *haben* (Vertiefung)
19	**Lektion 2** Medien	• über Medien sprechen • etwas begründen • die eigene Meinung sagen • Vorschläge machen und auf Vorschläge reagieren	• Nebensätze mit *weil* • Nebensätze mit *dass*
29	**Lektion 3** Endlich Wochenende	• über das Wochenende sprechen • sagen, wohin man geht/fährt • ein SMS schreiben und beantworten • einen Dialog im Restaurant führen	• *ja*, *nein* und *doch* • Wechselpräpositionen mit Dativ und Akkusativ
39	**Lektion 4** Schule	• über die Schule in Österreich sprechen • über die Vergangenheit sprechen • Briefe aus der Schule • beim Elternabend	• Modalverben im Präteritum • Nebensätze mit *wenn*
49	**Station 1**	Wiederholung, Berufe im Hotel und in der Gastronomie, Prüfungsvorbereitung ÖIF-Test Neu: Hören	
53	**Lektion 5** Am Arbeitsplatz	• Gespräche am Arbeitsplatz führen • etwas erklären • eine Mitteilung schreiben • höfliche Bitten	• Nebensätze mit Fragewort • Personalpronomen im Dativ • Demonstrativartikel *dies-*
63	**Lektion 6** Wohnen nach Wunsch	• über die Wohnlage sprechen • eine Wohnung suchen • telefonisch auf eine Anzeige reagieren • Nachbarn kennenlernen • über das Renovieren sprechen	• reflexive Verben • *legen/liegen* und *stellen/stehen*
73	**Lektion 7** Feste feiern	• über Feste und Geschenke sprechen • Einladungen verstehen und darauf reagieren • Komplimente machen und darauf reagieren • Glückwünsche aussprechen • Kleidung beschreiben • eine Kursparty organisieren	• das Datum • Adjektivdeklination nach dem unbestimmten Artikel • Verben mit Dativ und Akkusativ
85	**Station 2**	Wiederholung, Handwerksberufe, Prüfungsvorbereitung ÖIF-Test Neu: Lesen	

4 *vier*

Themen und Texte	Rahmencurriculum / Gemeinsamer europäischer Referenzrahmen
• die eigene Geschichte • Sprachlerntypen • Texte: Kurzbiographie	• Kann einfach und kurz über seine/ihre Gründe für die Migration sprechen. • Kann einfach und kurz von seinen/ihren Erfahrungen berichten. • Kann individuelle Sprachlernbedürfnisse und Ziele äußern. • Kann sich über die Bedeutung des Erlernens der Zielsprache für die eigene Zukunft äußern.

• Medien
• rund ums Internet
• Fernsehen und Radio
• Email und Co
• Texte: Fernsehprogramm
      Grafik
      Zeitungsartikel
	• Kann in Zeitungen und Zeitschriften, auch online, thematische Schwerpunkte und Rubriken verstehen und das Gewünschte auswählen.
	• Kann kurzen Berichten in Zeitungen oder im Internet wichtige Informationen entnehmen.
	• Kann Fernseh- und Radiowerbung für vertraute Produkte relevante Informationen entnehmen.
	• Kann geläufige Befehle in deutschsprachigen Versionen von Office-Programmen verstehen.

• Wochenendpläne • per SMS verabreden • im Restaurant • Was machen wir am Sonntag? • Texte: E-Mail, Speisekarte	• Kann, auch telefonisch, mit einfachen Mitteln eine Reservierung tätigen. • Kann in einer Gaststätte gewünschte Speisen und Getränke bestellen.
• Schulfächer und Schulnoten • das Schulsystem in Österreich • Schule früher und heute • Texte: Briefe aus der Schule	• Kann mit einfachen Worten wesentliche Informationen zum Betreuungs- bzw. Ausbildungssystem im Herkunftsland geben. • Kann das Wesentliche von einfachen Informationsschreiben der Schule verstehen. • Kann zurückzugebende Abschnitte von Elternmitteilungen ausfüllen. • Kann an einem Elternabend die für ihn/sie wichtigsten Informationen verstehen.
• im Büro • Situationen am Arbeitsplatz • Texte: Mitteilungen	• Kann einfache schriftliche Informationen verstehen. • Kann sich mit einfachen Worten telefonisch krankmelden. • Kann Kollegen eine kurze Notiz mit einer wichtigen Information hinterlassen. • Kann einfache mündliche Anweisungen verstehen. • Kann in einfacher Form einen Terminvorschlag machen und auf einen Terminvorschlag reagieren.

• Wohnen und renovieren
• im Baumarkt
• Texte: Wohnungsanzeigen
      Mietvertrag
      Baumarktprospekt
	• Kann sich in Tageszeitungen, Wochenblättern oder dem Internet über den Wohnungsmarkt informieren.
	• Kann Wohnungsanzeigen die für ihn/sie relevanten Informationen entnehmen.
	• Kann, auch telefonisch, mit einfachen Worten einen Besichtigungstermin vereinbaren.
	• Kann einem Mietvertrag für ihn/sie wichtige Informationen entnehmen.

• Feste und Feiertage
• Geschenke
• Hochzeit
• Feiern interkulturell
• Texte: Einladungen
      Interkultureller
      Kalender
	• Kann z. B. Kollegen, Freunde oder befreundete Eltern fragen, ob sie zu einer Feier mitkommen, und einen Termin mit ihnen ausmachen.
	• Kann sich für eine Einladung bei Kollegen oder Freunden bedanken und zusagen oder freundlich und mit Angabe eines Grundes absagen.
	• Kann mit einfachen Worten ein Kompliment aussprechen und sich für ein Kompliment bedanken.
	• Kann jemandem gratulieren und mit einfachen Worten gute Wünsche aussprechen und sich für gute Wünsche bedanken.

fünf **5**

Inhalt

Seite		Sprachhandlungen	Grammatik
89	**Lektion 8** Neue Chancen	• über die eigenen Ziele sprechen • sich über Weiterbildungsmaßnahmen informieren • sich für einen Kurs anmelden	• Nebensätze mit *damit* • Verben mit Präpositionen
99	**Lektion 9** Gesund leben	• über gesundes Leben sprechen • über Arztbesuche sprechen • sich über ein Medikament informieren • sich bei der Krankenkasse informieren	• *niemand, wenige, viele* und *alle* • das Verb *lassen*
109	**Lektion 10** Arbeitssuche	• über Arbeitssuche sprechen • über Eigenschaften im Beruf sprechen • ein Bewerbungsgespräch führen • einen Lebenslauf schreiben	• Nebensätze mit *ob* • Wunschsätze mit *würde gern(e)* + Infinitiv • Ratschläge mit *sollte*
119	**Lektion 11** Von Ort zu Ort	• eine Reise im Reisebüro buchen • die Notrufzentrale anrufen • Dialoge auf der Reise • eine Reise planen	• Relativsätze im Nominativ und Akkusativ
129	**Station 3**	Wiederholung, Pflegeberufe, Prüfungsvorbereitung ÖIF-Test Neu: Sprechen	
133	**Lektion 12** Treffpunkte	• sich über interkulturelle Erfahrungen austauschen • über Vereine und ehrenamtliches Engagement sprechen • mit Ämtern und Behörden telefonieren	• Relativsätze mit Präpositionen
143	**Lektion 13** Banken und Versicherungen	• ein Konto eröffnen • erklären, wie man Geld am Bankomaten abhebt • über Versicherungen sprechen • etwas reklamieren	• Wortbildung: Komposita • *zu* + Adjektiv
153	**Lektion 14** Freunde und Bekannte	• über Freundschaften sprechen • über Wünsche und Gefühle sprechen • kleine Gedichte verstehen und schreiben	• Fragewörter und Präpositionalpronomen (*da/wo* + Präposi…
163	**Station 4**	Prüfungsvorbereitung ÖIF-Test Neu – Modelltest	
	Anhang	Phonetik 174; Grammatik 185; Unregelmäßige Verben 200; Verben mit Präpositionen 203; Hörtexte 204; Wortliste 223; Antwortbögen 233, Bildkarten 235	

Themen und Texte	Rahmencurriculum / Gemeinsamer europäischer Referenzrahmen
• Weiterbildungskurse • Finanzierung von Weiterbildungskursen • telefonische Anmeldung • Texte: Kursprogramm 　　Flyer	• Kann die wichtigsten Informationen über Aus- und Weiterbildungsinhalte verstehen. • Kann einfachen Anzeigen zu Aus- und Weiterbildungsangeboten wichtige Informationen entnehmen. • Kann sagen, was er/sie kann, bisher gemacht hat und zukünftig machen möchte. • Kann einen einfachen, klaren Aushang schreiben und eine Dienstleistung anbieten.
• gesunde Ernährung • Kinder beim Arzt • Gespräch mit der Krankenkassse • Gespräch in der Apotheke • Texte: Ratgeber	• Kann Ratgebern relevante Informationen zum Thema Gesundheit entnehmen. • Kann im Gespräch mit dem Arzt einfache Informationen zum Gesundheitszustand geben und einfache Verhaltensweisen verstehen. • Kann Informationen bei der Krankenkasse erfragen.
• Bewerbungen • Eigenschaften von Arbeitnehmern • Texte: Stellenanzeigen 　　Lebenslauf	• Kann mithilfe einer Vorlage einen tabellarischen Lebenslauf schreiben. • Kann im Bewerbungsgespräch einfache Informationen verstehen und darauf reagieren. • Kann im Bewerbungsgespräch mit einfachen Worten sein/ihr Einverständnis mit bestimmten Arbeitsbedingungen ausdrücken oder eigene Vorstellungen äußern und Rückfragen stellen.
• Reisen • Situationen auf Reisen • Buchung einer Reise • Reiseplanung • Texte: Reiseführer	• Kann eine Reise mit dem Zug oder Flugzeug am Schalter oder telefonisch buchen. • Kann einen Platz am Schalter oder telefonisch reservieren. • Kann äußern, dass er/sie einen bestimmten Platz reserviert hat. • Kann einen Notruf telefonisch oder an der Notrufsäule absetzen.
• soziale Kontakte in Österreich und im Herkunftsland vergleichen • Nachbarschaft • Vereine und Organisationen • Texte: Internetseite 　　Zeitungsartikel	• Kann auf einfache Art seine/ihre Meinung über erlebte oder beobachtete Aspekte des Lebens in Österreich mitteilen. • Kann sich mit einfachen Worten über seine/ihre interkulturellen Erfahrungen austauschen. • Kann sich telefonisch verbinden lassen.
• auf der Bank • Versicherungen • Kaufen und reklamieren • Texte: Prospekt	• Kann sich über Banken und Versicherungen informieren. • Kann kurzem und klarem Informationsmaterial wichtige Informationen entnehmen. • Kann sich über Bankdienstleistungen informieren. • Kann am Schalter beim Kauf von Bankdienstleistungen die erforderlichen Auskünfte geben. • Kann grundlegende Informationen zu Produkten erfragen.
• Freundschaft • Gedichte • Texte: Zeitungsartikel 　　Fragebogen	

Sprache im Kurs

Sprache im Kurs

1. Schreiben Sie.

4. Kreuzen Sie an.

2. Hören Sie.

5. Lesen Sie.

3. Ergänzen Sie.

6. Spielen Sie Dialoge.

Sie lernen:
- über Erfahrungen in Österreich sprechen
- über Sprachenlernen sprechen und Lerntipps geben
- „seit" + Dativ ◂ Possessivartikel
- Perfekt mit „sein" und „haben"

1

Meine Geschichte

1a Ü1–4

Machen Sie ein Interview mit Ihrem Partner / Ihrer Partnerin. Tragen Sie die Orte in eine Österreichkarte ein.

Woher kommen Sie?
Wo in Österreich haben Sie schon gewohnt (und gearbeitet)? Wie lange?
Wo wohnen (und arbeiten) Sie jetzt?
Haben Sie Verwandte oder Freunde in Österreich? Wo wohnen sie?
Welche Städte kennen Sie noch in Österreich? Wie finden Sie die Städte?

1b Ü5

Stellen Sie Ihren Partner / Ihre Partnerin vor.

Das ist …	Seine/Ihre Verwandten wohnen in …
Er/Sie kommt aus …	Er/Sie kennt …
Er/Sie hat schon in … gewohnt/gearbeitet.	Er/Sie findet … interessant/langweilig/sauber/…
… liegt in der Nähe von …	Er/Sie mag … nicht. Die Stadt ist zu klein/groß/
Er/Sie wohnt schon seit … Jahren in …	laut/hektisch/schmutzig/…

neun 9

1 Meine Geschichte

A Die eigene Geschichte erzählen

1a Mirna Jukic erzählt. Lesen Sie und ordnen Sie die Bilder zu.

○ Ich bin am 9. April 1986 in Novi Sad (Serbien) geboren, aber meine Familie und ich haben in Vukovar im heutigen Kroatien gewohnt. Dann war Krieg. Deshalb haben meine Eltern und ich – ich war fünf Jahre alt – Vukovar verlassen. Wir sind nach Zagreb umgezogen. Dort bin ich auch in die Schule gegangen. Wir sind acht Jahre in Zagreb geblieben.

○ 1999 bin ich mit meiner Familie nach Österreich gekommen. Wir haben in Wien gewohnt. Ich habe die österreichische Staatsbürgerschaft beantragt und seit 2000 bin ich Österreicherin. Ich habe immer gern Sport gemacht. Mit sieben Jahren bin ich schon sehr gut geschwommen und 1999 habe ich mit dem Profischwimmen angefangen. Ich bin aber auch ganz normal in die Schule gegangen und habe die Matura gemacht. Das Jahr 2006 war nicht einfach für mich. Ich war sehr krank, aber der Verein Österreichische Sporthilfe hat mir hier sehr geholfen. 2008 war ein sehr gutes Jahr. Ich habe viele Preise gewonnen, der Höhepunkt war die Bronzemedaille 100 Meter Brust bei der Olympiade in Peking 2008. In diesem Jahr bin ich österreichische Sportlerin des Jahres geworden.

○ 2010 habe ich mit dem Profisport aufgehört. Seit 2007 studiere ich an der Universität Wien Publizistik. Im letzten Jahr habe ich meine Biografie geschrieben mit dem Titel: „Unter Wasser, über Leben". Da erzähle ich von meinem Leben.

1b Lesen Sie noch einmal und ergänzen Sie den Zeitstrahl.

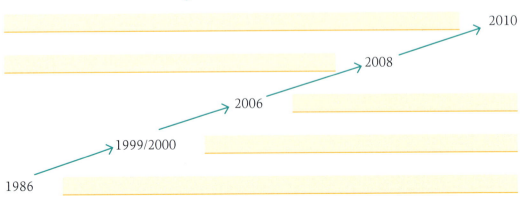

1c Wie war das für Frau Jukic? Positiv 😊 oder negativ ☹? Ergänzen Sie in 1b.

10 zehn

2 Suchen Sie zu den Verben die Perfektformen in 1a. Schreiben Sie sie in eine Tabelle.

Ü7+8

wohnen – verlassen – umziehen – gehen – bleiben – kommen – beantragen – machen – schwimmen – anfangen – helfen – gewinnen – werden – aufhören – schreiben

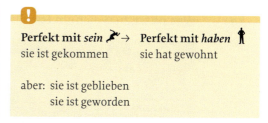

Perfekt mit *sein* → Perfekt mit *haben*
sie ist gekommen   sie hat gewohnt

aber: sie ist geblieben
sie ist geworden

Perfekt mit „sein"	Perfekt mit „haben"
ich bin gegangen	sie haben verlassen
...	...

3a Schreiben Sie Karten und ordnen Sie: regelmäßig, unregelmäßig, ohne *ge-*.

regelmäßig **ge**...(e)t	unregelmäßig	ohne *ge-*
er hat **ge**wohnt	er ist **ge**blieben	er hat verlassen
er hat auf**ge**hört	er ist um**ge**zogen	

3b Spielen Sie Memory mit den Karten.

Ü9

umziehen – er ist umgezogen

4 Erzählen Sie die Lebensgeschichte von Mirna Jukic.

Ü10+11

5 Machen Sie einen Zeitstrahl für wichtige Stationen in Ihrem Leben und berichten Sie im Kurs.

elf 11

1 Meine Geschichte

B Wie haben Sie das geschafft?

1a Was passt zu welchem Foto? Hören Sie und ordnen Sie zu. 1.2

Ü12

1. Studenten an der Universität
2. Als junge Mutter
3. Probleme über Probleme
4. Meine Familie heute
5. Das macht mir Spaß

1b Herr Taskin erzählt. Hören Sie und kreuzen Sie in 1a an: Welche Fotos passen? 1.3

1c Hören Sie noch einmal und beantworten Sie die Fragen im Kurs. 1.3

1. Woher kommen Herr und Frau Taskin?
2. Wo haben sie studiert?
3. Wo hat Herr Taskin nach dem Studium gearbeitet?
4. Warum sind sie nach Österreich gekommen?
5. Wer hat ihnen geholfen?

12 zwölf

1d Frau Taskin erzählt. Hören Sie und kreuzen Sie an: Was ist richtig? 🔊 1.4

1. Wie war es am Anfang für Herrn Taskin?
   - A ☐ Er hat sofort eine Arbeit gefunden.
   - B ☐ Er hat einen Sprachkurs gemacht.
   - C ☐ Er hat keine Probleme mit den Ämtern und Behörden gehabt.

2. Was hat Frau Taskin gemacht?
   - A ☐ Sie hat oft ihre Verwandten und Freunde getroffen.
   - B ☐ Sie war depressiv.
   - C ☐ Sie hat einen Sprachkurs gemacht.

3. Was macht Frau Taskin jetzt?
   - A ☐ Sie arbeitet als Russischlehrerin in einer Schule.
   - B ☐ Sie ist krank.
   - C ☐ Sie ist aktiv in einem Verein.

2a *Unsere* oder *eure*? Ergänzen Sie.
Ü13–17

◖ Wo sind _____ Kinder geboren?

◖ _____ Töchter sind in Afghanistan geboren, _____ Söhne sind in Österreich geboren.

◖ Haben _____ Kinder Probleme in der österreichischen Schule gehabt?

◖ Nein, überhaupt nicht. Sie sprechen besser Deutsch als wir.

◖ Welche Sprachen sprechen _____ Kinder noch?

◖ _____ Söhne sprechen Russisch, leider nur ein bisschen Dari und natürlich Deutsch. _____ Töchter sprechen alle drei Sprachen.

> **Possessivartikel**
> wir – unser/unsere
> ihr – euer/eure
> sie – ihr/ihre

2b Erzählen Sie über die Kinder von Herrn und Frau Taskin.

> *Ihre Söhne sind in Afghanistan geboren, ihre ...*

3 Arbeiten Sie in Gruppen. Welche Erfahrungen haben Sie in Österreich gemacht?
Ü18   Was finden Sie wichtig? Machen Sie ein Plakat für Ihre Gruppe.

Was finden Sie in Österreich gut / nicht so gut? Was war/ist schwierig für Sie?
Was haben Sie schon geschafft? Was möchten Sie noch schaffen?
Wer hat Ihnen geholfen? Wer kann Ihnen helfen?

dreizehn **13**

C Sprachen lernen

1 Wofür brauchen Sie Deutsch? Sammeln Sie im Kurs.

Ich möchte mit meinen Nachbarn sprechen.

Ich brauche Deutsch für ...

2a Sprachlerntypen. Lesen Sie und ordnen Sie die Bilder zu.

Ü19–21

1 die Geschichte

○ Schreiben ist für mich wichtig. Ich muss jedes neue Wort zu Hause auf Wortkarten schreiben. Ich lese auch viel. Dann kann ich gut lernen.

○ Ich mache nicht gern Fehler. Ich spreche lieber nicht so viel, aber ich lerne die Regeln und mache Übungen. Ich lerne auch viele Wörter. Dann kann ich die Sprache richtig gut lernen und ich kann leichter mit Österreichern sprechen.

○ Der Lehrer soll viel vorsprechen. Ich höre genau zu und spreche nach. Neue Wörter spreche ich immer laut. Manchmal sitze ich zu Hause und spreche deutsche Wörter. Mein Mann findet das lustig, aber für mich ist das wichtig, so kann ich die Wörter gut lernen.

○ Ich möchte immer alles ausprobieren. Ich lerne neue Sätze auswendig und probiere sie mit Österreichern aus. Das macht mir Spaß und so lerne ich am besten. Ich habe auch nicht so viel Zeit für Hausaufgaben und schriftliche Übungen.

2b Lesen Sie die Texte noch einmal. Wer macht was gern? Machen Sie eine Tabelle.

Typ 1	Typ 2	Typ 3	Typ 4
	schreiben,		

3 Welcher Lerntyp ist Ihr Partner / Ihre Partnerin? Schreiben Sie Fragen und machen Sie ein Interview. Stellen Sie ihn/sie im Kurs vor.

Was macht Ihnen Spaß?
Können Sie besser hören oder lesen?
Wie lange ...?
Wie ...?

4a Tipps von Deutschlernern. Hören Sie und kreuzen Sie an: Was ist richtig? 1.5

Ü22

1. Herr Marin:
   - A ☐ Die Grammatik ist wichtiger als die Wörter.
   - B ☐ Die Wörter sind wichtiger als die Grammatik.

2. Frau Abiska:
   - A ☐ Man darf keine Angst vor Fehlern haben.
   - B ☐ Man darf nicht viele Fehler machen.

4b Wie finden Sie die Tipps? Sprechen Sie im Kurs.

> Ich finde die Grammatik wichtig, aber ...

5 Geben Sie Lerntipps. Schreiben Sie ein Problem auf einen Zettel. Sammeln Sie die Zettel ein und mischen Sie sie. Jede/r liest ein Problem vor. Die anderen geben Tipps.

1. Ich kann nicht üben, ich habe so wenig Kontakt mit Österreichern.

2. Ich verstehe die Österreicher nicht. Sie reden immer Dialekt.

3. Ich brauche viele Wörter. Wie kann ich gut neue Wörter lernen?

4. Ich kann nicht gut schreiben, ich mache immer so viele Fehler.

Du kannst (vielleicht) ...	mit den Nachbarn Deutsch sprechen.
Sie können (vielleicht) ...	sagen: Bitte sprechen Sie langsam.
	zuerst die CDs hören und nachsprechen.
Du musst (unbedingt) ...	viel sprechen.
Sie müssen (unbedingt) ...	einen Kurs besuchen (z. B. einen Tanzkurs oder Computerkurs).
	jeden Tag ein bisschen schreiben.
	langsam sprechen.
Du darfst ... / Sie dürfen ...	keine Angst haben.

1 Alles klar!

Kommunikation

1a Schreiben Sie Fragen.

1. Name? *Wie heißen Sie?*

2. Heimat? _____

3. Wohnort? _____

4. Verwandte? _____

5. Städte in Österreich? _____

1b Beantworten Sie die Fragen in 1a.

2a Hören Sie und kreuzen Sie an: Was ist richtig? 🔊 1.6

1. Was macht Frau Akin sehr gern?
   - A ⃝ Hören.
   - B ⃝ Sprechen.
   - C ⃝ Lesen.
   - D ⃝ Schreiben.

2. Was macht sie nicht so gern?
   - A ⃝ Hören.
   - B ⃝ Sprechen.
   - C ⃝ Lesen.
   - D ⃝ Schreiben.

3. Wofür braucht Frau Akin Deutsch?
   - A ⃝ Für den Beruf.
   - B ⃝ Sie möchte mit den Nachbarn sprechen.
   - C ⃝ Sie möchte mit dem Mathematiklehrer sprechen.

2b Wofür brauchen Sie Deutsch? Was machen Sie gern? Schreiben Sie fünf Sätze.

Wortschatz

3 Gegenteile. Welche Wörter gehören zusammen?

1. schwierig – 2. bleiben – 3. gehen – 4. hektisch – 5. langweilig – 6. sauber

A interessant – B kommen – C einfach – D verlassen – E schmutzig – F ruhig

1. C, _____

16 *sechzehn*

4 Was passt zusammen?

nach Österreich 1	A	gewinnen
die Staatsbürgerschaft 2	B	kommen
das Heimatland 3	C	studieren
einen Pokal 4	D	verlassen
Schwimmprofi 5	E	umziehen
an einer Universität 6	F	beantragen
von einer Wohnung in eine andere 7	G	werden

Grammatik

5 Schreiben Sie Sätze im Perfekt mit den Wörtern aus Übung 4.

6 *Sein* oder *haben*? Ergänzen Sie die richtige Form.

Er _____ vor drei Jahren nach Österreich gekommen. Drei Monate _____ er bei Verwandten gewohnt, dann _____ er eine Wohnung gefunden. Seine Freunde _____ ihm geholfen. Seine Frau _____ dann auch nach Österreich gekommen. Sie _____ zusammen in eine Sprachschule gegangen und sie _____ einen Deutschkurs gemacht.

7 Possessivartikel. Spielen Sie im Kurs.

Flüssig sprechen

8 Hören Sie zu und sprechen Sie nach. 1.7

1 Gewusst wie

Kommunikation

Über Erfahrungen in Österreich sprechen

Ich habe meine Heimat verlassen und ich bin 2007 nach Österreich gekommen. Ich habe zuerst bei Verwandten in Graz gewohnt und dann bin ich nach Wien umgezogen. Am Anfang war es schwer / nicht so schwer / leicht / …
Unsere Kinder sind in Österreich in die Schule gegangen. Sie haben keine Probleme gehabt. Sie haben schneller Deutsch gelernt als wir.
Ich habe keine Arbeit als Lehrerin gefunden, deshalb habe ich als Verkäuferin gearbeitet.
Wir haben viele Probleme mit Behörden gehabt, aber unsere Verwandten haben uns geholfen.

Über Sprachenlernen sprechen

Für mich ist Schreiben ganz wichtig. Ich schreibe immer jedes neue Wort.
Ich spreche viel Deutsch. Ich spreche mit Österreichern oder auch mit Leuten aus meinem Deutschkurs. Dann kann ich am besten lernen.

Lerntipps geben

Sie können sagen: Bitte sprechen Sie langsam.
Sie können vielleicht einen Kurs an der Volkshochschule besuchen, z. B. einen Tanzkurs oder einen Computerkurs.

Grammatik

Perfekt mit *sein* und Perfekt mit *haben*

Perfekt mit *sein* 🏃 →
er ist gekommen

…

aber: er ist geblieben
er ist geworden

Perfekt mit *haben* 🧍
er hat gewohnt

…

Seit + Dativ

Ich bin **seit einem** Jahr in Graz.

Possessivartikel

	m		n		f		Pl.	
wir	unser		unser		unsere		unsere	
ihr	euer	Sohn	euer	Haus	eure	Tochter	eure	Kinder
sie (Pl.)	ihr		ihr		ihre		ihre	
Sie	Ihr		Ihr		Ihre		Ihre	

18 *achtzehn*

Sie lernen:
- über Medien sprechen
- etwas begründen
- die eigene Meinung sagen
- Vorschläge machen und auf Vorschläge reagieren
- Nebensätze mit „weil" und „dass"

2

Medien

1 Ü1

Was machen die Leute auf den Fotos? Erzählen Sie.

> ein Buch / eine Zeitung lesen – mit dem MP3-Player Musik hören – am Computer arbeiten – im Internet surfen – mit dem Handy telefonieren

2 Ü2+3

Wann, wo und warum benutzen Sie diese Medien?

wann?	wo?	warum?
täglich – in der Früh – am Morgen – zu Mittag – am Nachmittag – am Abend – …	im Zug – zu Hause – in der Schule – …	wichtig – unwichtig – spannend – interessant – langweilig – entspannend – erreichbar sein – …

> Das Handy benutze ich täglich. Ich muss immer erreichbar sein.

> Ich lese am Abend gern ein Buch. Das finde ich entspannend.

> Ich lese gern in der Früh eine Zeitung.

neunzehn **19**

Medien

A Rund ums Internet

1 Was kann man im Internet machen? Sammeln Sie im Kurs.

Preise vergleichen — Internet — im Facebook sein / chatten

- Im Internet kann man einkaufen.
- Man kann ...
- Ich suche im Internet oft ...

2a Was glauben Sie: Wie wichtig ist für diese Menschen das Internet? Sprechen Sie im Kurs.

Julian, Schüler

Heinrich Merz, Pensionist

Eleni Kostas, Übersetzerin

Lin Yan, Studentin

- Ich denke, Julian benutzt gern das Internet.
- Frau Kostas ist Übersetzerin. Vielleicht ...

	wichtig/unwichtig	Warum?
Julian	wichtig	
Heinrich Merz		
Eleni Kostas		
Lin Yan		

2b Was sagen die Menschen? Hören Sie. Waren Ihre Vermutungen richtig? 1.8

2c Hören Sie die Interviews noch einmal und ordnen Sie zu. 🔊 1.8

Warum findet Julian **1**   **A** Weil Bücher besser sind.
das Internet gut?

Warum braucht Herr Merz **2**   **B** Weil es dort Deutschübungen gibt.
kein Internet?

Warum ist das Internet **3**   **C** Weil man dort Wörterbücher findet.
für Frau Kostas wichtig?

Warum findet Lin Yan **4**   **D** Weil man Online-Spiele
das Internet praktisch? spielen kann.

> **Warum?**
> Lin Yan findet das Internet praktisch.   Es gibt dort Deutschübungen.
> Lin Yan findet das Internet praktisch, **weil** es dort Deutschübungen gibt.

3 Warum? Schreiben Sie Sätze mit *weil*.

Ü5–9

Warum braucht Herr Merz das Internet nicht?

1. Er liest lieber Bücher.

   Herr Merz braucht das Internet nicht, *weil er lieber Bücher liest.*

2. Er hat es auch früher nicht gebraucht.

   Herr Merz braucht das Internet nicht, _____

Warum findet Lin Yan das Internet praktisch?

3. Sie kann mit ihren Freunden in China chatten.

   Lin Yan findet das Internet praktisch, _____

4. Das Internet ist auch für das Studium nützlich.

   Lin Yan findet das Internet praktisch, _____

4 Ist das Internet wichtig für Sie? Schreiben Sie Sätze und berichten Sie im Kurs.

Das Internet ist für mich wichtig, weil ich dort Zeitungen aus meiner Heimat lesen kann.

Das Internet ist für mich nicht wichtig, weil …

einundzwanzig **21**

B Fernsehen und Radio

1a Das Fernsehprogramm. Finden Sie ein Beispiel für jede Rubrik.

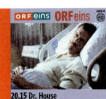

20.15 Dr. House
5.40 Seitenblicke 1-661-739
6.00 Phineas und Ferb 276-555
6.20 Postbote Pat 1-692-604
6.35 Biene Maja (Wh.) 3-268-975
7.00 Kasperl 627-265
7.30 Weihnachtsmann 8-525-807
9.20 Pinguine 8-870-404

18.10 Ski alpin Riesenslalom (D)
LIVE 1. Lauf · Ersatz: Nach Ansage / Scrubs 8-816-846
20.00 ZiB / Wetter 222-994
20.15 Dr. House Staffelfinale der Arztserie, USA 2011 · Ärztekummer / Entzwei · Mit Hugh Laurie, Lisa Edelstein · Eines Abends taucht Dreizehns ehemalige Zellengenossin Darrien schwer verletzt vor seiner Haustür auf

20.15 Criminal Minds
5.30 Für alle Fälle Amy (Wh.) Familienserie 4-809-820
6.25 Dr. Quinn – Ärztin aus Leidenschaft (Wh.) Arztserie 2-714-826
7.20 ATV Life 5-270-604
7.50 Teleshopping 8-606-739
8.50 MediaShop 7-269-642

19.20 Aktuell mit Sport 389-130
19.40 ATV Wetter 1-637-536
19.45 ATV Life Magazin 878-604
20.15 Criminal Minds Krimiserie, USA 2011 · Bis dass der Tod... · Mit Joe Mantegna, Paget Brewster, Shemar Moore · Das BAU-Team hilft in Montana bei der Suche nach einem jungen Paar, das schon mehrere Überfälle begangen und dabei mehrere Menschen getötet hat.

20.15 Das große Allgemein…
5.05 K 11 – Kommissare im Einsatz 5-079-160
5.30 Pink! 9-659-092
5.35 K 11 – Kommissare im Einsatz 5-092-011
6.00 Café Puls mit AustriaNews 75-746-127
9.00 Teleshopping 85-818

20.00 AustriaNews 55-059
20.15 Das große Allgemeinwissensquiz Show · Wer ist Deutschlands klügster Kopf? Dieser Frage widmet sich Johannes B. Kerner. Dabei geht es nicht darum, den Bürger mit dem höchsten IQ zu finden, sondern mit dem besten Allgemeinwissen. 7-684-585
22.30 Akte Thema: Wissen was zu tun ist Magazin, D 2011 · Mod.: Ulrich Meyer 36-382

der Fernsehfilm
die Kindersendung
das Quiz
die Nachrichten
der Krimi
der Tierfilm
die Sportsendung

Die ZiB ist eine Nachrichtensendung.

! ZiB = die Zeit im Bild

1b Wann sind die Sendungen? Fragen und antworten Sie.

Wann ist die ZiB?   *Die ZiB gibt's um …*

1c Was für eine Sendung ist das? Hören Sie. 🔊 1.9

Nummer eins ist ein Krimi.

2 Bringen Sie ein Fernsehprogramm mit und planen Sie einen Fernsehabend.

• Wollen wir ... sehen? / Möchtest du ... sehen?

🙂 • Ja gern. / Ja, das ist eine gute Idee. / Ja, das finde ich spannend.

☹ • Nicht so gern, ich möchte lieber ... / Nein, ich mag kein/e ... / Nein, ... finde ich langweilig.

ℹ️ **GIS** Für einen Fernseher oder ein Radio müssen Sie bei der GIS eine Gebühr bezahlen. Durchschnittlich betragen die Gebühren 22 € pro Monat und Haushalt.

3a Was glauben Sie: Wie lange nutzen die Menschen diese Medien pro Tag?

Fernsehen – Zeitschriften – Internet – Radio – Tageszeitungen – Bücher

225*
186
58
38
25
12
*Angaben in Minuten pro Tag

Fernsehen 225 Min. – Radio 186 Min. – Internet 58 Min. – Tageszeitung 38 Min. – Bücher 25 Min. – Zeitschriften 12 Min.

3b Lesen Sie den Text. Schreiben Sie Fragen zum Text. Beantworten Sie dann die Fragen.

Ü15

Alle sprechen vom Internet und vom Fernsehen, das Radio ist nur selten Gesprächsthema. Aber: Das Radio ist nach dem Fernsehen noch immer das Medium Nummer 2! Die Menschen hören pro Tag im Durchschnitt 186 Minuten Radio. Am Morgen hören sie Radio beim Frühstück, sie schalten das Autoradio ein, weil es Verkehrsmeldungen gibt. Auch bei der Arbeit hört man Radio. Es bietet Informationen aus der ganzen Welt, den Wetterbericht und Musik und man hört immer die Uhrzeit.

Welches Medium ist auf Platz eins? Wann ...?
Wie lange hören ...? Was ...?

4a Hören Sie die Radiowerbung. Welche Werbung passt? Ordnen Sie zu. 🔊 1.10

4b Hören Sie noch einmal und ergänzen Sie die Preise. 🔊 1.10

5 Wählen Sie ein Produkt aus und machen Sie einen Werbespot. Spielen Sie im Kurs.

 „Hallo wach" Kaffee

 Diätmenü „Schlanke Linie"

 Wohlfühlsessel „Feierabend"

bequem – entspannend nach der Arbeit – Pause – für den großen Hunger – gesund – macht schlank – gibt Energie – ...

dreiundzwanzig **23**

2 Medien

6a
Ü16

Meinungen über das Fernsehen. Hören Sie die Diskussion. Kreuzen Sie an: Wer findet das Fernsehen gut, wer findet es schlecht? 🔊 1.11

	🙂	🙁
1. Frau Hegel	☐	☐
2. Herr Mandl	☐	☐
3. Frau Wissmann	☐	☐
4. Herr Gottfried	☐	☐

6b

Was sagen die Personen? Hören Sie noch einmal und ordnen Sie zu. 🔊 1.11

Frau Hegel **1** ○ — ○ **A** Es gibt zu viel Werbung.
Herr Mandl **2** ○ — ○ **B** Das Radio hat mehr Informationssendungen.
Frau Wissmann **3** ○ — ○ **C** Das Fernsehen bietet gute Informationen.
Herr Gottfried **4** ○ — ○ **D** Kinder können in Kindersendungen viel lernen.

6c
Ü17

Die eigene Meinung sagen. Ergänzen Sie die Sätze.

> ❗
> Das Fernsehen bietet gute Informationen.
> Ich finde, **dass** das Fernsehen   gute Informationen bietet.

1. Frau Hegel: Ich finde, *dass das Fernsehen gute Informationen*

2. Herr Mandl: Ich denke, *dass*

3. Frau Wissmann: Ich meine,

4. Herr Gottfried: Es ist gut,

7
Ü18+19

Was meinen Sie? Fragen und antworten Sie.

Sehen Kinder zu viel fern?
Informiert das Fernsehen schlechter als Zeitungen?
Brauchen wir heute noch Bücher?
Bietet das Internet mehr als andere Medien?

> Ich meine, dass …
> Ich denke, dass …
> Ich finde, dass …
> Ich bin dafür, dass …
> Ich bin dagegen, dass …
> Ich finde es gut/schlecht, dass …
> Es ist gut/schlecht, dass …

Findest du, dass Kinder zu viel fernsehen?

Nein, ich denke, dass viele Kindersendungen gut sind.

Also, ich bin dagegen, dass Kinder immer fernsehen!

C E-Mail und Co

1a Ein E-Mail-Programm verstehen. Was passt? Ordnen Sie zu.

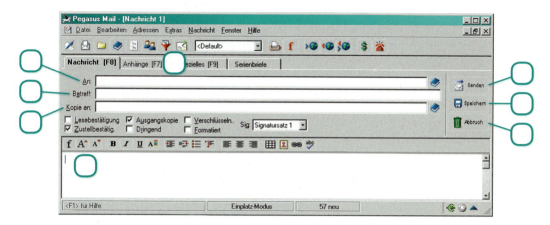

A   Hier schreibt man den Text.
B   Hier steht die E-Mail-Adresse vom Empfänger.
C   Hier schickt man das E-Mail ab.
D   Hier kann man Dateien anhängen.
E   Hier kann man das E-Mail speichern.
F   Hier kann man das E-Mail an weitere Personen schicken.
G   Hier kann man das E-Mail wieder löschen.
H   Hier schreibt man kurz das Thema.

> ❗ das E-Mail = die E-Mail

1b Ein E-Mail schreiben. Wie machen Sie das? Erzählen Sie.

Ü20

> das E-Mail-Programm öffnen – den Empfänger auswählen – den Betreff schreiben – den Text schreiben – Dateien anhängen – das E-Mail abschicken – das E-Mail-Programm schließen

Zuerst öffne ich das E-Mail-Programm. Dann ...

2 Projekt: Internetanbieter. Informieren Sie sich und berichten Sie im Kurs.

Haben Sie einen Internetzugang? Wie heißt Ihr Internetanbieter?
Wie viel kostet ein Internetzugang pro Monat? Vergleichen Sie die Preise.
Haben Sie eine E-Mail-Adresse?
Wo kann man E-Mail-Adressen bekommen?

fünfundzwanzig **25**

2 Alles klar!

Kommunikation

1 Meinungen sagen. Ergänzen Sie die Sätze.

> schlecht – meine – praktisch – dagegen – dafür

1. Ich finde das Radio _____, weil es viele Informationen gibt.
2. Ich bin _____, dass Kinder so viel fernsehen. Es ist nicht gut für sie.
3. Ich _____, dass viele Kinder mit dem Internet viel lernen können.
4. Ich bin _____, dass wir mehr lesen, Bücher sind besser als Fernsehen.
5. Die Krimis im Fernsehen sind oft _____ und nicht interessant.

2a Ordnen Sie den Dialog. Kontrollieren Sie dann mit der CD. 🔊 1.12

- ◯ ◆ Ja, gern.
- ① ◆ Was gibt es heute im Fernsehen?
- ◯ ◆ Ja, das stimmt. Das ist auch interessant.
- ◯ ◆ Super. Wollen wir dann lieber das Quiz anschauen?
- ◯ ◆ Um 20.15 Uhr ist ein Krimi. Hast du Lust?
- ◯ ◆ Hm, Krimis sehe ich nicht so gern. Ich glaube, dass es auch ein Quiz gibt.

2b Variieren Sie den Dialog und spielen Sie.

1. 19.00 Uhr: Nachrichten / Tiersendung
2. 20.15 Uhr: Sportsendung / Musiksendung
3. 22.00 Uhr: Fernsehfilm / Krimi

Wortschatz

3a Wie heißen die Medien? Schreiben Sie die Wörter mit Artikel.

26 *sechsundzwanzig*

3b   Ergänzen Sie die Sätze mit den Wörtern aus 3a.

1. Pia kann ohne _____ nicht leben, weil sie gern im Internet surft.

2. Paul telefoniert nur mit dem _____ , weil er viel unterwegs ist.

3. Roman hört bei der Arbeit immer _____ . Dann kann er besser arbeiten.

4. Miriam liest am Abend gern die _____ oder ein _____ .

Grammatik

4   Frau Beck ist krank. Schreiben Sie Sätze mit *weil*.

1. Warum bleibt Frau Beck heute zu Hause? Sie ist krank.

   Frau Beck bleibt heute zu Hause, weil _____

2. Warum ruft sie in der Arztpraxis an? Sie braucht einen Termin.

   Sie ruft in der Arztpraxis an, weil _____

3. Warum geht Frau Beck in die Apotheke? Sie holt dort Medikamente ab.

   _____

4. Warum geht es ihr am Nachmittag besser? Sie hat das Medikament genommen.

   _____

5   Unser Urlaub. Ergänzen Sie die Sätze.

1. Wir machen im Herbst Urlaub.
   Meine Frau ist dafür, dass _____

2. Die Hotels sind dann billiger.
   Sie denkt, dass _____

3. Urlaub im Sommer ist schöner.
   Ich finde, dass _____

Flüssig sprechen

6   Hören Sie zu und sprechen Sie nach. 📞))) 1.13

2 Gewusst wie

Kommunikation

Über Medien sprechen

Das Handy brauche ich täglich. In der Früh lese ich immer die Tageszeitung. Zu Mittag höre ich manchmal Radio und am Abend sehe ich fern. Das Internet ist für mich sehr wichtig, weil ich dort viele Informationen finde.

Etwas begründen

Ich benutze das Internet oft, weil ich es für meine Arbeit brauche.
Ich habe keinen Fernseher, weil ich lieber Bücher lese.

Die eigene Meinung sagen

Ich bin dagegen, dass Kinder so viel fernsehen.
Ich denke, dass es im Radio gute Informationssendungen gibt.
Es ist gut, dass man im Internet viele Informationen bekommt.

Vorschläge machen und auf Vorschläge reagieren

Wollen wir den Krimi sehen?

Ja, gern.	Nicht so gern, ich möchte lieber das Quiz sehen.
Ja, das ist eine gute Idee.	Nein, ich mag kein/e …
Ja, das finde ich spannend.	Nein, das finde ich langweilig.

Grammatik

Nebensätze mit *weil*

Warum braucht Herr Merz das Internet nicht? Er **liest** lieber Bücher.
    Herr Merz braucht das Internet nicht, **weil** er   lieber Bücher **liest**.

Warum kauft sie das Kleid? Es **sieht** gut **aus**.
    Sie kauft das Kleid, **weil** es   gut **aussieht**.

Nebensätze mit *dass*

    Kinder **können** in Kindersendungen viel lernen.
Ich finde, **dass** Kinder   in Kindersendungen viel lernen **können**.

28 *achtundzwanzig*

Sie lernen:
- über das Wochenende sprechen
- sagen, wohin man geht/fährt
- ein SMS schreiben und beantworten
- im Restaurant bestellen und bezahlen
- „ja", „nein" und „doch"
- Wechselpräpositionen mit Dativ und Akkusativ

3

Endlich Wochenende

1 Was machen die Leute auf den Fotos? Sammeln Sie und schreiben Sie Sätze.
Ü1+2

> Foto 1: Kinder spielen. Zwei Frauen ...
> Foto 2: Leute sitzen im Café. Ein Mann ...

2 Was machen Sie oft am Samstag und am Sonntag? Erzählen Sie.
Ü3

> Was machst du am Samstag?   Ich kaufe oft ein und ...

> einkaufen – Eis essen – schwimmen – Freunde treffen – Kaffee trinken –
> ein Picknick machen – tanzen – grillen – lange frühstücken – spazieren gehen –
> essen gehen – die Zeitung lesen – lange schlafen

neunundzwanzig **29**

3 Endlich Wochenende

A Wohin gehen wir?

1 Wo ist Mark? Schreiben Sie.

_____ Deutschkurs   _____ Disko   _____ Fußballstadion

2a Wochenendpläne. Lesen Sie das E-Mail und kreuzen Sie an: richtig oder falsch?

> Hallo Niklas,
> wie geht es dir? Mir geht es super, weil ich gestern meinen Deutschtest bestanden habe ☺!!! Am Freitag komme ich nach Hause. Wollen wir etwas zusammen machen? Wir können in das neue Fußballstadion gehen. Oder wir gehen zuerst in die Stadt und danach in den Wald joggen. Und am Abend in die Disko? Im Kult Keller gibt es immer gute Musik! Schreib schnell zurück.
> Bis bald
> Mark

	R	F
1. Mark hat am Freitag eine Deutschprüfung.	☐	☐
2. Mark möchte ins Restaurant gehen.	☐	☐
3. Mark will tanzen gehen.	☐	☐

2b Wohin möchte Mark gehen? Lesen Sie noch einmal und unterstreichen Sie in 2a. Ergänzen Sie danach den Grammatikkasten.

Wohin? + Akkusativ	Wo? + Dativ	*genauso:* an, auf, hinter, vor, über, unter, neben, zwischen
in ____ Wald	**im** Wald	
in ____ Fußballstadion	**im** Fußballstadion	
in ____ Stadt	in **der** Stadt	in das = ins an das = ans
in **die** Geschäfte	in **den** Geschäften	in dem = im an dem = am

30 *dreißig*

2c Wohin will Niklas gehen? Wählen Sie zwei Möglichkeiten und schreiben Sie Mark.

Lieber Mark,

vielen Dank für dein E-Mail. Super, dass du kommst. Ich möchte sehr gern mit

dir _____. Oder wir

gehen _____.

Liebe Grüße
Niklas

3a Im Café. Was sehen Sie auf Bild 1? Was passiert auf Bild 2? Schreiben Sie Sätze.
Ü5–7

auf dem Tisch – unter dem Sessel – im Glas – vor dem Café – neben der Tasse – über dem Sessel

auf den Baum – ins Café – unter den Schirm – auf den Boden – neben die Katze – auf den Sessel

Niklas und Mark sind im Café.
Der Löffel ist ...

Sie laufen in ...
Der Löffel fällt ...

3b Wo und wohin? Fragen und antworten Sie.
Ü8

Wo ist der Kellner? *Der Kellner steht vor dem Café.*

Wohin läuft der Kellner? *Der Kellner läuft unter den Schirm.*

4 Wo waren Sie am letzten Wochenende? Wohin sind Sie gegangen? Erzählen Sie.
Ü9

einunddreißig **31**

B Bis Sonntag!

1a Lesen Sie das SMS und ergänzen Sie die Informationen.

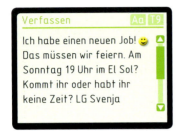 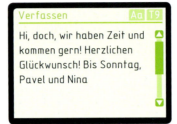 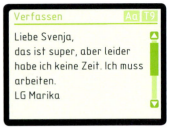

WAS? _____ WO? _____

WANN? _____ WER KOMMT? _____

1b Hören und lesen Sie den Dialog. Wer kommt? 1.14

- Hallo Svenja, kommt Marika am Sonntag?
- Nein, sie muss arbeiten.
- Und Nina? Kommt sie auch nicht?
- Doch, sie kommt.
- Und was ist mit Pavel? Hat er keine Zeit?
- Doch, natürlich! Er kommt auch.

2 Fragen und antworten Sie.

Haben Sie die Hausaufgaben gemacht?   Hast du keinen Hunger?
Haben Sie die Übung nicht verstanden?   Schmeckt dir das Essen?
Haben Sie heute keinen Unterricht?   Isst du nicht gern Fisch?
Beginnt der Unterricht heute später?   Trinkst du gern Kaffee?

3 Schreiben Sie Fragen. Fragen und antworten Sie mit *ja*, *nein* oder *doch*.

32 zweiunddreißig

4a Im Restaurant. Lesen Sie und ordnen Sie die Fotos den Dialogen zu.

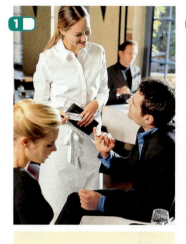 1

 2

 3

○ **reservieren**
- Ich möchte einen Tisch reservieren.
- Für wie viele Personen?
- Für vier Personen. Am Sonntagabend.
- Um wie viel Uhr?
- Um 20 Uhr.

○ **bestellen**
- Möchten Sie bestellen?
- Ja, ich hätte gern das Steak.
- Gern, und was möchten Sie trinken?
- Ich nehme einen Rotwein.

○ **bezahlen**
- Die Rechnung, bitte.
- Ich komme sofort. Zusammen oder getrennt?
- Zusammen, bitte.
- Das macht 67,20 Euro.
- 70 Euro. Stimmt so.
- Vielen Dank.

4b Hören Sie und kreuzen Sie in 4a an: Welches Foto passt? 1.15

4c Hören Sie noch einmal und ergänzen Sie die Reservierung. 1.15

SAMSTAG, 31. 07.			
18 Uhr		Herr Schmidt,	
19 Uhr	Herr Meier,	2 Personen	
20 Uhr	4 Personen		
21 Uhr		Frau Fischer,	
22 Uhr		3 Personen	
23 Uhr			

dreiunddreißig **33**

Endlich Wochenende

5a Im Restaurant. Wählen Sie eine Situation aus und schreiben Sie einen Dialog.

Ü 15–17

reservieren	**bestellen**	**bezahlen**
◖ Ich möchte einen Tisch reservieren.	◖ Möchten Sie bestellen?	◖ Die Rechnung, bitte.
◖ Wann? Wie viele Personen?	◖ Ich hätte gern … / Ich nehme …	◖ Getrennt oder zusammen?
◖ Am … um … Uhr.	◖ Was möchten Sie trinken?	◖ Getrennt. / Zusammen.
◖ Ja, das geht. / Geht es später?	◖ Ich nehme … / Ein/e/n …, bitte.	◖ Das macht dann …
		◖ Danke, stimmt so.

Restaurant am Park

Suppen

Frittatensuppe	€ 3,20
Leberknödelsuppe	€ 3,20
Ungarische Gulaschsuppe	€ 4,20

Hauptspeisen

Wiener Schnitzel vom Kalb mit Erdäpfelsalat	€ 17,50
Rindsgulasch mit Semmelknödel	€ 8,90
Gebratenes Zanderfilet mit Kräuterbutter und Petersilerdäpfeln	€ 16,70
Faschierte Laibchen mit Erdäpfelpüree und gemischtem Salat	€ 8,80
Eiernockerl mit grünem Salat	€ 6,90
Bratwürstel mit Sauerkraut und Rösterdäpfeln	€ 7,50

Nachspeisen

Marmeladepalatschinke	€ 2,30
Maronireis auf Schlagobers	€ 4,90
Warmer Topfen- oder Apfelstrudel	€ 3,80

Getränke

Mineralwasser	0,25 l	€ 2,30
Sodawasser	0,25 l	€ 1,50
Apfel-/Orangensaft	0,2 l	€ 2,50
Almdudler	0,3 l	€ 2,70
Bier (Gösser)	0,3 l	€ 2,80
Rotwein (Merlot)	1/8 l	€ 4,40
Weißwein (Grüner Veltliner)	1/8 l	€ 2,60
Campari Orange	0,2 l	€ 4,90
Campari Soda	0,2 l	€ 4,70
Melange		€ 2,90
Großer Mokka		€ 3,50
Heiße Schokolade		€ 3,20
Schwarz- oder Früchtetee		€ 4,20

5b Spielen Sie den Dialog im Kurs.

C Was machen wir am Sonntag?

1a Was machen die Personen am Sonntag? Lesen Sie die Texte und unterstreichen Sie im Text.
Ü18

Valerij Nekrasov (24), Linz
Mein Sonntag ist leider oft langweilig. Ich wohne erst seit fünf Monaten in Linz und habe hier noch keine Freunde. Meine Kollegen sind alle verheiratet und verbringen den Sonntag mit ihrer Familie. Oft gehe ich nach dem Frühstück spazieren oder ins Fitnessstudio. Manchmal bleibe ich zu Hause und sehe fern.

Familie Genc: Erdogan (36), Fatma (34), Ayse (8) und Schechmus (14), Wien
Fatma: Im Sommer sind wir oft mit der ganzen Familie im Garten. Wir laden dann Verwandte und Freunde ein und grillen oder trinken Tee zusammen. Wir besuchen auch gern meine Schwiegereltern. Viele von unseren Verwandten leben in Wien.
Ayse und Schechmus: Am Sonntag dürfen wir lange schlafen!!!

Ehepaar Hoffmann: Hans (68) und Helga (69), Bad Aussee
Wir sind beide Pensionisten und am Sonntag kommen oft unsere Kinder mit den Enkeln. Wir trinken dann Kaffee und essen Kuchen. Das Haus ist voll und wir haben viel Spaß zusammen. Manchmal sind wir allein. Dann lesen wir oder gehen spazieren.

1b Was möchten Sie noch von den Personen wissen? Fragen und antworten Sie.

> Wer? – Was? – Wo? – Warum? – Wie? – Wann? – Wohin? – Seit wann?

Seit wann wohnt Familie Genc in Wien?

Ich glaube, dass Familie Genc schon lange in Wien wohnt.

2 Was haben Sie am Wochenende in Ihrer Heimat gemacht? Was machen Sie in Österreich? Erzählen Sie.

fünfunddreißig **35**

3 Alles klar!

Kommunikation

1   Was machen wir? Lesen Sie das SMS und schreiben Sie eine Antwort.

> **Verfassen**   Aa T9
>
> Hi, hast du morgen Abend Zeit? Gehen wir ins Kino? Oder essen? Fragst du auch Anna?
> LG Sonja

Hallo Sonja, _____

_____

_____

2a   Im Restaurant. Wer sagt was? Markieren Sie: Kellner – grün, Gast – rot.

> Grüß Gott. – Was nehmen Sie? – Guten Tag, die Speisekarte, bitte. – Wir hätten gern das Steak mit Pommes Frites und Salat. – Und was möchten Sie trinken? – Wir möchten zahlen. – Das macht dann 23,80 Euro. – 25 Euro, stimmt so. – Zusammen oder getrennt? – Zusammen. – Ein Cola und ein Mineralwasser, bitte.

2b   Schreiben und spielen Sie die Dialoge.

◄ Grüß Gott. _____

◄ Guten Tag, die Speisekarte, bitte. _____

◄ Was _____

◄ _____

◄ _____

◄ _____

◄ Wir möchten zahlen. _____

◄ Zusammen oder _____

◄ _____

◄ _____

Wortschatz

3   Welches Wort passt nicht? Streichen Sie.

1. Vorspeise – Nachspeise – Speisekarte – Hauptspeise
2. Löffel – Glas – Gabel – Messer
3. verbringen – bestellen – bezahlen – reservieren
4. Fußballstadion – Fitnessstudio – Schwimmbad – Kino

36 *sechsunddreißig*

Grammatik

4   Kreuzen Sie an: Was ist richtig?

1. Niklas und Mark gehen ☐ im Restaurant ☐ ins Restaurant.
2. Sie sitzen ☐ am Tisch ☐ an den Tisch.
3. Der Tisch ist ☐ unter dem Schirm ☐ unter den Schirm.
4. Die Speisekarte ist ☐ auf den Tisch ☐ auf dem Tisch.
5. Der Kaffee ist ☐ in der Tasse ☐ in die Tasse.
6. Eine Katze läuft ☐ unter den Tisch ☐ unter dem Tisch.
7. Der Kellner bringt die Teller ☐ in die Küche ☐ in der Küche.
8. Nach dem Essen gehen sie ☐ im Kino ☐ ins Kino.

5a   Wo war Simone gestern? Schreiben Sie Sätze.

1. das Kino: *Simone war* _____
2. der Spielplatz: _____
3. die Stadt: _____

5b   Wohin geht sie heute? Schreiben Sie Sätze.

1. das Café: _____
2. der Wald: _____
3. die Disko: _____

6   *Ja, nein* oder *doch*? Schreiben Sie Antworten.

1. Haben Sie morgen Abend Zeit? 🙂 _____
2. Magst du keine Liebesfilme? 🙁 _____
3. Möchten Sie diese Übung nicht schreiben? 🙂 _____
4. Warst du gestern im Supermarkt? 🙁 _____
5. Haben Sie am Wochenende Deutsch gelernt? 🙂 _____
6. Tanzen Sie nicht gern? 🙂 _____

Flüssig sprechen

7   Hören Sie zu und sprechen Sie nach. 🔊 1.16

siebenunddreißig **37**

Gewusst wie

Kommunikation

Über das Wochenende sprechen

Am Sonntag schlafe ich immer lange.
Am Samstag kaufe ich immer ein.
Am Sonntag sind wir oft im Garten.

Sagen, wohin man geht/fährt

Wir gehen gern ins Theater.
Im Sommer fahren wir ans Meer.
Mein Sohn geht um acht Uhr in die Schule.

Im Restaurant bestellen und bezahlen

Kellner
Möchten Sie bestellen?
Was nehmen Sie?
Und was möchten Sie trinken?
Zusammen oder getrennt?
Das macht 36,20 Euro.
Vielen Dank.

Gast
Die Speisekarte, bitte.
Ich hätte gern das Steak und einen Salat.
Wir nehmen ein Cola und ein Wasser.
Die Rechnung, bitte.
Zusammen, bitte.
Stimmt so.

Grammatik

Wechselpräpositionen

an, auf, hinter, vor, über, unter, neben, zwischen, in

Wohin? → Akkusativ	Wo? → Dativ	
in **den** Wald	**im** Wald	in das = ins
in **das** Fußballstadion	**im** Fußballstadion	in dem = im
in **die** Stadt	in **der** Stadt	an das = ans
in **das** Geschäft	**im** Geschäft	an dem = am

Ja, nein und *doch*

Hast du Zeit? 🙂 Ja, natürlich.
🙁 Nein, leider nicht.

Hast du keine Zeit? 🙂 Doch, ich habe Zeit.
🙁 Nein, heute habe ich keine Zeit.

Kommst du nicht? 🙂 Doch, natürlich komme ich.
🙁 Nein, ich kann leider nicht kommen.

Sie lernen:
- über die Schule in Österreich sprechen
- über die Vergangenheit sprechen
- Briefe aus der Schule
- beim Elternabend
- Modalverben im Präteritum
- Nebensätze mit „wenn"

4

Schule

1a Ü1   Sehen Sie sich die Bilder an und hören Sie. Sammeln Sie Wörter im Kurs. 🔊 1.17

```
             Lehrerin          zusammenarbeiten
                    ┌────────┐
    die Schulklasse │ Schule │
                    └────────┘
                         Pause
```

Englisch

Geschichte — History

1b Ü2   Schule in Ihrer Heimat. Erzählen Sie.

> Meine Lehrerin war sehr nett.

> In meiner Heimat müssen die Schüler …

Kunst Art

> 💬
> Mein Lehrer / Meine Lehrerin war streng/freundlich/…
> Mein Lieblingsfach war … englisch
> Wir haben viele/wenige Hausaufgaben gehabt.
> In der Pause sind die Schüler auf dem Schulhof / in der Klasse/… gewesen.
> In den Ferien bin ich in … gewesen / habe ich … gehabt.
> In unserer Heimat gibt es Noten von … bis …
> In meiner Heimat haben die Schüler Unterricht in …
> In meiner Heimat hat man lange/kurze/viel Ferien.

Sport

Musik

das Fach (¨-er)
der Gegenstand, ¨-e

Deutsch

Mathematik

Biologie

Physik

Chemie

4 Schule

A Schulen in Österreich

1 Welche Schulen in der Grafik kennen Sie? Erzählen Sie im Kurs.

AHS = Allgemeinbildende Höhere Schule
BHS = Berufsbildende Höhere Schule
BMS = Berufsbildende Mittlere Schule

> In Österreich gehen die Schüler von 6 bis 10 Jahren in ...

> Nach der Volksschule kann man ...

> Meine Tochter / Mein Sohn besucht ...

40 *vierzig*

2a Lesen Sie und markieren Sie die Schulwege von Lena und Anna in der Grafik.

Ü3+4

Frau Stoßberg, 43, Klagenfurt

Meine Tochter Lena ist nur ein Jahr in den Kindergarten gegangen. Mit sechs Jahren ist sie in die Volksschule gekommen. Lena hat dort schnell Freundinnen gefunden. Nach vier Schuljahren habe ich sie an der Hauptschule angemeldet. Lena findet Technik toll. Deshalb hat sie nach dem Poly eine Lehre zur Kfz-Mechatronikerin bei der Firma Auto-Becker begonnen und ist jetzt im zweiten Lehrjahr. Wenn sie einen guten Abschluss haben möchte, muss sie auch am Wochenende lernen. Drei oder vier Tage in der Woche ist sie normalerweise in der Autowerkstatt und ein oder zwei Tage geht sie in die Berufsschule. Die Lehre gefällt ihr sehr. Wenn sie Glück hat, dann bleibt sie nach der Lehre in der Firma.

Anna Berger, 18, Mürzzuschlag

Ich bin mit drei Jahren in den Kindergarten gekommen, weil meine Eltern beide arbeiten. Dann war ich vier Jahre in der Volksschule. Ich habe gute Noten gehabt und deshalb bin ich ins Gymnasium gekommen. Im Gymnasium habe ich am Anfang nicht so gute Noten gehabt und habe Nachhilfe bekommen. Doch jetzt ist das anders. Wenn ich die Matura schaffe, kann ich studieren. Ich möchte endlich weg von zu Hause. Wenn ich einen Studienplatz in Wien bekomme, dann kann ich in einer Großstadt leben. Aber meine Eltern möchten, dass ich in Leoben studiere. Wenn ich dort studiere, kann ich nämlich bei ihnen wohnen.

2b Was passt? Verbinden Sie die Sätze.

Ü5–7

Wenn Lena einen guten Abschluss haben möchte, **1**   **A** kann sie bei ihren Eltern wohnen.
Wenn Lena Glück hat, **2**   **B** dann lebt sie in einer Großstadt.
Wenn Anna in Wien studiert, **3**   **C** muss sie auch am Wochenende lernen.
Wenn Anna eine gute Matura macht, **4**   **D** kann sie studieren.
Wenn Anna in Leoben studiert, **5**   **E** dann kann sie bei der Firma Auto-Becker bleiben.

Wenn Anna einen Studienplatz in Wien	bekommt,	**(dann)**	lebt	sie in einer Großstadt.
Wenn Lena einen guten Abschluss haben	möchte,	**(dann)**	muss	sie viel lernen.

4 Schule

3 Lehre oder Studium? Geben Sie Niklas Tipps.
Ü8

Wenn du eine Lehre machst, musst du drei oder vier Tage in der Woche arbeiten. Wenn du studieren willst, ...

Lehre?

Studium?

1. Du bekommst ein Gehalt.
2. Du gehst in die Berufsschule.
3. Du musst immer pünktlich sein.

1. Du musst viel lernen.
2. Du musst fleißig sein.
3. Du lernst neue Leute kennen.
4. Du verdienst am Anfang kein Geld.

4a Was tun, wenn ...? Schreiben Sie Fragen.
Ü9

1. Sie haben Hunger.
2. Sie haben Langeweile.
3. Das Wetter ist gut und die Sonne scheint.
4. Das Wetter ist schlecht und es regnet.

Was machen Sie, wenn Sie Hunger haben?

4b Antworten Sie auf die Fragen in 4a.
Ü10

in ein Restaurant gehen – im Supermarkt einkaufen – Essen kochen – ein Buch lesen – ins Kino gehen – Freunde anrufen – spazieren gehen – ins Schwimmbad gehen – an den See fahren – zu Hause bleiben – fernsehen – die Wohnung aufräumen

Wenn ich Hunger habe, gehe ich in ein Restaurant.

5 Hören Sie und kreuzen Sie an: richtig oder falsch? 1.18
Ü11+12

	R	F
1. Yasmin hat im Zeugnis einen Einser in Deutsch, aber einen Vierer in Sport.	☐	☐
2. Wenn Marcel eine Lehrstelle bekommen will, muss er einen Dreier in Deutsch haben.	☐	☐
3. Svenja hat in allen Fächern einen Zweier oder einen Einser. Sie will studieren.	☐	☐

Noten in Österreich
1 = sehr gut, der Einser/ein Einser
2 = gut, der Zweier/ein Zweier
3 = befriedigend, der Dreier/ein Dreier
4 = genügend, der Vierer/ein Vierer
5 = nicht genügend, der Fünfer/ein Fünfer

B Schule früher und heute

1a Lesen Sie die Texte. Wie war es früher? Wie ist es heute? Sammeln Sie im Kurs.

Ü13+14

Frau Sikorra: Wir sind damals bis zur Matura in einer Klasse geblieben. Wir durften fast keine Fächer wählen. Heute dürfen die Kinder viel mehr auswählen. Früher wollten auch nicht so viele die Matura machen. Viele wollten direkt arbeiten und Geld verdienen. Heute ist das anders.

Herr Köhler: Wenn wir die Hausaufgaben nicht gehabt haben, mussten wir länger in der Schule bleiben und nachsitzen. Aber wir mussten auch nicht so viel lernen. Heute müssen die Kinder sehr viel lernen, wenn sie einen guten Abschluss haben wollen.

Herr Pellegrini: Wir mussten früher aufstehen, wenn unser Lehrer eine Frage gestellt hat. Heute dürfen die Kinder sitzen bleiben. Früher konnte man aber mit einem Hauptschulabschluss einen guten Beruf lernen. Heute ist das leider schwieriger.

Wir durften keine Fächer wählen.   *Heute dürfen die Kinder ...*

	müssen	können	dürfen	wollen
ich	musste	konnte	durfte	wollte
du	musstest	konntest	durftest	wolltest
er/es/sie/man	musste	konnte	durfte	wollte
wir	mussten	konnten	durften	wollten
ihr	musstet	konntet	durftet	wolltet
sie/Sie	mussten	konnten	durften	wollten

1b Ergänzen Sie: *müssen, dürfen, können, durfte, konnte, musste.*

Ü15

1. Frau Sikorra _____ keine anderen Fächer wählen.
2. Heute _____ die Schüler viele Kurse wählen.
3. Herr Köhler _____ nicht so viel für die Schule lernen.
4. Heute _____ die Schüler viel lernen.
5. Herr Pellegrini _____ nach der Hauptschule einen guten Beruf lernen.
6. Heute _____ die Schüler nicht so leicht einen guten Beruf bekommen.

4 Schule

2a Wie war Ihre Schulzeit? Schreiben Sie Sätze.

Ü16

> In meiner Schulzeit konnte / musste / durfte ich (nicht) ...

> viele/wenige Hausaufgaben machen – in der Schule frühstücken / Mittag essen – viele Fächer wählen – nachsitzen – Am Nachmittag Freunde/Freundinnen treffen

2b Unsere Schulzeit. Sammeln Sie in der Gruppe und machen Sie ein Plakat. Erzählen Sie dann im Kurs.

Ü17+18

 Wir konnten ...

 Wir mussten ...

☹ Wir durften nicht ...

3 Ein Elternabend. Hören Sie und kreuzen Sie an: Über welche Themen sprechen die Eltern und die Lehrerin? 🔊 1.19

- ☐ Ausflüge
- ☐ Klassenkassa
- ☐ Projektwoche
- ☐ Sportunterricht
- ☐ Schularbeiten
- ☐ Schwimmunterricht
- ☐ Handys
- ☐ Fahrräder
- ☐ Schulbücher

4 Eltern fragen – Lehrer antworten. Schreiben und spielen Sie die Dialoge.

> Wie viel kostet das Übungsheft für Mathematik?

> Es kostet 3,95 Euro.

Welche Bücher/Hefte/... brauchen die Kinder?
Dürfen die Kinder Taschengeld/Handys/ MP3-Player mitnehmen?

Wie viel kostet die Projektwoche / der Ausflug / das Übungsheft?
Dürfen die Kinder allein nach Hause gehen?
Wann ist ...?

44 *vierundvierzig*

5a Briefe von der Schule. Wann und wo sind die Termine? Ergänzen Sie den Kalender.

Ü19

❶ Liebe Eltern der 4c,

Unser Elternabend ist am 25. 5. um 19 Uhr im Raum 311. Unsere Themen:
– Projektwoche
– Taschengeld
– Handys in der Schule
– Nachhilfe: Welche Angebote gibt es?
Wenn Sie noch mehr Fragen haben, dann können wir sie gern besprechen.

Herzliche Grüße
Frank Neuhaus

❷ Liebe Eltern der 2a,

am 22.04. wollen wir in den Film „Krabat" gehen. Geben Sie bitte Ihrem Kind für den Film 5 € mit. Die Schüler/innen sollen um 16.00 Uhr beim Bellaria-Kino sein. Der Film ist um 18 Uhr zu Ende.
Bitte geben Sie Ihr Einverständnis, dass Ihr Kind ins Kino gehen darf und unterschreiben Sie dazu den unteren Abschnitt.
Bitte geben Sie Ihrem Kind eine Jause mit, die nicht knackt.
Mit freundlichen Grüßen

Irene Beilig

✂ ....

Mein Kind darf am 22.04. ins Kino gehen.

_____

Unterschrift

Donnerstag, 22.04.	Dienstag, 25.05.

5b Lesen Sie die Texte noch einmal und beantworten Sie die Fragen.

Ü20

1. Was will der Lehrer von Klasse 4c mit den Eltern besprechen?

2. Wie heißt der Klassenvorstand?

3. Welchen Film will die Klasse 2a sehen?

4. Wie lange dauert der Film?

5. Was sollen die Kinder nicht mitnehmen?

fünfundvierzig **45**

4 Alles klar!

Wortschatz

1 Ergänzen Sie.

> Noten – Lieblingsfach – Klasse – Nachhilfe – Ausflug – Elternabend – Ferien

1. Emre geht jetzt in die 4. _Klasse_ . Sein _Lieblingsfach_ ist Sport.

2. Die Lehrerin hat gesagt, dass Emre gute _Noten_ hat. Nur in Mathematik
   muss er wohl _Nachhilfe_ bekommen.

3. Wir waren gestern beim _Elternabend_ . Die Klasse macht vor
   den _Ferien_ einen _Ausflug_ in den Zoo.

Kommunikation

2 Was mussten, durften, konnten, wollten Sie früher tun?
Machen Sie ein Interview.

> *Durftest du mit 16 Jahren in die Disko gehen?*

> *Nein, ich durfte nicht ...*

> in die Disko gehen – bei Freunden übernachten – um ... Uhr zu Hause sein –
> den Eltern helfen – viele/wenige Hausaufgaben machen – allein wegfahren

3 Frau Pessina hat einen Termin mit der Lehrerin in der Schule. Ordnen Sie den
Dialog und kontrollieren Sie mit der CD. 🔊 1.20

3 Seine Noten sind fast alle gut.
Was möchte er denn später machen?

1 Grüß Gott Frau Obermeyer.
Was kann ich für Sie tun?

2 Guten Tag, Frau Pessina. Mein Sohn
Alexander geht jetzt in die 4. Klasse.
Können Sie mir sagen: Wie sind
seine Noten?

7 Wenn er im Februar das Zeugnis
bekommt.

4 Er will eine Lehre zum Koch
machen.

6 Oh danke, das ist nett. Und wann soll
er die Bewerbungen schreiben?

5 Wirklich? Das ist schön. Wenn
er dann eine Bewerbung schreibt,
kann ich ihm helfen.

46 *sechsundvierzig*

Grammatik

4a Schreiben Sie Sätze.

1. wenn – frei habe – ich / ins Schwimmbad – gehe – dann – ich

   Wenn ich frei habe, dann gehe ich ins Schwimmbad

2. wenn – mich – besuchst – du / einen Kuchen – backe – ich

   Wenn du besuchst mich, backe ich einen Kuchen.

3. wenn – im Deutschkurs – bin – ich / meine Freundin – treffe – ich

   Wenn ich bin im Deutschkurs treffe ich meine Freundin

4b Ergänzen Sie die Sätze.

> einen Kaffee trinken – Blumen kaufen – ein Wörterbuch kaufen – sie zum Essen
> einladen – ins Kino gehen – Blumen mitbringen

1. Wenn ich heute Abend Zeit habe, dann gehe ich ins Kino

2. Wenn ich meine Freunde besuche, dann bringe ich Blumen mit

3. Wenn ich nette Kollegen habe, lade ich sie zum Essen ein.

4. Wenn ich in die Stadt gehe, kaufe ich ein Wörterbuch und ....

5 Heute und damals. Ergänzen Sie die Verben im Präteritum.

Ich lebe erst seit einem Jahr in Österreich. Ich komme aus Moldawien. Dort

wollte (*wollen*) ich immer Programmiererin werden. Doch das

durfte (*dürfen*) ich nicht sofort. Ich musste (*müssen*) zuerst eine

Prüfung machen. Dann konnte (*können*) ich studieren, aber nach einem

Jahr wollte (*wollen*) ich nicht mehr studieren. Das war nicht das Richtige für

mich. Jetzt möchte ich gern eine Lehre machen und Hotelkauffrau werden.

Flüssig sprechen

6 Hören Sie zu und sprechen Sie nach. 1.21

4 Gewusst wie

Kommunikation

Über die Schule in Österreich sprechen

In Österreich kommen die Kinder mit sechs Jahren in die Volksschule. Danach gehen sie in die Hauptschule oder die Neue Mittelschule. Wenn sie gute Noten haben, gehen sie auf das Gymnasium (AHS = Allgemeinbildende Höhere Schule). Danach können sie an einer Universität studieren. Nach der Neuen Mittelschule oder der Hauptschule kann man eine Lehre machen. Dann muss man auch die Berufsschule besuchen.

Über die Vergangenheit sprechen

Ich hatte viele/wenige Hausaufgaben. Mein Lieblingsfach war Biologie. Früher wollten viele direkt nach der Schule arbeiten und Geld verdienen. Wir konnten damals in der Schule zu Mittag essen.

Beim Elternabend

Wo und wann ist der Elternabend? Welche Bücher/Hefte brauchen die Kinder in der neuen Klasse? Was kostet der Ausflug / die Projektwoche?

Grammatik

Nebensätze mit *wenn*

Wenn Anna einen Studienplatz in Wien bekommt, (dann) lebt sie in einer Großstadt.
Wenn Lena einen guten Abschluss haben möchte, (dann) muss sie viel lernen.

Anna lebt in einer Großstadt, **wenn** sie einen Studienplatz in Wien bekommt.
Lena muss viel lernen, **wenn** sie einen guten Abschluss haben möchte.

Modalverben im Präteritum

	müssen	können	dürfen	wollen
ich	musste	konnte	durfte	wollte
du	musstest	konntest	durftest	wolltest
er/es/sie/man	musste	konnte	durfte	wollte
wir	mussten	konnten	durften	wollten
ihr	musstet	konntet	durftet	wolltet
sie/Sie	mussten	konnten	durften	wollten

Sie mussten in der Schule immer aufstehen, wenn der Lehrer eine Frage gestellt hat.
Früher konnte man mit einem guten Hauptschulabschluss einen guten Beruf lernen.
Patrick durfte nach der Lehre in der Firma bleiben, weil er gute Noten hatte.
Früher wollten nicht so viele die Matura machen.

Station 1

Spiel und Spaß

1a Arbeiten Sie in Gruppen. Wählen Sie zusammen eine Person aus. Jede/r schreibt einen Text über diese Person. Schreiben Sie zu jeder Frage einen Satz.

1. Wie heißt die Person?
2. Wann und wo ist die Person geboren?
3. Wie viele Jahre war sie in der Schule?
4. Was hat die Person studiert? / Welchen Beruf hat sie gelernt?
5. Wo lebt die Person jetzt?
6. Ist die Person verheiratet?
7. Hat die Person Kinder? Wie viele?
8. Welche Hobbys hat die Person?

1b Vergleichen Sie Ihre Ergebnisse in der Gruppe und diskutieren Sie: Welche Sätze passen am besten zu der Person? Schreiben Sie dann einen gemeinsamen Text.

2 Arbeiten Sie in Gruppen. Wählen Sie ein Wort aus und schreiben Sie zu jedem Buchstaben ein weiteres Wort. Hängen Sie Ihre Ergebnisse im Kursraum auf.

Beispiel 1: Suchen Sie Wörter aus den Lektionen eins bis vier.

R EGEL
M ATURA
D URCHSCHNITT
I NHALT
O NLINE-SPIEL

Beispiel 2: Schreiben Sie Wörter zum Thema *Radio*.

V ERKEHRSMELDUNGEN
U NTERHALTUNG
S ENDUNG
I NFORMATION
P OLITIK

neunundvierzig **49**

Station 1

Berufe im Hotel und in der Gastronomie

1a Im Hotel Sonnenhof. Sehen Sie sich die Fotos an. Wo arbeiten die Leute und was machen sie?

○ Zimmermädchen   ○ Koch   ○ Hotelmanager   ○ Hotelkauffrau

> **Wo?** im Büro – an der Rezeption – in den Gästezimmern – in der Küche
> **Was?** die Gäste empfangen – das Essen zubereiten – Dienstpläne machen – die Gästezimmer aufräumen – Zimmerreservierungen machen – die Arbeiten im Hotel kontrollieren

Eine Hotelkauffrau arbeitet an der Rezeption. Sie empfängt die Gäste.

1b Hören Sie die Texte. Bringen Sie die Fotos in 1a in die richtige Reihenfolge. 🔊 1.22

1c Hören Sie die Texte noch einmal und kreuzen Sie an: richtig oder falsch? 🔊 1.22

		R	F
1.	Veronika Burger ist Hotelmanagerin.	○	○
2.	Sie hat ein Fachstudium gemacht.	○	○
3.	Der Lehrling muss noch drei Jahre lernen.	○	○
4.	Er geht jeden Tag in die Berufsschule.	○	○
5.	Für die Studentin ist die Arbeit im Hotel ein Nebenjob.	○	○
6.	Alle Mitarbeiter vom Zimmerpersonal haben eine Lehre.	○	○
7.	Der Hotelmanager hat den Beruf Hotelkaufmann gelernt.	○	○
8.	Er arbeitet seit fünf Jahren als Hotelmanager.	○	○

> ℹ️ Die Lehre zum Hotelkaufmann oder zur Hotelkauffrau dauert zwei Jahre. Wenn man die Matura hat, kann man beim Kolleg für Tourismus eine Managementausbildung machen und Hotelmanager/Hotelmanagerin werden.

2a Ordnen Sie zu und kontrollieren Sie dann mit der CD. 🔊 1.23

> Ich wünsche Ihnen einen angenehmen Aufenthalt. – Sie bekommen Zimmer 327.
> Hier ist der Schlüssel. – Grüß Gott. Können Sie bitte dieses Formular ausfüllen und
> unterschreiben?

◖ Grüß Gott, mein Name ist Winter. Ich habe für drei Nächte ein Zimmer reserviert.

◖ _____

◖ Ja, gern.

◖ _____

◖ Vielen Dank.

◖ _____

2b Variieren Sie den Dialog. 📱💬

Der Gast hat zwei Zimmer für fünf Nächte reserviert. – Zimmer 511 und 512

3a Die Gäste haben viele Fragen. Was antwortet Veronika Burger? Ordnen Sie zu und kontrollieren Sie dann mit der CD. 🔊 1.24

Gäste			Frau Burger
Wie lange hat das Restaurant geöffnet?	1 ○	○ A	Kein Problem, ich sage dem Zimmerservice Bescheid.
Ich möchte gern zwei Tage länger bleiben. Geht das?	2 ○	○ B	Ich denke, es ist in fünf Minuten hier.
In der Mini-Bar ist kein Mineralwasser.	3 ○	○ C	Ja, Sie können sich hier eine aussuchen.
Haben Sie Postkarten?	4 ○	○ D	Bis 23.00 Uhr.
Wann kommt das Taxi?	5 ○	○ E	Moment, da muss ich nachschauen … Nein, tut mir leid, wir haben keine Zimmer frei.

3b Spielen Sie weitere Dialoge. 📱💬

1. Beim Frühstück war der Kaffee kalt. – Die Kaffeemaschine hat nicht funktioniert.
2. Im Nebenzimmer waren in der letzten Nacht die Gäste sehr laut. Der Gast möchte ein anderes Zimmer. – Er kann morgen Zimmer 223 bekommen.
3. Ein Gast muss morgen früh aufstehen. Sie sollen ihn um 6.00 Uhr wecken.

einundfünfzig **51**

Station 1

Prüfungsvorbereitung ÖIF-Test Neu: Hören

1 Lesen Sie die Tipps.

Vor dem Hören:
- Lesen Sie zuerst genau die Aufgaben. Sie haben vor jedem Hörtext Zeit, sich die Aufgaben durchzulesen.
- Unterstreichen Sie wichtige Informationen.

Beim Hören:
- Achten Sie auf die Wörter in den Aufgaben.
- Sie verstehen einige Wörter nicht? Das ist kein Problem. Sie müssen nicht alles verstehen. Aber Sie können das Wichtigste verstehen.

Nach dem Hören:
- Kreuzen Sie auf dem Antwortbogen IMMER eine Lösung an – auch wenn Sie etwas nicht wissen.

2a Hören Teil 2. Hören Sie eine Nachricht auf Ihrer Mobilbox. Zu jeder Nachricht gibt es eine Aufgabe. Kreuzen Sie die jeweils richtige Antwort (A, B oder C) an. Sie hören die Mobilbox zweimal ab. Lesen Sie sich die Aufgabe zuerst genau durch. 🔊 1.25

Die Theaterprobe ...
A ist am 5. Oktober.
B am 5. Oktober fällt aus.
C ist am 27. September.

2b Lesen Sie das Gespräch auf Seite 208 und unterstreichen Sie: Welche Wörter waren für die Aufgaben wichtig?

2c Markieren Sie: Welche Wörter waren für die Aufgaben unwichtig?

3 Hören Sie eine weitere Nachricht und kreuzen Sie die richtige Lösung an. Lesen Sie sich die Aufgabe zuerst genau durch. 🔊 1.26

Herr Reisinger kann das Fotoalbum ...
A heute und morgen abholen.
B heute nach 18:30 Uhr abholen.
C am Samstag abholen.

52 *zweiundfünfzig*

Sie lernen:
- Gespräche am Arbeitsplatz führen
- etwas erklären
- eine Mitteilung schreiben
- höfliche Bitten
- Nebensätze mit Fragewort
- Personalpronomen im Dativ
- Demonstrativartikel „dies-"

5

Am Arbeitsplatz

Markus Schmidt, Erzieher

Larissa Döll, Pilotin

Judith Klein, Kfz-Mechatronikerin

Daniel Adler, Florist

1a Was machen die Leute? Sprechen Sie im Kurs.
Ü1

> Motor überprüfen / Autos reparieren – ein Flugzeug steuern / Instrumente kontrollieren – Kinder betreuen / mit Kindern spielen – Blumensträuße binden / Pflanzen verkaufen

1b Typische Männer- und Frauenberufe. Wie ist das in Ihrem Land? Machen Sie eine Liste und vergleichen Sie im Kurs.
Ü2

> In meinem Heimatland arbeiten nur wenige Frauen als Busfahrerin.

> Bei uns sind die meisten Polizisten Männer.

ℹ️ Sie arbeitet **als** Busfahrerin.

2 Welchen Beruf haben Sie? Welchen Beruf finden Sie interessant? Warum?
Ü3

> Mir gefällt der Beruf Arzt, weil man viel Geld verdienen kann. Aber man muss studieren.

> Mein Sohn möchte Pilot werden. Ich finde das interessant, aber die Ausbildung ist sehr schwer.

dreiundfünfzig **53**

5 Am Arbeitsplatz

A Im Büro

1 Welche Situationen hören Sie? Kreuzen Sie an. 🔊 1.27

2a Lesen Sie den Dialog und markieren Sie: Wo steht das Verb *ist*?

- Kannst du mir sagen, wo mein Handy ist?
- Das ist doch in deiner Tasche!

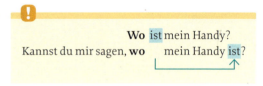

2b Formulieren Sie die Fragen um und lesen Sie die Dialoge zu zweit.

Ü 4–6

1. Wie heißt der neue Kollege?
   - Kannst du mir sagen, wie *der neue Kollege heißt?*
   - Sein Name ist Friesinger.

2. Wann kommt der Chef?
   - Können Sie mir sagen, *wann der Chef kommt?*
   - Ich glaube, er kommt um zehn Uhr.

3. Was heißt das?
   - Können Sie mir erklären, *was das heißt?*
   - Tut mir leid. Das verstehe ich auch nicht.

54 *vierundfünfzig*

3 Ergänzen Sie das Verb *wissen* und die Fragen.

wissen	
ich	**weiß**
du	**weißt**
er/es/sie	**weiß**
wir	wissen
ihr	wisst
sie/Sie	wissen

Wo sind die Belege für die Überweisungen? – Wer hat den Ordner mit den Rechnungen? – Warum hat der Chef angerufen? – ~~Was gibt es heute zum Mittagessen?~~

1. _Weißt_ du, was _es heute zum Mittagessen gibt?_
2. _Wisst_ ihr, wo _die Belege für die Überweisung sind?_
3. _Weißt_ du, warum _der Chef angerufen hat?_
4. _Wissen_ Sie, wer _den Ordner mit den Rechnungen hat?_

4 Schreiben und spielen Sie Dialoge.

- Name?
- Adresse?
- Uhrzeit?
- Hose/Preis?
- Elektroartikel/Wo?
- Schwimmbad/Öffnungszeiten?

Entschuldigen Sie / Entschuldige bitte, ...
Darf ich fragen, ...
Können Sie / Kannst du mir sagen, ...
Wissen Sie / Weißt du, ...

Natürlich, gern ...
Ja, selbstverständlich, ...
Tut mir leid, das weiß ich nicht.

5a Wie fragen die Personen? Hören Sie die Fragen und ordnen Sie zu. 1.28

höflich: _2, ..._   nicht höflich: _1, ..._

5b Hören Sie noch einmal und sprechen Sie nach. 1.28

1. Weißt du, wo meine Brille ist?
2. Darf ich fragen, wo Sie den Pullover gekauft haben?

5c Spielen Sie die Dialoge aus Übung 4 noch einmal höflich oder nicht höflich.

fünfundfünfzig **55**

B Mitteilungen

1 Lesen Sie die Mitteilungen. Was passt? Ordnen Sie zu.
Ü10

A Hallo Bernd, wir wollten um vier Uhr deinen Bericht besprechen. Leider geht es nicht, Bruno will die neue Software installieren. Ich soll ihm helfen. Geht es morgen um halb neun? Bitte sag mir Bescheid.
Gruß Günter

C Lieber Herr Marek, das Prospekt ist jetzt fertig. Auch Frau Fink und Frau Markes haben es angeschaut. Es gefällt ihnen sehr gut.
Viele Grüße
Andrea Garb

B Hausmeister
Lieber Herr Hierzer, Frau Atzinger, unsere neue Kollegin, hat noch keinen Schlüssel für das Büro. Könnten Sie ihr bitte einen Schlüssel geben?
Vielen Dank
Anja Benz

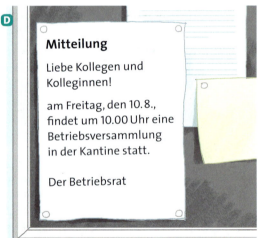

D Mitteilung
Liebe Kollegen und Kolleginnen!
am Freitag, den 10.8., findet um 10.00 Uhr eine Betriebsversammlung in der Kantine statt.
Der Betriebsrat

1. [B] Die neue Kollegin braucht einen Schlüssel.
2. [D] Die Mitarbeiter sollen am Freitagvormittag in die Kantine kommen.
3. [A] Ein Arbeitskollege muss einen Termin verschieben.
4. [C] Die Kolleginnen finden das Prospekt gut.

> Für höfliche Bitten benutzt man oft die Formen *könntest du / könnten Sie*:
> **Könntest du** mir helfen?
> **Könnten Sie** ihr bitte einen Schlüssel geben?

2 Wer sind die Personen? Lesen Sie und suchen Sie in den Texten A, B und C.

1. Ich soll **ihm** helfen. ihm = _Bruno_
2. Es gefällt **ihnen** sehr gut. ihnen = _Frau Fink und Frau Morkes_
3. Könnten Sie **ihr** einen Schlüssel geben? ihr = _Frau Atzieger_

Nominativ	er	es	sie	sie (Pl.)
Dativ	ihm	ihm	ihr	ihnen

3 Herr Sodan und Frau Veit sind neu in Ihrer Firma. Wie können Sie ihnen helfen?

Frau Veit: das Computerprogramm erklären – die Abteilung zeigen
Herr Sodan: die Werkstatt zeigen – seine Aufgaben erklären
Frau Veit und Herr Sodan: Tipps geben – die Pausenregeln erklären

Ich erkläre ihr ... *Ich zeige ihm ...* *Ich gebe ihnen ...*

4a Ordnen Sie die Mitteilung und schreiben Sie sie in Ihr Heft.

(4) Vielen Dank
(2) ich bin von Montag bis Mittwoch unterwegs.
(1) Liebe Frau Fink,
( ) Peter Marek
(3) Könnten Sie bitte die Post in mein Büro bringen?

4b Schreiben Sie eine Mitteilung.

Sie sind von Montag bis Freitag auf Urlaub. Ein Kollege / Eine Kollegin soll am Dienstag und am Donnerstag die Blumen gießen.

5 Schreiben Sie weitere Mitteilungen.

1. Sie haben um 17 Uhr eine Besprechung mit einem Kollegen / einer Kollegin. Sie müssen den Termin auf morgen 13 Uhr verschieben. Schreiben Sie eine kurze Notiz.
2. Sie gehen mit einem Freund / einer Freundin essen. Ihre U-Bahn hat Verspätung. Schreiben Sie ein SMS.
3. Sie haben morgen einen Arzttermin und kommen erst um elf Uhr ins Büro. Schreiben Sie ein E-Mail.

siebenundfünfzig **57**

5 Am Arbeitsplatz

C Wie funktioniert das?

1a Hören Sie den Dialog und kreuzen Sie an: Was ist richtig? 🔊))) 1.29

- ☐ **A** Frau Harris denkt, dass der Kopierer kaputt ist.
- ☐ **B** Frau Harris findet, dass der alte Kopierer einfacher war.

1b Lesen und ergänzen Sie den Dialog.

Ü17–19

Welche Taste ist die Start-Taste?   *Diese hier.*

❗		
	Nom./Akk.	
m	dieser/diesen	Kopierer
n	dieses	Fach
f	diese	Taste
Pl.	diese	Fächer

dieser – dieser – diese – diese – dieses

❮ Der alte Kopierer war wirklich besser. _____ Kopierer ist so kompliziert.

❮ _____ Taste ist die Start-Taste. Der Kopierer hat drei Fächer. _____

Fächer sind für A4-Papier und _____ Fach ist für A3-Papier.

❮ Ja, aber _____ Kopierer hat noch so viele andere Tasten.

2a Was passt? Ordnen Sie zu.

Ü20

1. Dieses Fach ist für die SIM-Karte.   ◯ 📞

2. Wenn ich telefonieren will, drücke ich diese Taste.   ◯ 📷

3. Diese Anzeige ist für den Akku.   ◯ 📞

4. Wenn ich ein Foto machen will, drücke ich diesen Knopf.   ◯ 🔋

5. Wenn ich das Gespräch beenden will, drücke ich diese Taste.   ◯ 📱

2b Haben Sie ein Handy? Fragen und erklären Sie, wie es funktioniert. 💬

Wo schaltet man das Handy ein/aus?	Hier.
Wie macht man Fotos?	Man drückt im Menü auf Foto und dann ...
Welche Taste muss ich drücken, wenn ...?	Diese hier.
Wie schreibe ich ein SMS?	
Wo spreche ich?	
...	

58 *achtundfünfzig*

D Situationen am Arbeitsplatz

1a Hören Sie und ordnen Sie die Dialoge den Fotos zu. 🔊 1.30

1b Hören Sie die Dialoge noch einmal und beantworten Sie die Fragen. 🔊 1.30
Ü21
1. Wann geht Herr Frei zum Arzt?
2. Warum hat Frau Siegmann das Regal nicht eingeräumt?
3. Seit wann arbeitet Herr Fischer in der Firma?

2a In der Kantine. Schreiben und spielen Sie einen Dialog.
Ü22
◖ Platz noch frei?

◖ ja, Platz nehmen / neu in der Firma?

◖ ja, eine Woche hier / Name

◖ Name / die Arbeit – gefallen?

◖ ja, sehr gut / die Kollegen – nett, die Arbeit interessant

2b Spielen Sie zwei weitere Dialoge.

1. In der Spedition Schön
   Sekretärin: Sie arbeiten im Büro. Ein Mitarbeiter / Eine Mitarbeiterin ruft an.
   Mitarbeiter/in: Sie rufen im Büro an. Sie sind krank und können heute nicht arbeiten.

2. Im Supermarkt Fröhlich
   Chef/in: Sie möchten wissen: Hat Ihr Mitarbeiter / Ihre Mitarbeiterin schon die Milch ins Kühlregal gestellt?
   Mitarbeiter/in: Sie haben keine Zeit gehabt, weil im Supermarkt viele Kunden waren. Sie waren an der Kassa.

neunundfünfzig **59**

5 Alles klar!

Kommunikation

1a Ergänzen Sie die Mitteilung.

> müssen – kann – Hallo – Grüße

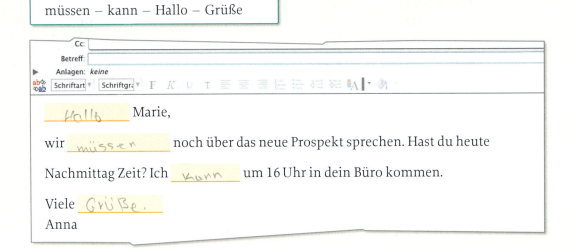

Hallo Marie,

wir _müssen_ noch über das neue Prospekt sprechen. Hast du heute Nachmittag Zeit? Ich _kann_ um 16 Uhr in dein Büro kommen.

Viele _Grüße_
Anna

1b Schreiben Sie eine Antwort.

> heute keine Zeit / morgen 11 Uhr? – im Büro von Anna

Hallo Anna, heute habe ich keine Zeit. Geht es morgen 11 Uhr? In deinem Büro? L.G. Marie.

2 In der Kantine. Was passt zusammen? Verbinden Sie.

Darf ich fragen, wie Sie heißen? 1 — C Natürlich, mein Name ist Smith.
Wie lange arbeiten Sie schon hier? 2 — A Seit zwei Wochen.
Gefällt Ihnen die Arbeit? 3 — D Ja, die Arbeit ist interessant und die Kollegen helfen mir.
In welcher Abteilung arbeiten Sie? 4 — B In der Elektroabteilung.

Wortschatz

3 Wer macht was? Verbinden Sie.

Der Florist 1 — C verkauft Blumen.
Die Kfz-Mechatronikerin 2 — D überprüft Motoren.
Der Erzieher 3 — B betreut Kinder.
Die Pilotin 4 — A steuert Flugzeuge.

Grammatik

4 Ergänzen Sie die Fragen.

1. Wissen Sie, _wo_ die Briefe von Firma Raich sind?
2. Können Sie mir sagen, _wann_ Sie die Post holen?
3. Darf ich fragen, _wie lange_ Sie für den Bericht brauchen?
4. Können Sie mir erklären, _warum_ Sie heute zu spät gekommen sind?

5 Ergänzen Sie die Personalpronomen.

> ihr – ihr – ihm – ihm – ihnen

Frau Markowski und Herr Amann sind neu in der Firma. Die Arbeit gefällt _ihnen_.

Frau Markowski arbeitet in der Werkstatt. Ein Kollege hat _ihr_ alles gezeigt.

Der Kollege war sehr nett und sie hat _ihm_ gedankt.

Herr Amann arbeitet im Büro. Eine Kollegin hat _ihm_ den Kopierer erklärt,

aber er hat nur wenig verstanden. Herr Amann hat _ihr_ nicht gedankt.

Flüssig sprechen

6 Hören Sie zu und sprechen Sie nach. 1.31

5 Gewusst wie

Kommunikation

Gespräche am Arbeitsplatz führen

◖ Sind Sie neu in der Firma?
◖ Gefällt Ihnen die Arbeit?
◖ Wo arbeiten Sie?

◖ Ja, ich bin seit einer Woche hier.
◖ Ja, sie ist sehr interessant.
◖ In der Elektroabteilung.

Eine Mitteilung schreiben

Hallo Anna,

ja, wir können heute Nachmittag über das Prospekt sprechen. Kommst du in mein Büro?

Viele Grüße
Marie

Höfliche Bitten

Könntest du mir bitte helfen?
Könnten Sie ihr bitte einen Schlüssel geben?

Etwas erklären

Hier schaltet man den Kopierer ein.
Diese Fächer sind für Papier.

Grammatik

Nebensätze mit Fragewort

Wo ist der Brief?
Weißt du, **wo** der Brief ist?

Personalpronomen im Dativ

Nominativ	Dativ
ich	mir
du	dir
er/es	ihm
sie	ihr
wir	uns
ihr	euch
sie (Pl.)/Sie	ihnen/Ihnen

◖ Hast du Peter das Buch gegeben?
◖ Ja, ich habe ihm das Buch schon gestern gegeben.

◖ Könnten Sie der neuen Kollegin bitte helfen?
◖ Nein, ich kann ihr leider nicht helfen. Ich habe keine Zeit.

Demonstrativartikel *dies-*

	Nominativ	Akkusativ
m	dieser Kopierer	diesen Kopierer
n	dieses Fach	dieses Fach
f	diese Taste	diese Taste
Pl.	diese Fächer	diese Fächer

◖ Welcher Kopierer ist neu?
◖ Dieser Kopierer.
◖ Welchen Knopf muss ich drücken?
◖ Diesen Knopf.
◖ Welche Taste ist kaputt?
◖ Diese Taste.

Sie lernen:
- über die Wohnlage sprechen
- eine Wohnung suchen
- Nachbarn kennenlernen
- über das Renovieren sprechen
- reflexive Verben
- „legen"/„liegen" und „stellen"/„stehen"

6

Wohnen nach Wunsch

1 Wie wohnt man hier? Sammeln Sie Wörter zu den Fotos und schreiben Sie Sätze.
Ü1

> zentral – in der Innenstadt – langweilig – in einer Großstadt/Kleinstadt –
> ruhig – in einem Dorf – teuer – günstig – in einem Vorort – außerhalb

2 Wo wohnen Sie? Wo möchten Sie gern wohnen? Warum?
Ü2–4

> viel/wenig Kontakt zu den Nachbarn haben – Arbeit finden – viele Geschäfte –
> einen Garten haben – mit den öffentlichen Verkehrsmitteln fahren – ausgehen …

Ich wohne in …, aber ich möchte gern außerhalb wohnen.

Ich wohne gern in einer Großstadt. Da brauche ich kein Auto.

Ich möchte lieber in einer Kleinstadt wohnen, weil …

dreiundsechzig **63**

6 Wohnen nach Wunsch

A Eine Wohnung suchen

1a Lesen Sie die Anzeigen und markieren Sie die Informationen in den Anzeigen.

Wie groß? – Wie viele Zimmer? – Wie teuer?

1 3 Zi-Wohnung, EG, 75 m², ruhig, S-Bahn 5 Minuten, Nettomiete 640 €, BK 150 €, Maklerprovision 2 Monatsmieten
Immobilien Franz
Tel. 01/7984210

2 Nachmieter gesucht
3-Zi-Wohnung in EFH
sehr ruhig, keine Haustiere
Miete 510,- €/BK 180,-
(3 MM Kaution)
0664/43 9 32

3 www.ebg.at

familienfreundlich, zentrale Lage,
4 Zimmer, 109,56 m²
716,75 € Nettomiete

EBG
Kundenzentrum City
Tel. 01 / 42 13 112

1b Hören und lesen Sie das Gespräch. Welche Anzeige hat Herr Khan gelesen? 1.32

◖ Schlosser.
◗ Guten Tag, mein Name ist Khan. Ich habe Ihre Anzeige gelesen, eine 3-Zimmer-Wohnung. Ist die Wohnung noch frei?
◖ Ja, sie ist noch nicht vermietet.
◗ Auf dem Zettel steht Kaution 3 MM. Was heißt denn das?
◖ Sie müssen eine Kaution von drei Monatsmieten bezahlen. Das sind 1770 €.
◗ Ach so, okay. Könnte ich die Wohnung vielleicht besichtigen?
◖ Natürlich. Geht es am Samstagvormittag um 10 Uhr?
◗ Ja gut, am Samstag um zehn. Vielen Dank.

Kaution:	Sie geben dem Vermieter Geld als Sicherheit. Wenn Sie ausziehen und alles in Ordnung ist, bekommen Sie das Geld zurück.
Provision:	Der Makler bekommt für seine Vermittlungsarbeit eine Provision. Meistens sind es zwei oder drei Monatsmieten.
Ablöse:	Manchmal möchte der Vormieter Geld, z. B. für einen teuren Teppichboden oder eine Einbauküche. Sie können über den Preis sprechen.

1c Variieren Sie den Dialog.

2 Zi-Whg. Inklusivmiete 600 €, Kaution 2 MM

4 Zi-Whg. Inklusivmiete 800 €, Besichtigungstermin: Freitagabend 20 Uhr

2 Sammeln Sie Fragen. Schreiben und spielen Sie dann Dialoge zu den Anzeigen in 1a.

3a Mietvertrag. Ergänzen Sie die Informationen.

17.09.2012 – P. Khan – Klagenfurt

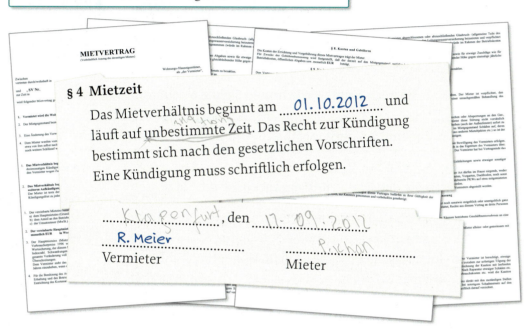

3b Lesen Sie noch einmal und kreuzen Sie an: Was ist richtig?

1. Wie kann man kündigen?
   A ☐ Nur mündlich.
   B ☒ Nur schriftlich.
   C ☐ Mündlich oder schriftlich.

2. Wie lange geht der Mietvertrag?
   A ☐ Bis zum 17.09.2012.
   B ☐ Bis zum 01.10.2012.
   C ☒ Unbegrenzt.

4 Projekt: Haben Sie schon einmal Probleme mit Ihrer Wohnung gehabt? Erzählen Sie. Wo kann man Hilfe bekommen?

Briefe vom Vermieter sind ein Problem. Auch mit dem Wörterbuch kann ich diese Briefe nicht verstehen.

Ich frage meine Freunde. Meistens kann mir jemand helfen.

Ich spreche immer mit meinen Nachbarn. Sie haben oft das gleiche Problem.

fünfundsechzig **65**

B Die neuen Nachbarn

1a Sehen Sie sich die Fotos an und hören Sie die Dialoge. Warum gehen Herr und Frau Olaru zu den Nachbarn? 🔊 1.33

1b Hören Sie noch einmal: Wie finden Sie die Nachbarn? 🔊 1.33

> sympathisch – unsympathisch – freundlich – unfreundlich – nett – nicht nett

2a Lesen Sie den Dialog und ergänzen Sie die Sätze.

Ü9

◀ Grüß Gott, wir möchten uns gerne vorstellen. Wir sind die neuen Nachbarn, wir heißen Olaru.
◀ Guten Tag, mein Name ist Blatt. Hoffentlich fühlen Sie sich hier wohl. Haben Sie Kinder?
◀ Ja, wir haben zwei Söhne, sie sind fünf und acht Jahre alt.
◀ Oh, das ist schön, ich habe auch zwei Buben, Zwillinge. Sie sind sieben.
◀ Wir haben vorher in der Stadt gewohnt und die Wohnung war laut und klein. Hier haben wir Platz. Das ist wunderbar. Ich freue mich, dass wir diese Wohnung bekommen haben.

ich	freue mich
du	freust dich
er/es/sie/man	freut sich
wir	freuen uns
ihr	freut euch
sie/Sie	freuen sich

1. Guten Tag, wir möchten _uns_ vorstellen.
2. Hoffentlich fühlen Sie _sich_ hier wohl.
3. Ich freue _mich_, dass wir diese Wohnung bekommen haben.

2b Würfeln und sprechen Sie.

Ü10

sich freuen
sich wohl fühlen
sich vorstellen

du freust dich

ich — du — er/es/sie/man — wir — ihr — sie (Pl.)

3a Ein Gedicht. Hören Sie und sprechen Sie nach. 🔊 1.34

Ich fühle mich gut.
Wie fühlst du dich?
Er fühlt sich stark.
Sie fühlt sich einsam.
Wir fühlen uns müde.
Fühlt ihr euch wohl?
Sie fühlen sich fantastisch.
Und wie fühlen Sie sich heute?

3b Schreiben Sie das Gedicht neu und tragen Sie es im Kurs vor.

 super, fantastisch, fit, wunderbar, ausgezeichnet, prima

jung, alt, ein bisschen besser

 allein, einsam, fremd, krank, matt, erschöpft, schwach

4a Eine romantische Geschichte. Ordnen Sie die Verben zu.

sich verlieben – sich entschuldigen – sich kennenlernen – sich streiten – sich küssen – sich trennen

sich kennenlernen

sich verlieben

sich küssen

sich streiten

sich trennen

sich entschuldigen

4b Wo? Wann? Warum? Schreiben Sie die Geschichte.

sie haben sich kennengelernt – sie haben sich verliebt – sie haben sich geküsst – sie haben sich gestritten – sie haben sich getrennt – sie haben sich entschuldigt

siebenundsechzig **67**

C Schöner wohnen

1 Kennen Sie die Sendung? Lesen Sie und erzählen Sie.

Wohnen nach Wunsch

Möchten Sie renovieren? Enie van de Meiklokjes und ihre Handwerksmeister suchen zusammen mit den Bewohnern neue Lösungen für ein Zimmer oder eine Wohnung. Sie räumen aus, streichen, tapezieren, suchen neue Möbel und dekorieren. Möchten Sie jemanden überraschen und eine Wohnung verschönern lassen? Bewerben Sie sich bei uns für „Wohnen nach Wunsch"!

2 Wie gefällt Ihnen das Zimmer? Sprechen Sie im Kurs.

Ü15

Links an der Wand steht ein Kasten. Der Kasten ist hässlich.

Die Tapete gefällt mir gut.

Auf dem Fußboden liegt ein Teppich. Der Teppich ist langweilig.

3a *Wohin?* oder *wo?* Schreiben Sie Fragen.

Ü16+17

Wohin?	Wo?
stellen	stehen
legen	liegen

Wo stellen

Sie stellen den Kasten in die Ecke.

Wo steht

Der Kasten steht in der Ecke.

Wohin legt

Sie legt die Decke auf den Tisch.

Wo liegt die Decke?

Die Decke liegt auf dem Tisch.

3b Schreiben Sie Sätze wie im Beispiel.

Sie stellt die Vase auf den Tisch. Sie stellt das Regal die fenster.
er hängt das bild an wald.
er stellt
er rollt die Teppich auf den Boden.

4a Im Baumarkt. Hören Sie und kreuzen Sie an: Was kauft Herr Tymoschenko? 🔊 1.35

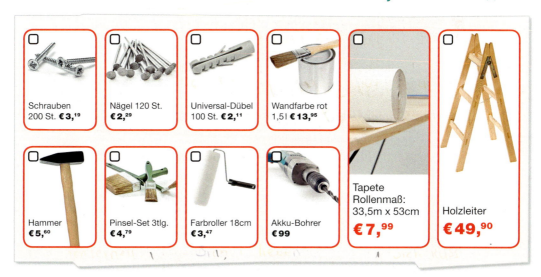

4b Variieren Sie den Dialog und spielen Sie ihn im Kurs.

Wohnung streichen – Wohnung tapezieren – ein Bild aufhängen – eine Lampe aufhängen – ...

Grüß Gott, könnten Sie mir helfen?   *Ja, gern. Was brauchen Sie?*

5 Sie haben 1000 € und können Ihren Kursraum renovieren. Was machen Sie? Wie renovieren und dekorieren Sie den Raum? Diskutieren Sie im Kurs.

6 Alles klar!

Wortschatz

1a Gegenteile. Was passt zusammen?

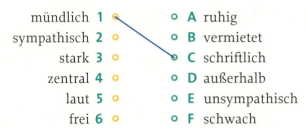

mündlich 1 — C schriftlich
sympathisch 2 — A ruhig
stark 3 — B vermietet
zentral 4 — D außerhalb
laut 5 — E unsympathisch
frei 6 — F schwach

1b Welche Wörter aus 1a passen? Ergänzen Sie.

1. Wir wohnen nicht mehr in der Innenstadt, wir wohnen jetzt _____.

2. Die Wohnung hat uns sofort gefallen und wir haben Glück gehabt, sie war noch _____ .

3. Einen Mietvertrag kann man nicht _____ kündigen.

Kommunikation

2 Ergänzen Sie den Dialog und hören Sie zur Kontrolle. 🔊 1.36

> Was kostet denn die Wohnung? – Ja, gern. Danke schön. Auf Wiederhören. – Wo liegt denn die Wohnung? Könnte ich sie vielleicht besichtigen? – Guten Tag, mein Name ist Bayer. Ich habe Ihre Anzeige gelesen. Ist die Wohnung noch frei?

◁ Westerhoff.

◁ _____

◁ Nein, tut mir leid. Aber ich habe noch eine andere Wohnung: vier Zimmer im Erdgeschoss.

◁ _____

◁ 560 € plus Betriebskosten. Und es sind zwei Monatsmieten Kaution.

◁ _____

◁ Ja, natürlich. Die Wohnung ist in der Kaiserstraße 35. Sie können heute Abend um sieben kommen, wenn das geht.

◁ _____

3 Schreiben Sie einen Dialog im Baumarkt und spielen Sie ihn im Kurs.

◖ Grüß Gott, könnten Sie mir helfen?

◗ Ja, gern, was kann ich für Sie tun?

◖ Ich möchte ... und brauche ...

◗ ... haben wir da drüben.
◗ Wir haben auch ...
◗ Brauchen Sie auch ...?

◖ Ja/Nein, ...

Grammatik

4 Ergänzen Sie die Reflexivpronomen.

1. Entschuldigung, ich glaube, ich habe _____ noch nicht vorgestellt, mein Name ist Wang.

2. Mein Name ist Cortada und das ist Robert Eichel, wir haben _____ auf einer Party kennengelernt.

3. ◖ Oh, fühlen Sie _____ nicht gut?
   ◗ Doch, doch, es geht schon. Ich fühle _____ nur ein bisschen müde.

4. Die Kinder spielen wunderbar, sie haben _____ nicht einmal gestritten.

5. ◖ Bald sind Ferien, freust du _____? ◗ Ja, sicher.

5 *Stellen* oder *stehen*? *Legen* oder *liegen*? Ergänzen Sie.

1. ◖ Könntest du bitte die Bücher ins Regal _____?
   ◗ Aber sie _____ doch schon im Regal.

2. Anna muss jetzt schlafen, ich _____ sie gleich ins Bett.

3. Ich weiß nicht, was ich machen soll. Luca _____ immer nur auf dem Sofa und hört Musik.

Flüssig sprechen

6 Hören Sie zu und sprechen Sie nach. 1.37

6 Gewusst wie

Kommunikation

Über die Wohnlage sprechen

Ich wohne zentral. Das ist praktisch, ich brauche kein Auto und kann mit den öffentlichen Verkehrsmitteln fahren.

Ich wohne außerhalb in einem kleinen Dorf. Hier hat man mehr Kontakt mit den Nachbarn und wir haben auch einen Garten.

Eine Wohnung suchen

Ich habe Ihre Anzeige gelesen, ist die Wohnung noch frei?
Ich möchte die Wohnung gern besichtigen. Wann ist das möglich?

Nachbarn kennenlernen

Guten Tag, wir möchten uns vorstellen. Wir sind die neuen Nachbarn, wir heißen Olaru.
Wir haben vorher in einer kleinen Wohnung gewohnt. Wir freuen uns, dass wir diese Wohnung bekommen haben.

Über das Renovieren sprechen

Wir möchten die Wohnung streichen und tapezieren.
Wer kann die Lampen aufhängen?
Wir stellen den Kasten an die Wand neben die Tür.
Sie legen den Teppich vor das Sofa.

Grammatik

Reflexive Verben

	sich freuen
ich	freue **mich**
du	freust **dich**
er/es/sie/man	freut **sich**
wir	freuen **uns**
ihr	freut **euch**
sie/Sie	freuen **sich**

Wir freuen uns, weil wir eine gute Wohnung gefunden haben.
ebenso: sich fühlen, sich vorstellen, sich kennenlernen, sich verlieben, sich küssen, sich streiten, sich trennen, sich entschuldigen

Legen/Liegen und *stellen/stehen*

Wohin?
legen/stellen *(mit Präposition)* + Akkusativ

Sie **legen** den Teppich **auf den** Boden.
Sie **stellen** den Tisch **auf den** Teppich.

Wo?
liegen/stehen *(mit Präposition)* + Dativ

Der Teppich **liegt auf dem** Boden.
Der Tisch **steht auf dem** Teppich.

Sie lernen:
- über Feste und Geschenke sprechen
- Einladungen verstehen und darauf reagieren
- Komplimente machen und darauf reagieren
- das Datum
- Kleidung beschreiben (Adjektivdeklination nach dem unbestimmten Artikel)
- Verben mit Dativ und Akkusativ
- eine Kursparty organisieren

7

Feste feiern

1a Welche Feste auf den Fotos kennen Sie? Wann feiert man diese Feste?
Ü1

> Ich glaube, das Foto oben links ist Weihnachten.

> Weihnachten feiert man vom 24. bis zum 26. Dezember.

> Vielleicht ist das Foto unten in der Mitte Silvester.

1b Was machen die Leute? Was ist typisch für die Feste?

2a Welche österreichischen Feste und Feiertage kennen Sie?
Ü2–6

> Der 26. Oktober ist in Österreich ein Feiertag.

Welcher Tag …?	Wann …?
der erste Jänner	**am** ersten Jänner
der erste Erste	**am** ersten Ersten

2b Feste in Ihrer Heimat. Erzählen Sie.

dreiundsiebzig **73**

A Einladungen

1 Lesen Sie die Einladungen und ergänzen Sie die Tabelle.

❶ *Wir heiraten*
Eva Roth und Tobias Sedlmayr
Die Trauung ist am 11.9.2012 um 10 Uhr im Standesamt Freistadt, Ruppertstraße 11.
Die Hochzeitsfeier findet im Hotel „Zur Post" statt.
Um Antwort wird gebeten bis zum 31.08.12

❷ Einladung zur Betriebsfeier der Natura GmbH

am Freitag, dem 1. Juni, von 19 Uhr bis 1 Uhr

Gartenrestaurant „Eule", Am Fuchspfad 1

Es spielen die „River Girls"

❸ Liebe Freunde!
Am 26. Mai werde ich 50!
Wollt ihr meinen Geburtstag mit mir feiern? Kommt ab 16 Uhr zu uns, Weinstraße 5 in Mureck, Tel.: 03472/20561
Wenn ihr kommt, sagt Bescheid. Ich freue mich!!
Susanne

	Einladung 1	Einladung 2	Einladung 3
Wer?	Eva und Tobias	Natura GmbH	Susanne
Was?	Heiraten	Betriebsfeier	Geburtstag
Wann?	11.9.2012	1. Juni, 19 Uhr – 1 Uhr	Am 26. Mai, 16 Uhr
Wo?	Hotel „Zur Post" statt	Gartenrestaurant Eule	Weinstraße 5 um 16 Uhr

2a Einladen und reagieren. Hören Sie und lesen Sie den Dialog zu zweit. 🔊 1.38

● Heindl.
● Hallo, hier ist Susanne.
● Hi, Susanne, wie geht's dir?
● Danke, gut. Ich möchte dich gern zu meinem Geburtstag einladen. Hast du am Samstagabend Zeit?
● Samstag? Ja, sicher, ich komme gern.
● Wunderbar! Dann bis Samstag. Wir feiern ab vier.

2b Schreiben Sie eine Einladung und spielen Sie im Kurs.

Ich möchte dich zu ... einladen.

😊
Ja, (ich komme) sehr gern.
Oh, das ist schön. Klar komme ich.

Ich weiß noch nicht.
Ich muss noch ... fragen.

Oh, das tut mir leid, aber ich kann nicht kommen.
Schade, da kann ich nicht.

3 Geschenke. Lesen Sie die Einladungen in Aufgabe 1 noch einmal. Was kann man wem schenken? Sammeln Sie und vergleichen Sie im Kurs.

Eva:
Tobias:
Eva und Tobias:
Susanne:

	Dativ (Person)	Akkusativ (Sache)
Ich schenke	meinem Vater	ein Buch.
Ich schenke	ihm	ein Buch.

Man kann Susanne Blumen schenken.

Man kann ihr auch ein Parfum schenken.

4 Was schenken Sie? Bilden Sie Sätze und erzählen Sie.

Meinen Eltern	schenke ich	ein …	zum Geburtstag.
Meinem Vater		eine …	zur Hochzeit.
Meiner Mutter		einen …	zum Jubiläum.
Meinen Freunden			…
Meinem Chef			

5 Was schenken Sie, wenn …? Was kann man in Ihrem Land nicht schenken? Erzählen und vergleichen Sie.

Was schenken Sie, wenn ein Freund / eine Freundin Geburtstag hat?
wenn Sie bei einem Kollegen zum Essen eingeladen sind?
wenn Sie in Ihre Heimat fahren?

Wenn ich eingeladen bin, schenke ich meistens …

Bei uns darf man kein/keine/ keinen … schenken. Das macht man nicht.

Normalerweise schenkt man in meiner Heimat …

fünfundsiebzig **75**

B Hochzeit

1a Eva und Tobias heiraten. Welche Adjektive passen?

> elegant – schick – schwarz – weiß – eng – wunderschön – toll – romantisch

Das Brautkleid ist wunderschön.

Der Anzug ist elegant.

Die Hose ist …

ℹ️ Wenn man in Österreich heiratet, muss man aufs Standesamt gehen.

1b Ergänzen Sie die Endungen. Hören Sie dann und sprechen Sie nach. 🔊 1.39

> Die Braut trägt ein romantisch____, weiß____ Kleid, eine wunderschön____ Kette, einen klein____, weiß____ Schleier und elegant____ Handschuhe. Sie sieht fantastisch aus!

❗

Das ist/sind …		Er/Sie trägt …	
(de**r**)	ein/kein grau**er** Anzug	(de**n**)	einen/keinen grau**en** Anzug
(da**s**)	ein/kein weiß**es** Kleid	(da**s**)	ein/kein grau**es** Kleid
(di**e**)	eine/keine grau**e** Hose	(di**e**)	eine/keine grau**e** Hose
(di**e**) Pl.	klein**e** Ohrringe	(di**e**) Pl.	klein**e** Ohrringe
	keine klein**en** Ohrringe		keine klein**en** Ohrringe

1c Beschreiben Sie den Bräutigam.

> der Anzug – die Hose – das Hemd – die Krawatte

Der Bräutigam trägt …

2 Hochzeitskleidung. Fragen Sie Ihren Partner / Ihre Partnerin und berichten Sie im Kurs. Wenn Sie möchten, bringen Sie Hochzeitsfotos mit.

1. Was für ein Kleid / einen Anzug / eine Kette / Schuhe haben Sie getragen?
2. Was für ein Kleid / einen Anzug / eine Kette / Schuhe möchten Sie tragen?
3. Was trägt man in Ihrem Land?

Was für einen Anzug?
Was für ein Kleid?
Was für eine Kette?
Was für Schuhe?

3 Machen Sie Komplimente im Kurs und reagieren Sie darauf.

Auf dem Foto sehen Sie echt toll aus!   *Du sprichst schon so gut Deutsch.*

- Du bist immer so freundlich / fröhlich / nett / hilfsbereit.
- Sie haben immer so tolle Ideen.

- Wirklich? Das ist nett von Ihnen/dir.
- Meinen Sie / Meinst du?
- Danke schön, Sie/du auch.

4a Eine Hochzeit mit Pannen. Hören Sie und ordnen Sie die Bilder. 🔊 1.40

4b Ordnen Sie die Sätze den Bildern zu und erzählen Sie die Geschichte.

> Die Freunde und Verwandten werfen Reis. – Sie gehen ins Restaurant. –
> Sie feiern. – Das Restaurant ist geschlossen. – Das Brautpaar tauscht die Ringe. –
> Sie suchen ein anderes Restaurant.

5 Hochzeit weltweit. Wie feiert man in Ihrem Land Hochzeit? Erzählen Sie.

siebenundsiebzig **77**

C Feiern interkulturell

1 Party und Einladung zum Essen. Lesen Sie die Sätze und kreuzen Sie an: stimmt, stimmt nicht. Vergleichen und diskutieren Sie im Kurs.

	stimmt		stimmt nicht	
	Party	Essen	Party	Essen
1. Ich komme pünktlich.	☐	☐	☐	☐
2. Ich bringe etwas zu essen/trinken mit.	☐	☐	☐	☐
3. Ich nehme die Kinder mit.	☐	☐	☐	☐
4. Ich kaufe ein Geschenk für die Gastgeber.	☐	☐	☐	☐
5. Ich ziehe schöne Kleidung an.	☐	☐	☐	☐

2a Luiz, Leyla und Benoit erzählen über ihre Erfahrungen. Lesen Sie und sammeln Sie Informationen zu den Themen: Kleidung, Essen und Trinken, Tanzen, Kinder, Geschenke und Gespräche.

Ü22

Ich bin Student und war schon auf einigen Partys bei österreichischen Freunden. Meistens bringt man etwas zu essen mit, am besten eine Spezialität aus dem eigenen Land oder auch eine Flasche Wein. Das ist ganz unkompliziert. Das gefällt mir. Man unterhält sich auch viel über das Studium, die Arbeit oder auch über Filme und es gibt natürlich Wein oder Bier. *Luiz Fernando, 24, Brasilien*

Ich habe viele österreichische Freunde und bin oft eingeladen und lade auch ein. Was mir auffällt? Die Österreicher kommen bei Einladungen zum Essen immer sehr pünktlich. Das ist höflich in Österreich. Bei uns ist das nicht so. Hier bringt man meistens auch etwas mit, z. B. eine Flasche Wein oder Blumen. Und die Kinder sind oft nicht dabei. Das ist bei uns anders. *Leyla Sönmez, 36, Türkei*

Vorgestern war ich auf einer österreichischen Party. Da war eine gute Stimmung, aber es war auch ganz anders als bei uns. Die Leute waren ganz normal angezogen, bei uns zieht man immer schicke Kleidung an, wenn man auf eine Party geht. Die Leute haben sich viel unterhalten, aber wenig getanzt. Ich war der einzige Mann auf der Tanzfläche. *Benoit Ahoua, 30, Elfenbeinküste*

2b Waren Sie schon einmal auf einer österreichischen Party? Was ist Ihnen aufgefallen? Wie ist das in Ihrem Heimatland? Erzählen Sie.

3a Eine Kursparty organisieren. Was passt? Ordnen Sie zu.

Wer besorgt 1 — B die Getränke?
Wer bringt 2 — A wollen wir feiern?
Wen 3 — C laden wir ein?
Wollen wir auch 4 — D tanzen?
Wann 5 — E auf der Party?
Was machen wir 6 — F feiern?
Wo wollen/können wir 7 — G Essen mit?

3b Arbeiten Sie zu zweit und planen Sie die Party.

> Wollen wir übermorgen eine Party machen?

> Ja, das ist eine gute Idee. Wir können bei mir feiern. Ich habe einen großen Garten.

> Das ist gut. Wann ...?

4a Glückwünsche, was sagt man wann? Ordnen Sie zu.
Ü23

1. Herzlichen Glückwunsch zum Geburtstag! – 2. Alles Gute im neuen Jahr! – 3. Frohe Ostern! – 4. Alles Gute zur Hochzeit. – 5. Prosit Neujahr!

4b Wählen Sie ein Fest aus und schreiben Sie einem Freund / einer Freundin eine Glückwunschkarte.

7 Feste Feiern

D Festtage

INTERKULTURELLER

Jänner

1. Jänner Neujahr
6. Jänner Heilige Drei Könige
7. Jänner Orthodoxes Weihnachtsfest
14./15. Jänner Pongalfest der Tamilen
23./24. Jänner Mohammeds Geburtstag
27. Jänner Gedenktag der Opfer des Nationalsozialismus

Februar

10. Februar Chinesisches Neujahr
10.–12. Februar Fasching
11. Februar Faschingsmontag
12. Februar Faschingsdienstag
11. Februar Tibetanisches Neujahr
13. Februar Aschermittwoch
14. Februar Valentinstag
24. Februar Purimfest

März

8. März Internationaler Frauentag
20./21. März Nouruz Neujahrsfest Iran, Afghanistan u. a. Newroz, kurdisch
24. März Palmsonntag
26. März – 2. April Pessachfest
27. März Holi, Fest der Farben
29. März Karfreitag
31. März – 1. April Ostern

April

7. April Tag der Shoa
13. April Neujahrsfest der Tamilen
23. April Türkisches Kinderfest

Mai

1. Mai Tag der Arbeit
9. Mai Christi Himmelfahrt
12. Mai Muttertag
15.–16. Mai Schawuot
19. Mai Pfingstsonntag
20. Mai Pfingstmontag
24. Mai Vesak, buddh. Neujahr
30. Mai Fronleichnam

Juni

9. Juni Vatertag

Juli

9. Juli – 7. August Ramadan

August

6. August Hiroshima Gedenktag
8.–10. August Ramadanfest/ Zuckerfest

1 Wer feiert was? Sehen Sie sich den Kalender an und sammeln Sie Feste.

Christen feiern ..., Moslems feiern ..., Juden ..., Buddhisten ..., Hindus ...

KALENDER 2013

15. August	Bonfest Japan
15. August	Mariä Himmelfahrt

September

1. September	Antikriegstag
5.–6. September	Rosh ha-Shana Neujahr
9. September	Ganeshafest
14. September	Jom Kippur
19.–25. September	Sukkot, Laubhüttenfest
19. September	Mondfest

Oktober

6. Oktober	Erntedankfest
14. Oktober	Dusserahfest
15. Oktober	Opferfest
26. Oktober	Nationalfeiertag Österreich
31. Oktober	Halloween

November

1. November	Allerheiligen
2. November	Allerseelen
3. November	Divali
4. November	Islamisches Neujahrsfest
4.–15. November	Muharrem-Fasten
11. November	St. Martin/Martinstag
13. November	Ashurafest
17. November	Geburtstag des Guru Nanak, Sikh
20. November	Weltkindertag
28. November – 5. Dezember	Chanukka

Dezember

1. Dezember	1. Advent
6. Dezember	St. Nikolaus
8. Dezember	Mariä Empfängnis
8. Dezember	2. Advent
13. Dezember	Lucia-Fest, Schweden
15. Dezember	3. Advent
22. Dezember	4. Advent
24. Dezember	Heiliger Abend
25.–26. Dezember	Weihnachten
25. Dezember	Christtag (1. Weihnachtsfeiertag)
26. Dezember	Stefanitag (2. Weihnachtsfeiertag)
31. Dezember	Silvester

christlich	buddhistisch
hinduistisch	jüdisch
alevitisch	islamisch

Die jüdischen Feste beginnen am Vorabend.
Die islamischen Festtage können um ein bis zwei Tage variieren.

2 Welche Feste feiern Sie? Erzählen Sie im Kurs.

> Am 25. Dezember feiern wir …

> Im März feiern wir …

> Bei uns feiert man …

einundachtzig **81**

7 Alles klar!

Wortschatz

1 Machen Sie ein Wörternetz zum Thema „Feste feiern". Wählen Sie fünf Wörter aus und schreiben Sie Sätze.

Kommunikation

2a Das Datum. Fragen und antworten Sie.

- Welcher Tag ist heute?
- Heute ist der …
- Welcher Tag war vor drei Tagen?

morgen – übermorgen – in drei Tagen – gestern – vorgestern – vor drei Tagen

2b Termine von Marina Cortez. Schreiben Sie Sätze.

16. 3. Kino	*Am sechzehnten März geht sie ins Kino.*
18. 4. Oma zu Besuch	
17. 4.–30. 4. Kinder Schulferien	
11. 5. Auto in die Werkstatt	
15. 6. Arzttermin	
30. 6. Friseur	

3 Eine Einladung zum Geburtstag. Schreiben Sie einen Dialog mit Ihrem Partner / Ihrer Partnerin und spielen Sie ihn im Kurs vor.

☺ Ihre Freundin Clara hat am Samstag, dem 3. März, Geburtstag und lädt Sie ein. Sie kommen gern. Die Feier beginnt um 20 Uhr. Sie sollen einen Salat mitbringen. Clara sagt, Ihr Mann / Ihre Frau kann gern mitkommen.

☹ Ihre Freundin Clara hat am Freitag, dem 2. März, Geburtstag und lädt Sie ein. Sie können leider nicht, weil Ihre Schwester am Samstag heiratet. Sie müssen bei den Vorbereitungen helfen. Sie wünschen ihr viel Spaß bei der Feier.

4 Glückwünsche. Was kann man sagen?

1. Ihr Freund / Ihre Freundin hat endlich eine neue Wohnung gefunden.
   Das ist super! Herzlichen Glückwunsch und wenig Stress beim Umzug!

2. Ihr Kollege heiratet nächste Woche.
   Das ist Wundebar, Herzlichen Glückwunsch, und alles Gute für → gemeinsame Zukunft.

3. Ihr Chef / Ihre Chefin hat Geburtstag.
   Wow, Herzlichen, alles Gute zum Gebortstag!

4. Es ist der 31. Dezember, genau 12 Uhr in der Nacht.
   Gutes neues Jahr!   Ein Prosit Neujahr!

Grammatik

5 Ergänzen Sie die Endungen (wenn nötig).

1. ◖ Guten Tag, kann ich Ihnen helfen?

   ◖ Ja, ich suche einen blau*en* Anzug und ein weiß*es* Hemd für meinen Sohn,

   eine schick*e* Hose für meine Tochter und für mich ein elegant*es* Kleid.

   Haben Sie auch Schuhe? Wir brauchen elegant*e* Schuhe.

2. ◖ Was für ein___ Buch suchen Sie? ◖ Ich suche ein___ spannend*es* Buch.

3. ◖ Was für ein*en* Fotoapparat hast du?

   ◖ Einen ganz neu*en*, er macht toll*e* Fotos.

6 Dativ oder Akkusativ? Ergänzen Sie die richtige Endung (wenn nötig).

1. Ich schenke mein*er* Mutter ein*e* modisch*e* Kette zum Geburtstag.

2. Sie will ihr*er* Schwester ein___ neu*es* Handy mitbringen.

3. Der Beamte hat mein*em* Freund ein___ kompliziert*es* Formular gegeben.

4. Der Mann zeigt d*en* Touristen d*en* Weg zum Bahnhof.

Flüssig sprechen

7 Hören Sie zu und sprechen Sie nach. 🎧 ⏵)) 1.41

dreiundachtzig **83**

Gewusst wie

7

Kommunikation

Über Feste und Geschenke sprechen

Welches Fest ist in Ihrer Heimat besonders wichtig?
Was schenkt man in Ihrer Heimat zur Hochzeit?

Kleidung beschreiben

◖ Was für ein Kleid hast du getragen?
◖ Ein langes rotes Kleid, und ich habe rote, elegante Schuhe gehabt.

Glückwünsche äußern

Herzlichen Glückwunsch zum Geburtstag / zur Hochzeit.
Alles Gute im neuen Jahr / zur Hochzeit / zum Geburtstag!
Prosit Neujahr! Frohe Weihnachten! Frohe Ostern!

Komplimente machen und darauf reagieren

◖ Das Kleid steht Ihnen sehr gut!
◖ Danke schön. Das ist nett von Ihnen.

Einladungen verstehen und darauf reagieren

◖ Ich möchte dich zum Geburtstag einladen. Hast du am Samstag Zeit?
◖ Ja, ich komme gern. / Nein, da kann ich leider nicht.

Grammatik

Das Datum

Welcher Tag ist das?   Das ist **der sechste Jänner/Erste.**
Wann ist das?   Das ist **am sechsten Jänner/Ersten.**

Verben mit Dativ und Akkusativ

	Dativ (Person)	**Akkusativ** (Sache)
Ich schenke	meiner Mutter	einen Blumenstrauß.

ebenso: geben, mitbringen, zeigen, ...

Adjektivdeklination nach dem unbestimmten Artikel

	Nominativ	Akkusativ
m	Das ist ein/kein grau**er** Anzug.	Er trägt einen/keinen grau**en** Anzug.
n	Das ist ein/kein weiß**es** Kleid.	Sie trägt ein/kein weiß**es** Kleid.
f	Das ist eine/keine rot**e** Rose.	Sie trägt eine/keine rot**e** Rose.
Pl.	Das sind schön**e** Ohrringe. Das sind keine schön**en** Ohrringe.	Sie trägt schön**e** Ohrringe. Sie trägt keine schön**en** Ohrringe.

84 *vierundachtzig*

Station 2

Wiederholung

1 Acht Situationen. Arbeiten Sie zu zweit. Wählen Sie drei Situationen aus, machen Sie Notizen und spielen Sie die Dialoge.

1. Sie möchten sich für einen Kurs an der Volkshochschule anmelden. Fragen Sie nach Kosten und Terminen.

> Imst, 3 Zi., 90m², EG, EBK, Miete 500 € + BK, 2 Monatsmieten Kaution.
> Heinz Weber, Tel. 05412/64218

5. Sie haben diese Anzeige in einer Zeitung gelesen. Rufen Sie bei dem Vermieter an.

2. Sie wollen am Samstagabend essen gehen. Rufen Sie im Restaurant an und reservieren Sie einen Tisch.

6. Sie haben eine neue Wohnung. Stellen Sie sich bei den Nachbarn vor.

3. Die Schulklasse von Ihrem Kind plant einen Ausflug. Fragen Sie den Lehrer, wie viel Taschengeld die Kinder brauchen.

7. Sie sind im Baumarkt, weil Sie Ihre Wohnung tapezieren wollen. Bitten Sie den Verkäufer um Hilfe.

4. Ein neuer Arbeitskollege setzt sich in der Mittagspause zu Ihnen an den Tisch. Beginnen Sie ein Gespräch.

8. Sie haben Geburtstag und wollen Ihre Freunde einladen. Rufen Sie an.

Station 2

Handwerksberufe

1a Wo arbeiten die Handwerker? Sprechen Sie im Kurs.

der Elektriker   *die Gärtnerin*   *der Installateur*   *die Malerin*   *der Tischler*

> im Park – in der Werkstatt – in der Wohnung – in der Gärtnerei – …

1b Was machen die Handwerker? Ordnen Sie zu und erzählen Sie.

> Parks pflegen – Möbel herstellen – Elektroleitungen legen – tapezieren – Türen einbauen – Wände streichen – Pflanzen verkaufen – Bäume schneiden – den Herd anschließen – Wasserleitungen reparieren – Heizungen montieren – …

1c Hören und schreiben Sie: Welchen Handwerksberuf haben die Personen? 🔊 1.42

Kerstin Seiler: _die Gärtnerin_   Max Umland: _der Tischler_   Paul Sattler: _der Elektriker_

2a Hören Sie das Interview mit dem Malermeister und kreuzen Sie an: richtig oder falsch? 🔊 1.43

		R	F
1.	Herr Reimann hat einen Handwerksbetrieb.	☒	☐
2.	In dem Betrieb arbeiten sieben Angestellte.	☐	☐
3.	Herr Reimann hat Lehrgänge besucht und ist Malermeister.	☒	☐
4.	Nach der Gesellenprüfung muss man die Meisterprüfung machen.	☐	☐

2b Hören Sie das Interview noch einmal und ordnen Sie zu. 🔊 1.43

Ein Lehrling   1 ○   2 ○ A   hat einen Handwerksberuf gelernt und eine Prüfung gemacht.

Ein Geselle / Eine Gesellin   2 ○   3 ○ B   darf nach einer Prüfung Leute ausbilden.

Ein Meister / Eine Meisterin   3 ○   1 ○ C   lernt einen Beruf.

86   *sechsundachtzig*

3a Ein Kundengespräch. Hören Sie und kreuzen Sie an: Welches Foto passt? 🔊 1.44

3b Hören Sie noch einmal und ergänzen Sie den Dialog. 🔊 1.44

> Vielleicht 800 bis 1000 Euro. Ich mache Ihnen noch ein genaues Angebot. – Ich habe hier einige Muster. Sie können sich eine Farbe aussuchen. – Ich denke, wir können in zwei Tagen fertig sein. – Wenn wir die Arbeiten anfangen, können wir an der Wand zuerst Probeanstriche machen, wenn Sie wollen.

◉ Wir ziehen hier bald ein, aber die weiße Farbe an den Wänden gefällt uns nicht.

◉ *Ich habe mir einige Muster. Sie können sich Farbe aussuchen.*

◉ Na ja, Blau gefällt mir nicht, aber vielleicht Gelb oder Orange?

◉ *Wenn wird die Arbeiten anfangen, können wir an der Wand zuerst probeuns*

◉ Einverstanden. Wie viel kostet das in etwa?

◉ *Vielleicht 800 - 1000 €. Ich mache Ihnen noch ein genaues Angebot.*

◉ Und wie lange dauert das?

◉ *Ich denke, wir können in zwei Tagen fertig sein*

3c Variieren Sie den Dialog.

1. Ein Kunde möchte an den Türen eine andere Farbe. Die Arbeiten kosten 1.400 bis 1.800 Euro und dauern drei Tage.
2. Ein Mieter zieht aus seiner Wohnung aus. Die Wände sind grün, aber sie müssen weiß sein, wenn der Mieter auszieht. Die Arbeiten kosten 1.700 Euro und dauern vier Tage.

4 Projekt: Sammeln Sie Adressen und Telefonnummern von Handwerksbetrieben in Ihrem Kurs- oder Wohnort.

siebenundachtzig **87**

Station 2

Prüfungsvorbereitung ÖIF-Test Neu: Lesen

Lesen Teil 1.

1 Lesen Sie die Tipps.

► Lesen Sie zuerst genau die Aufgabe. Welche Wörter aus den Wünschen finden Sie in den Anzeigen wieder? Welche Wörter aus den Aufgaben sind ähnlich?

► Sie verstehen ein Wort nicht? Das ist kein Problem. Sie müssen nicht alles verstehen. Aber Sie können die Aufgabe lösen.

2 Lesen Sie die Wünsche (1–3) und sechs Angebote (A–F) Welches Angebot passt zu welchem Wunsch? Nur jeweils ein Angebot passt.

Wünsche

1 Frau Rojas ist seit einem Jahr in Österreich. Sie lernt Deutsch, aber sie möchte mehr Kontakt zu Österreicherinnen.

2 Familie Ruschitzka hat fünf Kinder und möchte nicht so viel Geld für Kinderkleidung und Spielsachen ausgeben.

3 Herr und Frau Unger möchten gern französische Filme im Kino sehen.

Wunsch	1	2	3
Angebot	E	D	B

Angebote

A **Interesse an fremden Kulturen?** Wir organisieren Sprachkurse, Sprach- und Kulturreisen in die ganze Welt. Info: www.sprache&kultur&reisen.at

B 5.–11. November. **Woche des französischen Films** auf ARTE. Wir zeigen bekannte und fast unbekannte Spiel- und Kurzfilme von französischen Filmemachern des 20. Jahrhunderts. Fernsehen für alle – ARTE.

C **Flohmarkt.** Der Flohmarkt war jedes Wochenende mein Zuhause. Leider kann ich (89) nicht mehr so gut gehen und möchte meine Flohmarktwaren und meinen Flohmarktstand jemandem weitergeben, der so wie ich große Freude am Verkaufen hat. Info: 0650 / 814 44 10

D **Keine Lust,** Ihr Geld aus dem Fenster zu werfen? In meinem Geschäft finden Sie gut erhaltene Baby- und Kinderbekleidung, Spielwaren und noch vieles mehr! Öffnungszeiten: Di–Fr 10:00–13:00 und 15:00–17:30, Sa 10:00–13:00.

E **Komm, zeig mir deine Welt.** Unter diesem Motto treffen sich Frauen aus Österreich und aus der ganzen Welt, um miteinander Deutsch zu sprechen, um etwas über andere Kulturen zu lernen und um gemeinsam die Freizeit zu verbringen.

F **Arlanda-Kino** – Neueröffnung: Freitag, 7. September. Es erwartet Sie wie immer ein interessantes internationales Programm und am Eröffnungsabend ein Glas französischer Champagner.

88 *achtundachtzig*

Sie lernen:
- über die eigenen Ziele sprechen
- sich über Weiterbildungsmaßnahmen informieren
- sich für einen Kurs anmelden
- Nebensätze mit „damit" • Verben mit Präpositionen

8

Neue Chancen

1a Was machen die Leute auf den Fotos? Sprechen Sie im Kurs.

> Sie machen einen Altenpflegekurs.

> Sie besuchen einen Tanzkurs.

> Er/Sie lernt ...

den LKW-Führerschein machen – einen Tanzkurs besuchen – einen Computerkurs machen – tanzen lernen – Leute kennenlernen – einen Heimwerkerkurs machen – einen Altenpflegekurs machen – am Computer schreiben lernen – eine neue Software kennenlernen

1b Hören Sie und bringen Sie die Fotos in die richtige Reihenfolge.
Wie heißen die Kurse? 2.2

Ü1

1c Welche Tätigkeiten finden Sie interessant? Warum?

Ü2

> Ich möchte einen Altenpflegekurs machen, weil ich alten Menschen helfen möchte.

> Ich finde den Heimwerkerkurs interessant, weil ich zu Hause ...

neunundachtzig **89**

8 Neue Chancen

A Etwas Neues lernen

1a Hören Sie. Welchen Kurs macht Herr Thabit? Wie gefällt ihm der Kurs? 2.3

Kreativität

Karibisch tanzen
Lebensfrohe Musik und rhythmische Bewegungen. In diesem Kurs lernen Sie die Grundschritte von Salsa, Merengue und Bachata.
Anfänger ohne Vorkenntnisse

1. Termin: Mittwoch, 14.11., 19.00–21.00 Uhr
Dauer: 6 Termine à 120 Minuten (14,4 UE)
Gebühr: 72 €

Modische Kleidung selbst genäht
Sie wollen nicht immer Kleidung im Geschäft kaufen? Sie möchten individuelle Kleidung für Erwachsene und Kinder selbst nähen? Dann kommen Sie zu unserem Nähabend.
Anfänger und Fortgeschrittene

1. Termin: Montag, 12.11., 19.00–21.30 Uhr
Dauer: 7 Termine à 150 Minuten (21 UE)
Gebühr: 84 €

Berufliche Weiterbildung

Power Point für Anfänger
Professionelle Präsentationen für Beruf und Freizeit.

1. Termin: Donnerstag, 15.11., 18.00–20.30 Uhr
Dauer: 5 Termine à 150 Minuten (15 UE)
Gebühr: 150 €

Gutes Deutsch – gute Briefe
Sie haben gute Grundkenntnisse in Deutsch und möchten Deutsch für den Beruf lernen? Schwerpunkte: Telefonieren, Briefe schreiben und an Besprechungen teilnehmen.

1. Termin: Dienstag, 13.11., 19.00–20.40 Uhr
Dauer: 10 Termine à 100 Minuten (20 UE)
Gebühr: 110 €

Excel – Tabellenkalkulation für Fortgeschrittene
Kursziel: sicherer Umgang mit komplexen Formeln und Analysewerkzeugen. Nur für Teilnehmer mit sehr guten Grundkenntnissen geeignet.

1. Termin: Donnerstag, 15.11., 17.30–21.30 Uhr
Dauer: 3 Termine à 240 Minuten (14,4 UE)
Gebühr: 144 €

Existenz gründen – Der Schritt in die Selbstständigkeit
Sie möchten ein eigenes Geschäft gründen? Mit vielen praktischen Beispielen lernen Sie die Möglichkeiten und Chancen kennen.
Sie lernen Büroorganisation, Marketing, Buchführung und erstellen einen Businessplan und einen Finanzierungsplan.

Termin: auf Anfrage

1b Suchen Sie für jede Person einen passenden Kurs.

1. Frau Nowak arbeitet in einer Firma. Sie versteht und spricht schon sehr gut Deutsch. Aber wenn sie Briefe schreibt, ist sie unsicher.
2. Frau Baltai möchte Leute kennenlernen und etwas Neues lernen. Sie mag Musik und Tanz.
3. Frau Fink zieht sich gern schick an, möchte aber nicht so viel Geld ausgeben.
4. Herr Yin möchte ein eigenes Geschäft aufmachen. Er braucht viele Informationen.

2 Was meinen Sie: Was sind die Ziele der Teilnehmer? Schreiben Sie Sätze und markieren Sie *damit* und das Verb wie im Beispiel.

> damit er Informationen bekommt. – damit sie Leute kennenlernt. – damit er bessere Chancen auf dem Arbeitsmarkt hat. – damit sie sich schicke Kleidung nähen kann. – damit sie bei ihrer Arbeit keine Probleme mit Briefen hat.

1. Herr Thabit möchte einen Computerkurs machen, ...
2. Frau Baltai möchte einen Tanzkurs machen, ... damit
3. Frau Finke möchte den Nähkurs machen, ...
4. Frau Nowak möchte einen Kurs „Gutes Deutsch – gute Briefe" machen, ...
5. Herr Yin möchte einen Existenzgründerkurs machen, ...

> 1. Herr Thabit möchte einen Computerkurs machen, damit er bessere Chancen auf dem Arbeitsmarkt hat.

!

	Ziel
Er macht einen Computerkurs.	Er hat bessere Chancen auf dem Arbeitsmarkt.
Er macht einen Computerkurs, **damit** er	bessere Chancen auf dem Arbeitsmarkt hat.

3 Wozu machen Sie das? Wozu brauchen Sie das? Fragen und antworten Sie im Kurs.

> Gitarre spielen können – bessere Berufschancen haben – mit dem Computer arbeiten können – als LKW-Fahrer arbeiten können – nicht verschlafen – neue Kochideen bekommen – ...

Wozu machen Sie einen Kochkurs?
Wozu machen Sie einen Gitarrenkurs?
Wozu macht man einen Computerkurs?
Wozu braucht man einen LKW-Führerschein?
Wozu brauchen Sie einen Wecker?
Wozu lernen Sie Deutsch?

4 Welchen Kurs möchten Sie gerne machen? Was ist Ihr Ziel?

> Ich möchte den Existenzgründerkurs machen, damit ...

> Ich möchte gerne ...

einundneunzig **91**

B Ich interessiere mich für ...

1a Wichtige Wörter. Ordnen Sie zu.

der AMS-Berater 1 ○   3 ○ **A** Man macht einen Kurs, damit man etwas Neues für den Beruf lernt.

die Förderung 2 ○   2 ○ **B** Eine Institution oder eine Behörde gibt Geld, damit man einen Kurs machen kann.

die Weiterbildungs- 3 ○   1 ○ **C** Diese Person hilft, wenn man eine Arbeit sucht.
maßnahme

1b Hören Sie den Dialog und kreuzen Sie an: Was ist richtig? 🔊 2.4

Frau Wang und Frau Schilling sprechen über
- ☐ **A** ihre Arbeit.
- ☒ **B** eine Fortbildung.
- ☐ **C** ihre Kinder.

1c Hören Sie noch einmal und beantworten Sie die Fragen. 🔊 2.4

1. Was war Frau Wang früher von Beruf?
2. Warum arbeitet sie jetzt nicht?
3. Was macht sie jetzt?
4. Was möchte Frau Schilling machen?
5. Von wem bekommt sie eine Förderung für die Weiterbildungsmaßnahme?

◖ Hallo, Frau Wang, lange nicht gesehen.

◖ Hallo, Frau Schilling, ja das stimmt. Ich war lange nicht hier, ich mache jetzt einen Kurs.

◖ Einen Kurs?

◖ Ja, ich wollte wieder arbeiten, Sie wissen doch, ich war früher Informatiklehrerin. Ich habe mich um viele Stellen beworben, leider sind meine Computerkenntnisse nicht mehr so gut. Aber ich interessiere mich für die neuen Softwareprogramme und jetzt habe ich eine Förderung vom Arbeitsmarktservice bekommen und nehme an einer Weiterbildungsmaßnahme teil.

◖ Super! Wo machen Sie denn die Fortbildung?

◖ Beim BFI hier in Graz, jeden Tag von 9 bis 15 Uhr.

◖ Und wie haben Sie den Kurs bekommen?

◖ Ich war beim AMS-Berater. Der hat mir geholfen, aber ich musste lange auf den Kurs warten.

◖ Das finde ich interessant. Ich möchte mich auch gerne weiterbilden und einen Kurs machen.

◖ Dann gehen Sie doch einmal zum AMS-Berater. Der kann Sie über Ihre Möglichkeiten informieren.

◖ Ja, das ist eine gute Idee, das mache ich.

2 Verben mit Präpositionen. Unterstreichen Sie diese Verben in 1c und ergänzen Sie die Präpositionen.

Ü11

sich bewerben – sich interessieren – teilnehmen – warten – informieren

1. Frau Wang hat sich _um_ viele Stellen beworben.
2. Frau Wang interessiert sich _für_ die neuen Softwareprogramme.
3. Frau Wang nimmt _an_ einer Fortbildung teil.
4. Frau Wang musste lange _auf_ den Kurs warten.
5. Der AMS-Berater kann Frau Schilling _über_ ihre Möglichkeiten informieren.

3a Fragen und antworten Sie im Kurs.

Ü12+13

1. Interessieren Sie sich für Musik?
2. Sprechen Sie gerne über Politik?
3. Ärgern Sie sich über den Verkehr?
4. Träumen Sie oft von der Heimat?
5. Freuen Sie sich auf den Urlaub?
6. Freuen Sie sich über Geschenke?

Verben mit Präpositionen

sich interessieren für (+Akk)
teilnehmen an (+ Dat)
sich bewerben um (+ Akk)
warten auf (+ Akk)

sich informieren über (+ Akk)
sich ärgern über (+ Akk)
sprechen über (+ Akk)
träumen von (+ Dat)

sich freuen auf (+ Akk)
Er freut sich auf das Geschenk.
(Er hat es noch nicht.)

sich freuen über (+ Akk)
Er freut sich über das Geschenk.
(Er hat es schon.)

3b Berichten Sie im Kurs.

> Husam interessiert sich für Musik, aber er spricht nicht gern über Politik.

4 Schreiben Sie mit den Verben Sätze über sich selbst.

sich interessieren für – sich freuen über – sich freuen auf – sich ärgern über – träumen von – sprechen über

dreiundneunzig 93

C Sich für einen Kurs anmelden

1 Lesen Sie und beantworten Sie die Fragen.

Fahrschule Krassnitzer

Preiswerte, schnelle und sichere Führerscheinausbildung
Alle Führerscheinklassen und Qualifizierungen
Alle Serviceleistungen rund um den Führerschein
(Erste Hilfe Kurs, ärztliche Untersuchung usw.)

- Gabelstaplerfahrerkurse
- LKW- und Busfahrerkurse
- Gefahrgutlenkerausbildung

Anmeldung und Einstieg jederzeit möglich

Fahrschule Krassnitzer
Wiener Straße 12
5020 Salzburg

Tel.: +43 (0)662 / 832 666
Fax: +43 (0)662 / 832 659

Öffnungszeiten
Mo bis Fr. 9.00–18.00 Uhr
info@fahrschule-krassnitzer.at

1. Welche Kurse kann man bei der Fahrschule Krassnitzer machen?
2. Wann ist das Büro geöffnet?
3. Wann kann man anfangen?

2a Sich telefonisch informieren. Hören Sie das Telefongespräch. Für welchen Kurs möchte sich Herr Abiska anmelden? 🔊 2.5

2b Hören Sie noch einmal. Welche Fragen hören Sie? Unterstreichen Sie. 🔊 2.5

Ü14+15

Guten Tag, mein Name ist ...	
Ich interessiere mich für ...	Sind Sie Anfänger oder Fortgeschrittener?
Wann ist der nächste Termin?	Die nächsten Kurse beginnen Anfang März. / Sie können jederzeit anfangen. / ...
Wann findet der Kurs statt?	Am ... von ... bis ... Uhr.
Was kostet der Kurs?	... Euro.
Wie kann ich mich anmelden?	Sie können sich im Internet anmelden oder Sie können hier vorbeikommen.
Vielen Dank für Ihre Informationen.	Gern geschehen.

3a Schreiben und spielen Sie Dialoge. Die Sätze aus 2b helfen.

Ü16

Sie haben noch sehr wenig mit dem Computer gearbeitet und möchten jetzt einen Kurs machen.

VHS Innsbruck
Computerführerschein 1 und 2
1. Termin: Montag, 19. 09., 18.30 – 20.00 Uhr
Dauer: 6 Termine à 90 Minuten (10,8 UE)
Gebühr: 108 €
Anmeldung: im Internet oder im Sekretariat, Hauptstraße 3

3b Spielen Sie Dialoge zum Kursprogramm auf Seite 90.

4 Lesen Sie und beantworten Sie die Fragen.

Ü17

Ich habe schon als Jugendlicher Tai Chi gemacht. Ich habe das von meinem Vater gelernt. Hier in Österreich habe ich es zuerst meinen Freunden gezeigt. Sie wollten auch gern mehr Tai Chi lernen. Zuerst habe ich privat einen Kurs angeboten und dann habe ich an der Volkshochschule als Lehrer angefangen, einmal pro Woche. Das macht mir Spaß und ich verdiene ein bisschen Geld.

1. Wann hat Herr Yang Tai Chi gelernt?
2. Bei wem hat er Tai Chi gelernt?
3. Wo gibt er Kurse? Warum?

5a Projekt. Haben Sie ein Hobby, besondere Kenntnisse oder Fähigkeiten? Was für einen Kurs können Sie anbieten?

Ü18

tanzen – nähen – malen – kochen – backen – Reparaturen im Haus machen – Fußball – Kalligraphie – Power Point – ...

Ich kann gut ...   *Ich habe früher lange ... gelernt.*   *Ich kann einen Kurs für ... anbieten.*

5b Schreiben Sie ein Kursangebot.

Ich kann gut libanesisch kochen. Wer möchte bei mir kochen lernen? Samstag 12-15 Uhr.

fünfundneunzig **95**

8 Alles klar!

Kommunikation

1 Ergänzen Sie den Dialog und kontrollieren Sie mit der CD. 🔊 2.6

> Kann ich mich im Kurs direkt anmelden? – Guten Tag, ich interessiere mich für einen Excel-Kurs. Wann ist denn der nächste Termin? – Wie viel kostet denn der Kurs? – Vielen Dank für Ihre Informationen. Auf Wiederhören. – Ich habe vor einem Jahr schon einen Kurs gemacht.

◖ PC-Institut Weber, Grüß Gott.

◖ *Guten Tag, ich interessiere mich für einen Excel-kurs. Wann ist* denn der nächste

◖ Sind Sie Anfänger oder Fortgeschrittener?

◖ *Ich habe vor einem Jahr schon einen Kurs gemacht.*

◖ Dann ist für Sie der Kurs für Fortgeschrittene richtig. Der ist Dienstagabend um 20 Uhr.

◖ *Wie viel kostet denn der Kurs?*

◖ Das sind zehn Termine, der Kurs kostet 100 Euro.

◖ *Kann ich mich im kurs direkt anmelden?*

◖ Nein, Sie müssen vorher bei uns im Büro vorbeikommen. Dann zeige ich Ihnen auch das Kursprogramm.

◖ *Auf wieder hören* Vielen *Danz für Ihre Informationen*

◖ Auf Wiederhören.

2 Schreiben Sie Fragen zu den Antworten.

1. *Wo findet der Kurs statt?* — Der Kurs findet in der Hauptstraße statt.

2. *Wann beginnt der Kurs?* — Der Kurs beginnt um 20.15 Uhr.

3. *Wie lange der Kurs?* — Der Kurs dauert acht Wochen.

4. *Es das ein kurs für Anfänger?* — Nein, das ist ein Kurs für Fortgeschrittene.

5. *Muss ich mich im Büro anmelden?* — Ja, Sie können sich auch im Internet anmelden.

96 *sechsundneunzig*

Wortschatz

3 Was passt zusammen? Ordnen Sie zu.

sich über die Möglichkeiten 1 — 2 A teilnehmen
an einer Weiterbildungsmaßnahme 2 — 6 B besuchen
eine Förderung 3 — C informieren
sich um eine Stelle 4 — 4 D bewerben
sich für einen Kurs 5 — 5 E interessieren
einen Kurs 6 — 3 F bekommen

Grammatik

4 Schreiben Sie Fragen und Antworten wie im Beispiel. Es gibt viele Möglichkeiten.

> *Wozu brauchen Sie ein Handy? — Damit ich immer erreichbar bin.*

5 Ergänzen Sie die Präpositionen.

Marie und Daniel sind seit sieben Jahren verheiratet, aber sie sind sehr verschieden: Marie interessiert sich __für__ Mode, Daniel interessiert sich __für__ Sport. Daniel spricht auch gerne __über__ Politik, Marie findet das langweilig, sie spricht lieber __über__ Kinofilme. Manchmal ärgert sie sich __über__ Daniel und Daniel ärgert sich __über__ sie, aber dann haben sie eine Idee. Sie träumen zusammen __von__ einem Urlaub in einer Großstadt am Meer. Daniel geht surfen und Marie geht einkaufen. Sie kauft viele Geschenke. Am Abend freut sich Daniel __über__ die Geschenke von Marie und Marie freut sich __über__ die gute Laune von Daniel.

Flüssig sprechen

6 Hören Sie zu und sprechen Sie nach. 2.7

Gewusst wie

8

Kommunikation

Über die eigenen Ziele sprechen

Ich möchte einen Computerkurs machen, damit ich bessere Berufschancen habe.
Ich habe als Lehrerin gearbeitet. Jetzt möchte ich eine Fortbildung in PowerPoint
machen, dann kann ich eine gute Stelle bekommen.
Ich finde einen Heimwerkerkurs interessant, weil ich zu Hause viel renovieren muss.
Ich kann gut Tai Chi und möchte gern Kurse anbieten.

Sich über Weiterbildungsmaßnahmen informieren

Ich möchte mich weiterbilden. Wer kann
mich über Möglichkeiten informieren?
Wo kann ich Informationen über das
Kursangebot bekommen?
Von wem kann ich eine Förderung für
den Kurs bekommen?
Wie lange muss man auf den Kurs warten?

Sich für einen Kurs anmelden

Guten Tag, ich interessiere mich
für den Computerkurs.
Wann findet der Kurs statt?
Wo findet der Kurs statt?
Wie lange dauert der Kurs?
Wo kann ich mich für den Kurs
anmelden?
Vielen Dank für die Informationen.

Grammatik

Nebensätze mit *damit*

	Ziel
Er macht einen Computerkurs.	Er hat bessere Berufschancen.
Er macht einen Computerkurs, **damit** er	bessere Berufschancen hat.

Verben mit Präpositionen

sich informieren über (+Akk)
sich freuen über (+Akk)
sich freuen auf (+Akk)
sich ärgern über (+Akk)
sich interessieren für (+Akk)

warten auf (+Akk)
teilnehmen an (+Dat)
träumen von (+Dat)
sich bewerben um (+Akk)
sprechen über (+Akk)

Sie finden eine Liste mit allen Verben mit Präpositionen aus Pluspunkt A2
auf Seite 203.

98 *achtundneunzig*

Sie lernen:
- über gesundes Leben sprechen
- über Arztbesuche sprechen
- sich über ein Medikament informieren
- sich bei der Krankenkasse informieren
- „niemand", „wenige", „viele" und „alle"
- das Verb „lassen"

9

Gesund leben

1a Sehen Sie sich die Fotos an. Was ist gut für die Gesundheit? Diskutieren Sie.
Ü1

> sich entspannen – fettarm essen – abnehmen/zunehmen – joggen – im Garten arbeiten – Sport machen – sich bewegen – sich (un)gesund ernähren – Stress haben – fit sein – Spaß haben – mit Freunden / mit der Familie zusammen sein – im See schwimmen – schlank/dick sein

1b Was ist wichtig für Sie? Was machen Sie gern? Sprechen Sie im Kurs.
Ü2

> Am besten kann ich mich entspannen, wenn ich …

> Ich esse fettarm, weil …

> Wenn ich Stress habe, …

> Ich möchte gern mehr Sport machen, aber …

neunundneunzig **99**

A Gesunde Ernährung

1a Die Nahrungspyramide. Ordnen Sie zu.
Ü3

> das Obst – das Gemüse – das Fleisch – der Fisch – die Milchprodukte – die Getreideprodukte – die Eier – die Süßigkeiten – die Getränke

1b Was ist gesund? Was ist ungesund? Sprechen Sie im Kurs.

2a Umfrage im Kurs. Was essen/trinken Sie gern? Sammeln Sie an der Tafel.

Essen Sie gern Fisch?

Trinken Sie gern Milch?

2b Was mögen die Leute in Ihrem Kurs (nicht)? Erzählen Sie.
Ü4–6

Viele im Kurs essen gern …

Niemand trinkt gern …

niemand   wenige   viele   alle

B Bei der Krankenkasse

1a Hören und lesen Sie. Kreuzen Sie an: Was möchte Herr Savic?

☐ **A** Er braucht eine neue e-card.
☒ **B** Er braucht eine e-card für seinen Sohn.

◆ Grüß Gott, was kann ich für Sie tun?
◆ Guten Tag, mein Name ist Savic. Meine Frau und ich sind bei Ihnen versichert. Meine Frau hat vor drei Tagen einen Sohn bekommen. Ich wollte wegen einer e-card für ihn fragen.
◆ Herzlichen Glückwunsch Herr Savic. Wie heißt denn Ihr Sohn?
◆ Er heißt Goran.
◆ Das ist ein schöner Name. Goran bekommt eine eigene e-card. Haben Sie Ihre e-card mit, Herr Savic?
◆ Ja, einen Moment bitte. Hier ist sie.
◆ Danke. Jetzt brauchen wir noch ein Dokument – die Geburtsurkunde. Haben Sie die auch mit?
◆ Moment – ja, da habe ich sie! Ich habe sie gestern bekommen.
◆ Gut, dann schau ich mir das alles an. Ja, das passt, Herr Savic.
◆ Kann ich die e-card für Goran gleich mitnehmen?
◆ Nein, Herr Savic, das dauert ein paar Tage. Sie bekommen die e-card in ein paar Tagen mit der Post an Ihre Adresse geschickt.

> Krankenkass**e** = offiziell.
> Man sagt meistens Krankenkass**a**.

1b Welche Fragen brauchen Sie bei der Krankenkasse? Sammeln Sie im Kurs.

> *Wie lange ist eine e-card gültig?*

> *Gilt die e-card auch im Ausland?*

2a Lesen Sie. Was bieten die Krankenkassen an?

Ü7

Die Krankenkassen bieten Beratung für die Gesundheit: zum Beispiel Kurse für Leute, die mit dem Rauchen aufhören wollen, eine Beratung für die richtige Ernährung oder die richtige Bewegung und vieles mehr.

**Neue Präventionskurse!
Rückenschule und Entspannung**

Mo: 17.30–18.30 Uhr   Mi: 19.00–20.00 Uhr

2b Sind Sie schon einmal bei einer Beratung bei Ihrer Krankenkasse gewesen? Erzählen Sie.

einhunderteins **101**

C Beim Arzt

1 Bei der Kinderärztin. Was macht eine Kinderärztin? Erzählen Sie.

Ü 8+9

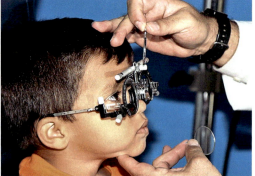
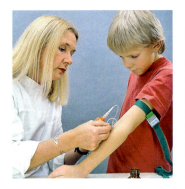
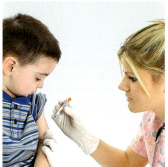

> untersuchen – gegen Tetanus impfen – ein Attest schreiben – die Spritze geben – die Augen untersuchen – Blut abnehmen – die Arzthelferin

2a Hören Sie. Wen untersucht die Ärztin? 🔊 2.9

2b Hören Sie noch einmal und kreuzen Sie an: richtig oder falsch? 🔊 2.9

	R	F
1. Max ist krank.	☐	☒
2. Die Ärztin kontrolliert die Augen von Max.	☒	☐
3. Die Ärztin möchte Max gegen Grippe impfen.	☐	☒
4. Frau Frei lässt Max gegen Tetanus impfen.	☒	☐
5. Max möchte keine Spritze bekommen.	☒	☐

3 Waren Sie schon einmal mit Ihrem Kind beim Kinderarzt? Erzählen Sie.

4a Wie oft lassen Sie diese Untersuchungen bei Ihrem Kind machen? Schreiben Sie Fragen.
Ü10

> eine Untersuchung machen – die Zähne kontrollieren – die Augen kontrollieren – die Ohren untersuchen – gegen Tetanus impfen

Wie oft lassen Sie bei Ihrem Kind eine Untersuchung machen?

Die Mutter kann ihr Kind nicht impfen.   Die Mutter **lässt** ihr Kind impfen.

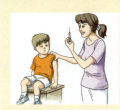 

4b Fragen und antworten Sie.
Ü11

Wie oft lassen Sie bei Ihrem Kind eine Untersuchung machen?

Ich lasse jedes Jahr eine Untersuchung machen.

5 Was lassen Sie machen? Was machen Sie selbst? Fragen und antworten Sie.
Ü12

die Wohnung streichen   *Blumen pflanzen*   *Lampen anschließen*   *die Fenster putzen*

Möbel transportieren   *die Kleidung bügeln*   *die Küche einbauen*   *den Fernseher reparieren*

Lassen Sie Ihre Wohnung streichen?

Nein, die streiche ich selber. Ich möchte Geld sparen.

einhundertdrei **103**

D In der Apotheke

1a In der Apotheke. Hören Sie und ordnen Sie die Fotos zu. 🔊 2.10

1b Hören Sie noch einmal und kreuzen Sie an: Was ist richtig? 🔊 2.10

1. Die Frau
   - ☐ A bekommt das Medikament gleich.
   - ☐ B muss keine Rezeptgebühr bezahlen.
   - ☒ C kann das Medikament morgen abholen.

2. Die Apothekerin möchte das Medikament
   - ☒ A bestellen.
   - ☐ B verkaufen.
   - ☐ C verschreiben.

3. Die Tabletten haben
   - ☐ A keine Nebenwirkungen.
   - ☐ B meistens Kopf- und Magenschmerzen als Nebenwirkungen.
   - ☒ C selten Kopfschmerzen als Nebenwirkungen.

Das bedeutet:
Keine Tablette am Morgen
Keine Tablette zu Mittag
1 Tablette am Abend

2a Was fragen Sie in der Apotheke? Ü13

Wie oft ...? / Wann ...? / Wie lange ...?
Was kosten ...? Welche Nebenwirkungen ...?

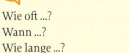

Wie oft muss ich die Tabletten nehmen?

2b In der Apotheke. Spielen Sie Dialoge. Ü14+15

Wie oft ...?	ein-/zwei-/dreimal täglich
Wann ...?	vor dem/nach dem/zum Essen
Wie lange ...?	ein Tag/zwei/drei/... Tage/ eine Woche/...
Welche Nebenwirkungen ...?	keine / Magen-/Kopfschmerzen
Was kosten ...? / Wie viel kosten ...?	nichts / ... Euro

104 *einhundertvier*

E Stress und Entspannung

1 Lesen Sie die Tipps und ordnen Sie die Fotos den Tipps zu. Wie finden Sie sie?

Stress? Nein, danke!

Der Alltag ist oft sehr stressig. Wer kennt das nicht: Frühstück machen, die Kinder in den Kindergarten bringen, arbeiten gehen, Essen kochen und aufräumen. Das ist sehr anstrengend und man fühlt sich schnell müde. Muss das so sein? Was kann helfen? Brenda Pern, Leiterin des Instituts für Zeit- und Stressmanagement, gibt Tipps:

1 Planen Sie mit Ihrer Familie, wer was tut. Auch die Kinder können helfen.

2 Gehen Sie an die frische Luft. Wenn Sie nicht gerne joggen, machen Sie einen Spaziergang im Wald oder im Park. So können Sie sich entspannen.

3 Versuchen Sie doch einmal einen Yoga-Kurs oder einen Kurs für Autogenes Training. In vielen Städten gibt es Angebote von den Volkshochschulen.

4 Nehmen Sie am Abend ein heißes Bad. Geben Sie etwas Orangenöl ins Wasser. Auch Kerzen und leise Musik passen gut.

2 Brauchen Sie einen Tipp? Haben Sie einen Tipp? Sprechen Sie im Kurs.

Ich kann nicht einschlafen.
Ich bin nicht fit.
Ich arbeite zu viel.

Ich bin nervös.
Ich habe manchmal Kopfschmerzen.
Ich möchte abnehmen.

> Wenn du nicht einschlafen kannst, dann kannst du ein heißes Bad nehmen.

> Geh doch joggen, wenn du …

3 Projekt: Entspannung. Machen Sie ein Plakat und stellen Sie es im Kurs vor.

9 Alles klar!

Wortschatz

1 Beim Arzt. Wie heißen die Dinge? Schreiben Sie.

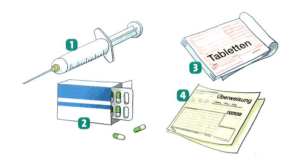

1. die Spritze
2. die Tabletten (Medikamente)
3. das Rezept
4. die Überweisung

2 Was macht der Arzt? Ergänzen Sie die Sätze.

| untersuchen – abnehmen – impfen – verschreiben – geben |

1. Frau Moser lässt Marco gegen Tetanus _impfen_.
2. Die Ärztin muss Max Blut _abnehmen_.
3. Können Sie mir ein Medikament gegen die Schmerzen _verschreiben_?
4. Der Arzt will ihm eine Spritze gegen die Schmerzen _geben_.
5. Peter sieht nicht gut. Der Arzt muss seine Augen _untersuchen_.

Kommunikation

3 In der Apotheke. Was passt zusammen? Ordnen Sie zu.

Wie oft muss ich die Tabletten nehmen? 1 — 3 ○ A Nein, das muss ich erst bestellen.
Was kosten die Tabletten? 2 ○ — 4 ○ B Heute Nachmittag ab 16 Uhr.
Guten Tag, haben Sie dieses Medikament? 3 ○ — ○ C Dreimal täglich vor dem Essen.
Wann kann ich das Medikament abholen? 4 ○ — 2 ○ D Die kleine Packung 7,20 €.

4a Hören Sie und kreuzen Sie an: Welche Tipps bekommt Herr Müller? 🔊 2.11

A ☒ Er bekommt Tipps gegen Stress. **B** ☐ Er bekommt Tipps für die Arbeit.

4b Schreiben Sie die Tipps und kontrollieren Sie mit der CD. 🔊 2.11

1. Wenn – nicht – schlafen – können – Sie,
doch – einen Spaziergang – Sie – machen.
Wenn Sie~~gern~~ nicht Spazieren gehen können sie ein warmes Bad nehmen.

2. Wenn – spazieren gehen – Sie – nicht gern,
ein warmes Bad – Sie – nehmen – können.
Wenn Sie nicht schlafen können machen Sie doch einen Spaziergang

3. Wenn – haben – Sie – keine Badewanne,
Sie – eine Entspannungsübung – machen – können.
Wenn Sie keine Badewanne haben können Sie eine Entspannungsübung machen.

Grammatik

5 Was passt am besten? Ergänzen Sie *niemand, wenige, viele* oder *alle*.

1. _Viele_ essen im Sommer gerne Eis. Nur wenige Leute mögen kein Eis.

2. Bei diesem Regen will _niemand_ eine Fahrradtour machen.

3. Der Deutschkurs ist sehr gut. _alle_ sind sehr zufrieden.

4. Wie schön, im Kurs sind fast alle da. Es fehlen nur _wenige_.

6 Was lassen die Leute machen? Ergänzen Sie *lassen*.

1. Herr Beer _lässt_ seinem Hund eine Spritze geben.

2. Wir _lassen_ unser Kind gegen Tetanus impfen.

3. _lässt_ du dich gegen Grippe impfen?

4. Ich _lasse_ mich gegen Grippe impfen.

5. Frau Naumann, _lassen_ Sie Ihre Tochter vom Arzt untersuchen?

Flüssig sprechen

7 Hören Sie zu und sprechen Sie nach. 🔊 2.12

einhundertsieben **107**

9 Gewusst wie

Kommunikation

Über gesundes Leben sprechen

Ich mache Sport, weil ich fit bleiben möchte.
Ich esse fettarm, weil ich mich gesund ernähren möchte.
Wenn ich Stress habe, mache ich einen Entspannungskurs.

Über Arztbesuche sprechen

Ich lasse mein Kind vom Arzt untersuchen.
Die Ärztin impft meine Tochter gegen Tetanus.
Der Arzt verschreibt ein Medikament.

Sich über ein Medikament informieren

Wie oft und wann muss ich das Medikament nehmen?
Wie lange muss ich die Tabletten nehmen?
Welche Nebenwirkungen hat das Medikament?
Wie viel kosten die Tabletten?

Sich bei der Krankenkasse informieren

Ich bin jetzt bei der GKK versichert und möchte mich selbstständig machen.
Welche Dokumente muss ich mitbringen?
Welche Adresse hat die Krankenkasse für Selbstständige?

Grammatik

Niemand, wenige, viele und *alle*

Niemand im Kurs trinkt gern Milch, aber alle trinken gern Tee.

niemand   wenige   viele   alle

Das Verb *lassen*

Ich **lasse** mein Auto vom Mechaniker **reparieren**. (Ich repariere mein Auto nicht selbst.)
Du **lässt** deine Haare vom Friseur **schneiden**. (Du schneidest sie nicht selbst.)

	lassen
ich	lasse
du	lässt
er/es/sie/man	lässt
wir	lassen
ihr	lasst
sie/Sie	lassen

108 *einhundertacht*

Sie lernen:
- über Arbeitssuche sprechen
- über Eigenschaften im Beruf sprechen
- ein Bewerbungsgespräch führen
- einen Lebenslauf schreiben
- Nebensätze mit „ob"
- Wünsche mit „würde gern(e)" + Infinitiv
- Ratschläge mit „sollte"

10

Arbeitssuche

1 D
2 A
3 E
4 C
5 B

1 Arbeitssuche. Ordnen Sie die Wörter den Fotos zu.

2 **A** die Bewerbungsmappe
C **C** der Arbeitsvertrag
5 **E** das Vorstellungs-
5 **B** der erste Arbeitstag
D **D** die Stellenanzeige
gespräch

2 Hören Sie und kreuzen Sie an: Wie haben die Personen Arbeit gefunden? 🔊 2.13

	Dimitrova	García	Boumard
durch eine Anzeige in der Zeitung	☐	☐	☐
durch einen Aushang	☒	☐	☐
durch ein Praktikum	☐	☒	☐
bei einer Zeitarbeitsfirma	☐	☐	☐
durch Freunde und Bekannte	☐	☐	☒

3 Haben Sie in Österreich schon eine Arbeit gesucht? Wie haben Ihre Bekannten oder Freunde Arbeit gefunden? Erzählen Sie im Kurs.

einhundertneun **109**

10 Arbeitssuche

A Stellenanzeigen lesen

1a Was wünschen sich Arbeitgeber? Ein Personalberater erzählt. Ordnen Sie zu. Kontrollieren Sie dann mit der CD. 🔊))) 2.14

zuverlässig **1** o   2 o **A** Man kann zu verschiedenen Zeiten arbeiten.

flexibel **2** o   5 o **B** Man kann gut mit Kollegen zusammenarbeiten.

belastbar **3** o   3 o **C** Man bleibt auch in Situationen mit Stress ruhig.

engagiert **4** o   o **D** Man ist pünktlich und macht seine Arbeit gut.

teamfähig **5** o   4 o **E** Man interessiert sich für die Arbeit und nimmt sie wichtig.

1b Hören Sie. Welche Berufe nennt der Personalberater als Beispiel? 🔊))) 2.14

zuverlässig: teamfähig: belastbar:

Busfahrer   _Köche / Kellner_   _Verkäufer / innen_

2 Lesen Sie die Stellenanzeigen und ergänzen Sie die Tabelle in Ihrem Heft.

Ü3

Wir suchen **engagierten Koch** (m/w) mit Berufserfahrung für unser Restaurant. Sie sind belastbar und können gut im Team arbeiten. 5-Tage-Woche, Schichtarbeit, Wochenendarbeit. Bewerbungen an:
Restaurant Goldstern
Schillerplatz 10
8010 Graz

Reinigungsunternehmen sucht zuverlässige, flexible Mitarbeiter(innen) in Teilzeit und Vollzeit. Gute Deutschkenntnisse erforderlich. Anfragen unter
Tel. 0316 / 81 24 87-0

Für die Weihnachtszeit suchen wir noch einige **Aushilfen auf Geringfügigkeitsbasis** (2 Stunden pro Tag, Montag bis Samstag). Supermarkt Fröhlich (Vösendorf)
Tel. 01 / 69 23 42 11

Gesucht: Rezeptionist (m/w). Sie sind freundlich, flexibel und belastbar. Sie haben eine Ausbildung als Hotelkaufmann/-frau oder eine vergleichbare Ausbildung und Berufserfahrung.
Bewerbungen an:
personal@plaza-graz.at
Plaza Hotel
Schlögelgasse 5, 8010 Graz

Pizzaservice in St. Pölten *sucht zuverlässige(n) Fahrer(in). Voraussetzung: Führerscheinklasse B Tel. 027 42 / 78 23 77 40*

INGENIEUR (w/m – Fachrichtung Maschinenbau) für die technische Betreuung von unseren Maschinen. Weitere Auskünfte gibt Ihnen unser technischer Direktor Herr Schmidhans. Tel. 0676 / 81 23 35 24
Oder schicken Sie Ihre Bewerbungsunterlagen an:
schmidhans@haberlandwerke.at

Tätigkeit	Ort/Firma	Arbeitszeit	Bedingungen	Eigenschaften
Koch	Restaurant Goldstern	Schichtarbeit, Wochenendarbeit	Berufserfahrung	engagiert, belastbar, teamfähig
...				

110 *einhundertzehn*

3 Welche Eigenschaften braucht man in diesen Berufen? Diskutieren Sie im Kurs.

fleißig – ehrlich – zuverlässig – geduldig – flexibel – engagiert – belastbar – …

Ich glaube, dass eine Sekretärin zuverlässig sein muss.

Ein Kellner muss freundlich sein.

Eine Floristin muss kreativ sein.

4 Lesen Sie den Text. Welche Wünsche hat Maria Perez? Unterstreichen Sie im Text. Ergänzen Sie dann die Sätze.
Ü4+5

Mein Name ist Maria Perez. Ich komme aus Venezuela. In Venezuela habe ich im Tourismus gearbeitet, aber jetzt habe ich keine Arbeit. Ich möchte gern auch hier in Österreich arbeiten. Mein Mann sagt, dass ich eine Ausbildung machen soll. Ich finde die Idee gut. Ich würde gerne einen Ausbildungsplatz in einem Reisebüro finden. Das ist mein Wunsch. Später würde ich gerne ein eigenes Reisebüro haben. Das ist mein Traum.

1. Maria Perez möchte gern _in Österreich arbeiten._
2. Sie würde gerne _eine Ausbildung machen._
3. Später _würde_ sie gerne _ein eigenes Reisebüro._

ich würde	wir würden		
du würdest	ihr würdet	Ich **würde gern(e)** in Vollzeit **arbeiten**.	**gern = gerne**
er/sie würde	sie/Sie würden		

5 Welche Wünsche haben Sie für den Beruf? Erzählen Sie im Kurs.
Ü6–8

eine feste Stelle bekommen – gut verdienen – nette Kollegen haben – in Teilzeit arbeiten – nur am Vormittag arbeiten – fünf Wochen Urlaub haben – …

Ich würde gerne in Vollzeit arbeiten.

Ich würde gerne einen interessanten Ausbildungsplatz finden.

Arbeitssuche

B Der erste Kontakt

1a Hören Sie das Telefongespräch und kreuzen Sie an: Welches Foto passt? 🔊 2.15

1b Ergänzen Sie die Fragen. Kontrollieren Sie dann mit der CD. 🔊 2.15
Ü9

> Gibt es einen festen Stundenlohn? – Ist die Stelle noch frei? –
> Wie sind denn die Arbeitszeiten?

◗ Grüß Gott, mein Name ist Michael Pannack. Ich habe Ihre Stellenanzeige im Bezirksblatt gelesen. Sie suchen einen Pizzafahrer. _Ist die stelle nochfrei_

◗ Ja, sie ist noch frei. Wir suchen vor allem Fahrer für den Abend.

◗ Für den Abend? _Wie sind denn die Arbeitszeit_

◗ Sie beginnen um 18 Uhr und arbeiten bis ungefähr 23 Uhr.

◗ Ja, das geht. _Gibt es einen festen Stundenlohn?_

◗ Das besprechen wir am besten hier im Restaurant …

1c Formulieren Sie die Fragen um.
Ü10

1. Ich möchte wissen, **ob die Stelle noch frei** **ist**.
2. Können Sie mir sagen, wie _die Arbeitszeiten_ _sind_.
3. Ich würde gerne wissen, ob _es enen festen Stundenlohn_ _Gibt_.

❗ Nebensätze mit *ob*

　　　　　　　　　　Ist die Stelle noch frei?
Ich möchte wissen, **ob**　die Stelle noch frei ist.

112 *einhundertzwölf*

2 Was denkt Michael Pannack? Berichten Sie.

Soll ich die Stelle annehmen?

Kann ich dann noch meine Freunde treffen?

Möchte ich immer am Abend arbeiten?

Verdiene ich genug?

Kann ich mich auch bei einer anderen Firma bewerben?

> Er ist nicht sicher, ob er die Stelle annehmen soll.

> Er weiß noch nicht, ob er immer am Abend ...

> Er kann nicht sagen, ob er ...

3 Variieren Sie den Dialog aus Aufgabe 1b.

1. Wäscherei Singler sucht Fahrer für den Vormittag. Voraussetzung: Führerschein C1 Leichte LKWs, Tel. 0676/82 243 121

2. Das Restaurant Jahreszeiten sucht zwei Küchenhilfen. Arbeitszeit: mittags oder abends. Tel. 02952/22 813

Grüß Gott, hier spricht ... Ich habe Ihre Anzeige gelesen. Sie suchen ...
Können Sie mir sagen, ob die Stelle noch frei ist?
In der Anzeige steht Arbeitszeit ...
Was heißt das genau?
Wie ist denn die Bezahlung?
Ja, da kann ich kommen. Wie ist Ihre Adresse?
Vielen Dank. Dann bis morgen.

Ja, sie ist noch frei.

Sie arbeiten von ... Uhr bis ... Uhr.
Das sollten wir hier besprechen. Haben Sie morgen um ... Uhr Zeit?
Die Adresse ist ...

4 Schreiben Sie W-Fragen und Ja-/Nein-Fragen. Spielen Sie „Hörhilfe".

einhundertdreizehn 113

C Die Bewerbung

1a Ein Lebenslauf. Um welche Stelle auf Seite 110 kann sich Frau Alves Freitas bewerben?

Lebenslauf

Persönliche Daten

Vor- und Nachname:	Adriana Alves Freitas
Anschrift:	Hofgasse 12
	6330 Kufstein
	Tel. 03372/66 829
	E-Mail: a.alvesfreitas@gmx.at
Geburtsdatum/-ort:	14. 05. 1982 in Belém, PA/Brasilien

Schulbildung

09/00–07/01	Colégio Sophos, Brasilien (Vorbereitung auf die Universität)
09/99–07/00	Centro Educacional Olimpus, Brasilien (Abschluss Matura)

Aus-/Weiterbildung

09/01–03/06	Bachelor Tourismus (Universidade Federal do Pará, Brasilien)
02/10–05/11	Deutschkurse an der VHS Innsbruck, ÖSD-Zertifikat und C1

Berufserfahrung

seit 10/11	Frühstücksassistentin, Hotel Avalon, Innsbruck
04/06–12/09	Rezeptionistin, Formule 1 Hotel in Belém / Brasilien

Kenntnisse

Portugiesisch	Muttersprache
Deutsch	C1
Englisch	B2
PC-Kenntnisse	Sehr gut (Internet, Windows, MS Office)
Interessen	Handball, Fotografieren

Kufstein, 03. Juni 2012   *Adriana Alves Freitas*

1b Lesen Sie den Lebenslauf noch einmal und beantworten Sie die Fragen.

Ü15

1. Wo ist Frau Alves Freitas geboren?
2. Wo hat sie ihre Ausbildung gemacht?
3. Wo hat sie gearbeitet?
4. Wie lange hat sie dort gearbeitet?
5. Welche weiteren Kenntnisse hat sie?
6. Was macht sie gern in ihrer Freizeit?

1c Schreiben Sie weitere Fragen zu dem Lebenslauf. Ihr Lernpartner beantwortet sie.

> **Was gehört zu einer Bewerbung?**
>
> Bewerbungsschreiben – Lebenslauf – Bewerbungsfoto – Zeugnisse

1d Schreiben Sie Ihren Lebenslauf.

2

Ü16

Was sollte man bei einer Einladung zu einem Bewerbungsgespräch beachten?

Man sollte pünktlich sein.

Man sollte sich vorher über die Firma informieren.

ich sollte	wir sollten	
du solltest	ihr solltet	Sie **sollten** pünktlich **sein**.
er/es/sie/man sollte	sie/Sie sollten	

3a

Ü17

Frau Alves Freitas hat ein Bewerbungsgespräch im Plaza Hotel. Hören Sie und kreuzen Sie an: Über welche Themen sprechen sie? 🔊 2.16

☒ Arbeitszeiten
☒ Gehalt
☐ Freizeit

☐ Arbeitspausen
☒ Aufgaben
☒ Brasilien

☐ Überstunden
☐ Fremdsprachen

3b

Hören Sie noch einmal. Was antwortet Frau Alves Freitas auf die Fragen von Frau Holm? 🔊 2.16

1. Warum interessieren Sie sich für die Stelle?
2. Ist Stress bei der Arbeit ein Problem für Sie?
3. Haben Sie schon in Schichtarbeit gearbeitet?

4a

Ü18+19

Im Bewerbungsgespräch. Zu welchen Anzeigen auf Seite 110 passen die Fragen?

Arbeitgeberfragen:
– Sind Sie flexibel?
– Haben Sie schon als Aushilfe in einem Supermarkt gearbeitet?
– Sind Sie Teamarbeit gewohnt?
– Wo haben Sie schon als Reinigungskraft gearbeitet?

Arbeitnehmerfragen:
– Arbeite ich allein oder im Team?
– Gibt es Fortbildungen für Mitarbeiter?
– Ist es möglich, dass ich bei Ihnen nach Weihnachten weiterarbeiten kann?
– Kann ich später auch in Vollzeit arbeiten?

4b

Antworten Sie auf die Fragen in 4a.

5

Projekt. Suchen Sie eine Stellenanzeige und notieren Sie mögliche Fragen in einem Vorstellungsgespräch.

einhundertfünfzehn **115**

10 Alles klar!

Kommunikation

1 Ordnen Sie das Telefongespräch. Kontrollieren Sie dann mit der CD. 🔊 2.17

(7) Ja, das geht. Wie ist Ihre Adresse?

(9) Vielen Dank. Ich bin dann um 16 Uhr da. Auf Wiederhören.

(1) Guten Tag, ich habe Ihre Anzeige für eine Küchenhilfe gelesen. Ist die Stelle noch frei?

(5) Ich würde gerne am Abend arbeiten, das sind mehr Stunden. Wie ist denn die Bezahlung?

(3) In der Anzeige steht: Arbeitszeit mittags oder abends. Was heißt das?

(6) Das besprechen wir am besten hier. Haben Sie morgen um 16 Uhr Zeit?

(4) Sie können von 11 bis 15 Uhr oder von 17 bis 23 Uhr arbeiten.

(8) Das Restaurant ist am Laubenweg 38.

(10) Auf Wiederhören.

(2) Ja, sie ist noch frei.

2 Fragen und Antworten in einem Bewerbungsgespräch. Was passt zusammen?

Sind Sie flexibel? **1** o — — — — — — — — — — o **E** Ja, ich kann auch am Wochenende arbeiten.

Wie lange haben Sie **2** o in Schichtarbeit gearbeitet?

Warum interessieren Sie **3** o sich für diese Stelle?

Wann haben Sie den **4** o Führerschein C1 gemacht?

Können Sie auch Briefe **5** o auf Englisch schreiben?

(2) o **A** Das habe ich viele Jahre gemacht.

(3) o **B** Ich denke, die Arbeit bei Ihnen ist interessant.

(5) o **C** Ja, mein Englisch ist sehr gut.

(4) o **D** Vor vier Jahren.

Wortschatz

3a Arbeitssuche. Ergänzen Sie die Wörter.

1. die B**e**w**e**rb**u**ngsm**a**pp**e**

2. der **A**rb**ei**tsv**e**rtr**a**g

3. die St**e**ll**e**n**a**nz**ei**g**e**

4. der **A**rb**ei**tst**a**g

5. der L**e**b**e**nsl**au**f

6. die Z**ei**t**a**rb**ei**tsf**i**rm**a**

7. das Pr**a**kt**i**k**u**m

8. das V**o**rst**e**ll**u**ngsg**e**spr**ä**ch

116 *einhundertsechzehn*

3b Welche Wörter aus 3a passen? Ergänzen Sie.

1. Eine _Stellenanzeigen_ findet man im Internet oder in Zeitungen.

2. Wenn man eine feste Stelle bekommt, unterschreibt man einen _arbeitvertrag_.

3. Zu einer Bewerbung gehört auch der _Lebenslauf_.

4 Eigenschaften von Arbeitnehmern. Welche Wörter passen?

> belastbar – flexibel – teamfähig – zuverlässig

1. Herr Santos kann auch am Abend und am Wochenende arbeiten.

   Er ist sehr _flexibel_.

2. Er arbeitet gern mit seinen Kollegen zusammen. Er ist _teamfähig_.

3. Wenn er Stress hat, bleibt er immer ruhig. Er ist _belastbar_.

4. Er ist pünktlich und macht seine Arbeit gut. Er ist _zuverlässig_.

Grammatik

5 Wünsche für den Beruf. Schreiben Sie Sätze.

> verdienen/mehr – arbeiten/nur bis 16 Uhr – arbeiten/in einem eigenen Büro

1. Dina würde gerne _nur bis 16 Uhr arbeiten_.

2. Sie würde _gerne mehr verdienen_.

3. Sie _gerne in einem eigenen Büro arbeiten_.

6 Schreiben Sie Antworten mit *ob*.

1. Gefällt Vladimir die neue Stelle? – Ich weiß nicht, ob _sie ihm gefällt._

2. Muss er viel arbeiten? – Ich bin nicht sicher, _ob er viel arbeiten muss._

3. Hat er noch genug Freizeit? – Ich kann nicht sagen, _ob er noch genug freizeit hat._

Flüssig sprechen

7 Hören Sie zu und sprechen Sie nach. 🔊)) 2.18

einhundertsiebzehn **117**

10 Gewusst wie

Kommunikation

Über Arbeitssuche sprechen

Ich habe meine Arbeit durch Freunde gefunden.
Am Wochenende gibt es in der Tageszeitung viele Stellenangebote.
Auch durch ein Praktikum kann man eine Arbeit finden.

Über Eigenschaften im Beruf sprechen

Ein Lehrer muss belastbar sein.
Wenn man mit Kollegen zusammenarbeitet, sollte man teamfähig sein.
Wenn man Florist ist, sollte man kreativ und freundlich sein.

Sich am Telefon über eine Arbeitsstelle informieren

Ist die Stelle noch frei?
Wie sind die Arbeitszeiten?

Gibt es einen festen Stundenlohn?
Muss ich am Wochenende arbeiten?

Ein Bewerbungsgespräch führen

◖ Wie gut sind Ihre Deutschkenntnisse?
◗ Ich spreche Deutsch auf dem Niveau B1.
◖ Sind Sie Teamarbeit gewohnt?
◗ Ja, ich habe immer mit Kollegen zusammengearbeitet.
◖ Ist Stress bei der Arbeit ein Problem für Sie?
◗ Ich bin sicher, dass ich das schaffe. Stress kenne ich auch von früher.

Grammatik

Wünsche mit *würde gern(e)* + Infinitiv

ich	würde
du	würdest
er/es/sie/man	würde
wir	würden
ihr	würdet
sie/Sie	würden

Sie würde gern(e) Medizin studieren.

Ratschläge mit *sollte*

ich	sollte
du	solltest
er/es/sie/man	sollte
wir	sollten
ihr	solltet
sie/Sie	sollten

Man sollte sich über die Firma informieren.

Nebensätze mit *ob*

Spricht Frau Granowski gut Spanisch?

Ich möchte wissen, **ob** Frau Granowski gut Spanisch spricht.

Sie lernen:
- eine Reise im Reisebüro buchen
- die Notrufzentrale anrufen
- Dialoge auf der Reise
- eine Reise planen
- Relativsätze im Nominativ und Akkusativ

11

Von Ort zu Ort

1 Beschreiben Sie die Fotos. Was machen die Leute? Warum reisen sie?
Ü1–3

> Verwandte besuchen – in die Heimat fahren/fliegen – in die Arbeit fahren –
> eine Geschäftsreise/Urlaubsreise machen – im Stau stehen – einchecken –
> auf den Flug warten – auf Urlaub fahren/fliegen – Freunde abholen

Man sieht viele Reisende.

Ich glaube, der Mann kommt aus ... Vielleicht besucht er ...

Die Leute warten vielleicht auf Freunde.

2 Erzählen Sie von Ihrer letzten Reise: Wo sind Sie gewesen? Wie sind Sie dorthin
Ü4+5 gekommen? Wie war die Reise für Sie?

Ich bin nach ... geflogen.

Ich war in ... Das war super.

Ich habe mich gefreut, weil ...

einhundertneunzehn **119**

11 Von Ort zu Ort

A Reisevorbereitungen

1a Hören Sie den Text und kreuzen Sie an: Welcher Text passt? 🔊 2.19

1. ☒ Herr und Frau Maffei sind aus dem Urlaub zurückgekommen und schauen sich die Urlaubsfotos an. Der Urlaub war sehr schön.
2. ☐ Herr und Frau Maffei schauen sich alte Urlaubsfotos an. Der Urlaub hat ihnen nicht gefallen. Der nächste Urlaub soll schöner werden.

1b Hören Sie den Text noch einmal und ergänzen Sie. 🔊 2.19
Ü6+7

> der – die – das – die

1. Das ist die Kellnerin, _die_ so freundlich war.
2. Das ist das Museum, _das_ so interessant war.
3. Das ist der Strand, _der_ so schön war.
4. Das sind die Nachbarn, _die_ am Abend immer so lustig waren.

❗ Relativsätze im Nominativ

Das ist der Strand. Der Strand war schön.
Das ist der Strand, der schön war.

der Strand, der ...	ein/einen Strand, der ...
das Museum, das ...	ein Museum, das ...
die Kellnerin, die ...	eine Kellnerin, die ...
die Nachbarn, die ...	- Nachbarn, die ...

2 Schreiben Sie Sätze wie in 1b.
Ü8

1. Das ist der Mann. Der Mann hat uns die Stadt gezeigt.
2. Das ist die Ferienwohnung. Die Ferienwohnung war billiger als unsere.
3. Das ist das Restaurant. Das Restaurant war am Strand.
4. Das sind die Berge. Die Berge liegen hinter der Stadt.

3a Was suchen Sie? Fragen und antworten Sie.
Ü9+10

Ich suche ein Hotel, das _nicht so viel kostet_
einen Strand, der _ruhig ist_
eine Ferienwohnung, die _günstig ist_
Reiseangebote, die

> mit Halbpension ist – nicht so viel kostet – ruhig ist – einen Spielplatz hat – groß ist – auch für Kinder geeignet ist – günstig sind

120 einhundertzwanzig

3b Informationen über Urlaubsorte. Schreiben Sie Fragen und antworten Sie im Kurs.

> Kennst du einen Campingplatz, der ruhig ist?   Ja.   Nein.   Tut mir leid, leider nicht.

Kennst du / Kennen Sie ...

einen Kiosk,	der	österreichische Zeitungen verkauft
ein Museum,	das	auch für Kinder interessant ist
einen Arzt,	der	Deutsch spricht
eine Apotheke,	die das	auch zu Mittag geöffnet hat
einen Strand,	der die	einen Spielplatz für Kinder hat
ein Restaurant,	das	gemütlich ist
einen Campingplatz,	der	sauber ist

4 Hören Sie die Dialoge und kreuzen Sie an: Welche Aussagen sind richtig? 🔊 2.20

Ü11

1. ☒ Herr und Frau Maffei wollen zwei Wochen Urlaub machen.
2. ☐ Sie fliegen am 07.08. in Wien ab.
3. ☐ Sie brauchen für die Türkei kein Visum.
4. ☐ Frau Bloch bucht eine Urlaubsreise.
5. ☒ Der Abflugsort ist München.
6. ☐ Frau Bloch braucht kein Hotel in Moskau.

5 Wählen Sie eine Situation aus und spielen Sie einen Dialog im Reisebüro.

Ü12+13

Situation 1:
Sie wollen einen Flug von Wien nach Bangkok buchen.
Hinflug: 3. 10.
Rückflug: 2. 11.

Situation 2:
Sie wollen einen Urlaub auf Mallorca buchen.
Reisezeit: Juni oder Juli / für eine Woche
Abflug: Graz

Kunde	Mitarbeiter im Reisebüro
Guten Tag, ich möchte einen Flug / eine Urlaubsreise nach ... buchen.	Wann wollen Sie verreisen/wegfahren?/ Wann soll denn die Reise sein?
Wir wollen im Juni/Juli/... Urlaub machen.	Ich kann Ihnen einen Flug ab ... anbieten.
Der Hinflug soll am ... und der Rückflug am ...	Der Flug / Die Reise kostet nur ...
Ich möchte den Hinflug am ...	Ich habe hier einen Katalog mit günstigen Angeboten.
Ich will / Wir wollen in Wien/... abfliegen.	
Für mich ist wichtig, dass das Flugticket ...	Das ist kein Problem. Es gibt viele Hotels, die ...
Haben Sie Angebote, die günstig sind?	
Gibt es Hotels, die ...?	

einhunderteinundzwanzig **121**

11 Von Ort zu Ort

6a Sehen Sie sich das Bild an und ordnen Sie die Gegenstände zu.

- (4) das Geschirr
- (7) die Wanderkarte
- (3) die Brieftasche
- (5) der Rucksack
- (1) der Sonnenhut
- (2) die Handtücher
- (6) die Badesachen

6b Wo sind die Sachen? Fragen und antworten Sie.

▸ Wo ist der Pullover? ◂ Der Pullover liegt unter dem Tisch.

7a Lesen Sie den Dialog und ergänzen Sie den Grammatikkasten.

Ü14+15

▸ Wo ist der gelbe Sonnenhut, den ich immer am Strand trage?
◂ Er liegt doch auf dem Sofa!

Relativpronomen im Akkusativ

Wo ist der gelbe Sonnenhut? Ich trage **den gelben Sonnenhut** immer am Strand.

Wo ist der gelbe Sonnenhut, _den_ ich immer am Strand trage?   der → den
Wo ist das Handy, **das** ich gestern aufgeladen habe?   das → das
Wo ist die Wanderkarte, **die** ich gestern gekauft habe?   die → die
Wo sind die Handtücher, **die** wir für den Strand brauchen?   die → die

7b Schreiben Sie Fragen. Fragen und antworten Sie.

Ü16

> ~~Ich habe die Badesachen gestern aus dem Kasten geholt.~~ – Wir benutzen das Geschirr immer für unsere Picknicks. – Wir brauchen die Brieftasche für die Reisedokumente. – Wir nehmen den Rucksack immer für Wanderungen.

1. Wo sind die Badesachen, die ich gestern aus dem Kasten geholt habe?
2. Wo ist die Brieftasche, die wir für die Reisedokumente brauchen?
3. Wo ist der Rucksack, den wir immer für Wanderungen nehmen?
4. Wo ist das Geschirr, das wir immer für unsere Picknicks benutzen?

B Dialoge auf der Reise

1a Hören Sie die Dialoge und ordnen Sie die Fotos zu. 🔊 2.21

 In Österreich gibt es die Notrufsäulen nur auf Autobahnen und Schnellstraßen. Sie stehen in einem Abstand von ca. 2000 Metern. An den Leitpfosten sind oft kleine Richtungspfeile, die zeigen, wo die nächste Notrufsäule ist.

1b Hören Sie die Dialoge noch einmal. Kreuzen Sie an: Was ist richtig? 🔊 2.21

Ü17

Dialog 1:
- ☐ **A** Die Frau hatte einen Autounfall.
- ☐ **B** Ihr Auto steht neben der Notrufsäule.
- ☒ **C** Die Notrufzentrale schickt den Pannendienst.

Dialog 2:
- ☐ **A** Die Frau will einen Platz reservieren.
- ☐ **B** Die Frau hat keine Reservierung.
- ☒ **C** Die Frau hat einen anderen Platz reserviert.

2a Ordnen Sie die Sätze und schreiben Sie die zwei Dialoge in Ihr Heft.

Ü18

> Hier ist meine Reservierung. Oh, mein Platz ist Nummer 41 in Wagen 6! Tut mir leid! – Hallo, hier spricht Pilz. Ich bin auf der A1 Richtung Linz. Ich habe eine Autopanne. – Hier auf der Notrufsäule steht Kilometer 18,2. Mein Auto ist kurz vor der Säule. – Ich glaube, Sie sitzen auf meinem Platz. Wagen 7, Platz 41. – Wir schicken den Pannendienst – Das macht nichts. Mir ist das auch schon passiert. – Wo sind Sie genau? – Notrufzentrale, was kann ich für Sie tun?

2b Wählen Sie eine Situation aus und spielen Sie einen Dialog. 💬

Ü19

Situation 1
Sie haben eine Autopanne und rufen die Notrufzentrale an. Sie sind auf der A9 Richtung Graz. Die Notrufsäule ist bei Kilometer 80,5.

Situation 2
Person 1: Sie haben eine Platzreservierung für Wagen 257, Platz 36. Aber der Platz ist besetzt.
Person 2: Sie haben eine Platzreservierung und sitzen auf Platz 36 in Wagen 257. Ihre Wagennummer stimmt, aber Sie haben Platz 46.

11 Von Ort zu Ort

C Reiseplanung

1 In der österreichischen Hauptstadt kann man Geschichte erleben. Im Stadtzentrum kann man z. B. die Hofburg, die bis 1918 Kaiserresidenz war, oder den 137 m hohen Stephansdom besichtigen. Ein anderes Symbol von Wien ist der Prater, ein großer Vergnügungspark mit dem berühmten Riesenrad. Auch die UNO-City, die einige Kilometer vom Stadtzentrum entfernt ist, ist für eine Besichtigung interessant.

2 Die Schweiz ist auch ein Alpenland. Von ihren ca. 41.300 km² sind 60 Prozent Alpen und Voralpen. Die Alpen sind ideal für Wanderungen. Wenn man eine mehrtägige Wanderung machen möchte, kann man in gemütlichen Hütten übernachten. Ein beliebtes Ausflugsziel ist das 4478 m hohe Matterhorn. Der Ort Zermatt am Matterhorn ist autofrei.

1a Lesen Sie die vier Texte und ordnen Sie zu: Welche Reise kann man machen?

Ü20

- (3) Unterwegs mit dem Rad
- (2) Wanderungen in den Alpen
- (4) Ferien auf einer Ostseeinsel
- (1) Eine Städtereise

1b Notieren Sie zu jedem Urlaubsziel zwei Informationen, die Sie wichtig finden.

> Wien: Hofburg — bis 1918 Kaiserresidenz, …
> Neusiedler See:

2a Eine Reise vorbereiten. Arbeiten Sie zu zweit und wählen Sie ein Reiseziel aus. Was müssen Sie machen?

der Koffer – die Rucksäcke – die Ausweise –
die Landkarten – der Schlafsack –
die Badesachen – die Zugfahrkarten –
die Flugtickets – das Hotel – der Reiseführer –
die Regensachen – das Zelt

kaufen – mitnehmen –
buchen – reservieren –
packen – …

124 *einhundertvierundzwanzig*

3 Im Südosten Wiens an der Grenze zu Ungarn liegt der Neusiedler See. Dort gibt es eine einzigartige Blumen- und Tierwelt. Vom Nationalpark Neusiedler See-Seewinkel bis zu den sanften Hügeln des Südburgenlandes können Sie wunderbar Fahrrad fahren. Eine gut ausgebaute Strecke von rund 1000 Kilometern lädt Sie ein, die Sonnenseite Österreichs zu entdecken. Herzlich willkommen im Radlerparadies Burgenland!

4 Rügen in der Ostsee ist mit 976 km² die größte deutsche Insel. Berühmt sind die Kreidefelsen, das Wahrzeichen von Rügen. Die Insel hat lange, schöne Sandstrände und ist ein beliebtes Ferienziel. Familien finden hier viele Freizeitangebote, man kann Campingurlaub machen und natürlich Wassersport treiben, z. B. segeln, surfen oder tauchen. Im Sommer erreichen die Temperaturen bis zu 35°C, das Wasser wird bis zu 21°C warm.

2b Planen Sie zusammen mit Ihrem Lernpartner / Ihrer Lernpartnerin die Reise.

Ü 21+22

Wie viel soll die Reise kosten?
Wie lange soll die Reise dauern?
Wer kauft die Tickets?
Wer bucht die Unterkunft?

einen Vorschlag machen	zustimmen 🙂	ablehnen ☹
Ich schlage vor, dass wir … Tage in … bleiben.	Das ist eine gute Idee!	Das gefällt mir nicht.
	Ja, so machen wir es.	Wir sollten lieber …
Ich denke, wir sollten nicht mehr als … Euro ausgeben.	Das finde ich gut.	Ich möchte aber gerne/lieber …
Fahren wir mit …?	Einverstanden.	Es ist besser, wenn wir …

2c Stellen Sie Ihre Reise im Kurs vor.

3 Ausflüge in die Umgebung. Arbeiten Sie in Gruppen. Wählen Sie ein Ausflugsziel aus und sammeln Sie Informationen. Präsentieren Sie Ihre Ergebnisse im Kurs.

11 Alles klar!

Kommunikation

1 Ordnen Sie den Dialog. Kontrollieren Sie dann mit der CD. 🔊 2.22

○ Ja, bitte?

① Guten Tag, Ihre Fahrkarten, bitte.

○ Das weiß ich jetzt noch nicht. Sie erfahren das kurz vor der Ankunft in Linz per Lautsprecher.

○ Hoffentlich habe ich Glück.

○ Wir haben jetzt 10 Minuten Verspätung. Wartet der Anschlusszug nach Salzburg in Linz?

○ Bitte sehr. Und hier ist noch meine VorteilsCard. Ich habe noch eine Frage.

2 Ergänzen Sie den Dialog.

> Wie viel kostet das mit Flug ab Klagenfurt? – Zwei Erwachsene und zwei Kinder. – Guten Tag, ich möchte eine Urlaubsreise nach Mallorca buchen. – Wir hätten gerne eine Ferienwohnung am Meer. – Das ist ein bisschen teuer. Haben Sie vielleicht noch andere Angebote? – In den Osterferien, also vom 31. März bis 10. April.

◂ _____

◂ Wie viele Personen sind Sie?

◂ _____

◂ Wann wollen Sie denn verreisen?

◂ _____

◂ Wie wollen Sie wohnen?

◂ _____

◂ Hier habe ich ein gutes Angebot: Eine Ferienwohnung mit 88 Quadratmetern.

◂ _____

◂ Das macht zusammen 1917 Euro.

◂ _____

126 *einhundertsechsundzwanzig*

Wortschatz

3 Ergänzen Sie die Sätze.

> weisAus – flugsortAb – sumVi – roseReibü – schäftsseGerei

1. Herr Petrovic macht mit dem Flugzeug eine _____ nach Oslo.
   Der _____ ist Wien.
2. Bei Reisen in andere Länder braucht man immer den _____,
   aber nicht immer ein _____.
3. Familie Sarkos hat im _____ eine Ferienreise gebucht.

Grammatik

4 Schreiben Sie Fragen wie in den Beispielen. Fragen und antworten Sie im Kurs.

Wie heißt der Mann, der einen blauen Pullover trägt? — *Er heißt Marek.* — *Wie heißt die Frau, die aus Russland kommt?*

5 Was sucht Frau Ivanova? Schreiben Sie Sätze.

> Eine Wohnung. Die Wohnung hat drei Zimmer. – Ein Auto. Das Auto kostet nicht so viel. – Einen Koffer. Sie kann den Koffer für kleine Reisen benutzen. – Ein Buch. Sie kann das Buch auf dem Weg in die Arbeit lesen.

Frau Ivanova sucht eine Wohnung, die ...

Flüssig sprechen

6 Hören Sie zu und sprechen Sie nach. 2.23

11 Gewusst wie

Kommunikation

Eine Reise im Reisebüro buchen

Guten Tag, ich möchte eine Urlaubsreise
nach Spanien buchen.
Wir suchen eine Ferienwohnung.
Ich suche einen Flug nach Berlin.
Haben Sie günstige Angebote?
Braucht man für Russland ein Visum?
Ich brauche auch ein Hotel.

Dialoge auf der Reise

Hier ist meine VorteilsCard.
Wann kommen wir in Linz an?
Wir haben jetzt 10 Minuten Verspätung.
Wartet der Zug in Linz?

◖ Entschuldigen Sie, ich glaube, Sie sitzen
auf meinem Platz.
◖ Oh, das tut mir leid.
◖ Das macht nichts. Das ist mir auch
schon passiert.

Die Notrufzentrale anrufen

Guten Tag, hier spricht Paul Hart. Ich habe eine Autopanne.
Ich bin auf der A4 Richtung Wien.
Auf der Notrufsäule steht Kilometer 85.

Eine Reise planen

◖ Ich schlage vor, dass wir vier Tage in der Schweiz bleiben.
◖ Es ist besser, wenn wir eine Woche bleiben. Wir können Wanderungen machen.
◖ Das ist eine gute Idee. Wir müssen eine Wanderkarte kaufen und die Schlafsäcke
mitnehmen.
◖ Ich denke, wir sollten nicht mehr als 400 Euro ausgeben.
◖ Ja, das finde ich gut. Fahren wir mit dem Zug?
◖ Es ist besser, wenn wir mit dem Auto fahren. Das ist billiger.

Grammatik

Relativsätze

Nominativ
Sie sucht einen Pullover. Der Pullover kostet nicht so viel.
Sie sucht einen Pullover, der nicht so viel kostet.

Akkusativ
Sie sucht einen Pullover. Sie kann den Pullover im Büro tragen.
Sie sucht einen Pullover, den sie im Büro tragen kann.

Relativpronomen

	Nom.	Akk.
m	der	den
n	das	das
f	die	die
Pl.	die	die

128 einhundertachtundzwanzig

Station 3

Spiel und Spaß

1 Wiederholungsspiel

Spielregeln
1. Immer zwei bis vier Personen aus dem Kurs spielen zusammen.
2. Sie brauchen einen Würfel und pro Spieler eine Münze.
3. Sie beantworten die Frage richtig. Sie dürfen ein Kästchen weiter.
4. Sie beantworten die Frage falsch. Sie müssen zwei Kästchen zurück.
5. Sie sind zuerst im Ziel? Dann haben Sie gewonnen.

Start

1 Wie heißt das Perfekt? verlassen – hat verlassen umziehen – … werden – … gewinnen – …	2 Nennen Sie drei Schulfächer.	3 Wohin stellt der Mann die Blumenvase?	4 Wozu braucht man ein Handy?
8 Sagen Sie drei Sätze. Denken Sie an die Präpositionen. Ich interessiere mich … Ich warte … Ich ärgere mich …	7 Welche Schulen kann man in Österreich nach der Volksschule besuchen?	6 Was kann man im Baumarkt kaufen?	5 Wie kann man eine Stelle finden? Nennen Sie drei Möglichkeiten.
9 Was kann man im Internet machen? Nennen Sie zwei Dinge.	10 Wie heißt das Präteritum? ich kann – ich konnte sie müssen – sie … wir dürfen – wir …	11 Welcher Tag ist heute? Wann haben Sie Geburtstag?	12 Nennen Sie drei Wünsche für Ihren Beruf. Ich würde gerne …
16 Wohin gehen die Leute?	15 Fragen Sie anders. Wann kommt Marianne? Weißt du, … Wie teuer ist der Mantel? Kannst du mir sagen, …	14 Ihr Nachbar hat Geburtstag. Gratulieren Sie ihm.	13 Sie haben eine Platzreservierung im Zug, aber Ihr Platz ist besetzt. Was sagen Sie?

Ziel

einhundertneunundzwanzig **129**

Station 3

Pflegeberufe

1 Wo arbeiten die Leute? Was machen sie?

der Altenpfleger   die Hebamme   der Kinderkrankenpfleger   die Krankenschwester

> **Wo?** im Seniorenheim – im Krankenhaus – in der Kinderklinik – im Geburtshaus – bei einem Pflegedienst – im Operationssaal – im Kreißsaal
> **Was?** Kinder/Patienten/Senioren pflegen/betreuen – bei Geburten helfen – schwangere Frauen beraten – bei Operationen assistieren – Patienten Medikamente bringen

2 Welchen Beruf finden Sie interessant?

> Ich finde den Beruf Hebamme interessant, weil …

3a Hören Sie das Interview. Arbeitet Frau Arkaeva gern als Krankenschwester? 🔊 2.24

3b Hören Sie noch einmal und kreuzen Sie an: richtig oder falsch? 🔊 2.24

	R	F
1. Frau Arkaeva hat ihren Beruf im Ausland gelernt.	☐	☐
2. Sie hat in Österreich einen Lehrgang gemacht.	☐	☐
3. Sie musste keine Prüfung machen.	☐	☐
4. Die Ärzte sind die Vorgesetzten vom Pflegepersonal.	☐	☐
5. Frau Arkaeva findet ihren Beruf anstrengend.	☐	☐
6. Sie arbeitet immer zwölf Tage und hat dann einen Tag frei.	☐	☐

> ℹ️ Die Berufe im Gesundheitswesen darf man in Österreich nur ausüben, wenn man bestimmte Qualifikationen nachweisen kann. Personen mit einer Krankenpflegeausbildung aus dem Ausland, die in Österreich in ihrem Beruf arbeiten wollen, müssen eventuell eine Ergänzungsausbildung machen. Informationen gibt es beim Bundesministerium für Gesundheit.

130 einhundertdreißig

4 Lesen Sie noch einmal Teile aus dem Interview. Was sagt Frau Arkaeva? Machen Sie Notizen und berichten Sie dann im Kurs.

Ein Aufgabenbereich ist die Hygiene. Es ist wichtig, dass die Patienten im Krankenhaus nicht noch andere Krankheiten bekommen. Auch die Ärzte und Krankenschwestern sollen keine Infektionskrankheiten bekommen. Das bedeutet zum Beispiel, dass wir uns regelmäßig die Hände waschen und desinfizieren.

Wichtig ist auch die Organisation. Wir müssen den Patienten Medikamente bringen, aber es ist auch wichtig, wann sie die Medikamente bekommen und, dass sie die richtigen Medikamente nehmen. Das organisieren wir auch.

Die Patienten haben verschiedene Krankheiten und deshalb ist die Pflege unterschiedlich. Oft können sie nicht aufstehen oder sie brauchen Hilfe beim Essen und Anziehen. Patienten, die immer im Bett liegen, müssen wir beim Bettenmachen oder Waschen drehen und heben.

Die Ärzte sagen uns zum Beispiel, welche Medikamente die Patienten bekommen und, wie wir sie auf die Untersuchungen vorbereiten sollen. Aber wir haben andere Aufgaben als die Ärzte. Die Ärzte behandeln die Patienten, wir pflegen sie. Die Ärzte sind nicht unsere Vorgesetzten.

Hygiene	Organisation	Pflege	Ärzte und Pflegepersonal
Hände waschen ...			

5a Ordnen Sie den Dialog. Kontrollieren Sie dann mit der CD. 🔊 2.25

◯ Dann verabschiede ich mich jetzt. Vielen Dank auch für Ihre Hilfe.

◯ Nein, das ist im Moment nicht mehr nötig.

◯ Bekomme ich auch noch Medikamente?

◯ Auf Wiederschauen und alles Gute, Frau Zeis.

① Ihre Papiere sind jetzt fertig, Frau Zeis. Geben Sie diesen Brief bitte Ihrem Hausarzt.

5b Variieren Sie den Dialog.

Ein Patient kann nach Hause gehen. Die Pflegekraft gibt ihm die Papiere und einige Medikamente. Der Patient soll sie in der Früh, zu Mittag und am Abend nehmen und am nächsten Tag zum Hausarzt gehen.

einhunderteinunddreißig **131**

Station 3

Prüfungsvorbereitung ÖIF-Test Neu: Sprechen
Zeit ca. 10 Minuten

1 Sprechen Teil 1: Kontaktgespräch.

Zuerst stellen Sie sich vor. Dazu bekommen Sie Stichwörter auf Kärtchen. Bei den blauen Kärtchen sollen Sie auch eine Frage an die Prüferin/den Prüfer stellen. Schreiben Sie für die Vorbereitung zu jedem Stichwort einen Satz und zu den blauen Stichwörtern einen Satz und eine Frage.

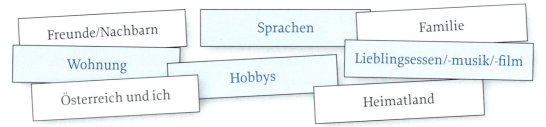

Freunde/Nachbarn — Sprachen — Familie — Wohnung — Lieblingsessen/-musik/-film — Hobbys — Österreich und ich — Heimatland

2a Sprechen Teil 2: Situationsbeschreibung.

Sagen Sie kurz, was Sie auf dem Bild sehen. Welche Situation ist das? Was machen die Personen? In der Prüfung können Sie aus drei Bildern wählen.

2b Sprechen Teil 2: Situationsdialog, Gesprächspartner: Prüfer/Prüferin

Sie sind der Kunde/die Kundin. Stellen Sie zwei Fragen. Dazu bekommen Sie Kärtchen.

Was ... ?   Gibt es ... ?

2c Sprechen Teil 2: Gespräch zur Situation

Essen Sie gern Süßigkeiten? Speisen in Österreich und in meiner Heimat? Was ist Ihr Lieblingsessen? Ist Schokolade gesund?

Sie lernen:
- sich über interkulturelle Erfahrungen austauschen
- über Vereine und ehrenamtliches Engagement sprechen
- mit Ämtern und Behörden telefonieren
- Relativsätze mit Präpositionen

12

Treffpunkte

1 Wo sind die Leute? Was machen sie? Wie fühlen sie sich? Sprechen Sie im Kurs.

Ü1+2

> Die Leute feiern/lächeln/lachen/… gemeinsam. Sie unterhalten/umarmen sich.
> Er/Sie sieht einsam/ernst/froh/fröhlich/traurig/sympathisch/neugierig/… aus.
> Er/Sie fühlt sich einsam/wohl/fremd/…
> Die Stimmung ist /gemütlich/lustig/fröhlich/super/nett/traurig/…

2a Wo haben Sie in Österreich Leute kennengelernt? Sprechen Sie im Kurs.

Ü3

2b Wie ist das in Ihrer Heimat? Wo trifft man sich? Wo kann man Leute kennenlernen?

> *In meinem Heimatland ist es genauso wie in Österreich. Man kann auch …*

> *Bei uns ist es ganz anders, man kann …*

einhundertdreiunddreißig **133**

12 Treffpunkte

A Die Nachbarschaftszentren

1a Lesen Sie die Internetseite und ordnen Sie die Fragen den Textabschnitten zu.
Ü4

1. Was kann man im Nachbarschaftszentrum machen?
2. Was ist das Nachbarschaftszentrum?
3. Wer arbeitet im Nachbarschaftszentrum?

---

www.nachbarschaftszentrum.at

Unsere Nachbarschaftszentren – 10× in Wien!

○ **N**achbarschaftszentren sind Treffpunkte und Tauschzentralen gegenseitiger Hilfe von Menschen aller Generationen und sozialen Schichten.

○ **S**ie sind Orte für Begegnung, Austausch und Kontakt,
Bei uns gibt es Kaffeerunden, Lernclubs, Deutsch-Übungsrunden, Bewegungsgruppen, Computerclubs, Kreativgruppen, wir organisieren Feste, Flohmärkte, Ausflüge und vieles mehr. Bei uns kann man sich auch beraten lassen, so gibt es z. B. eine Gesundheitsberatung, eine Wohn- und Sozialberatung.

○ **U**nsere Teams bestehen aus
PsychologInnen, PädagogInnen, DiplomsozialarbeiterInnen, diplomiertem Pflegepersonal und aus unseren engagierten ehrenamtlichen MitarbeiterInnen.

1b Beantworten Sie die Fragen in 1a.

2a Lesen Sie. Was finden Sie interessant? Wo möchten Sie sich engagieren?
Ü5+6

www.nachbarschaftszentrum.at/angebote/

Angebote im Nachbarschaftszentrum

▶ Hausaufgabehilfe/Nachhilfe
▶ Spielenachmittag / Elterncafé
▶ Kochen/Gemeinsames Mittagessen / Internationale Küche
▶ Computerclub
▶ Deutsch-Übungs-Runde
▶ Flohmarkt
▶ Gesundheitsberatung / Wohn- und Sozialberatung

Ich möchte mich im Computerclub engagieren.

Ich finde das Elterncafé gut, weil ...

2b Kennen Sie ein ähnliches Haus in Ihrer Nähe? Was kann man dort machen? Berichten Sie.

3a Ein Projekt. Hören Sie und kreuzen Sie an: Welches Foto passt zu den beiden Hörtexten? 🔊 2.26

3b Die Sätze sind falsch. Hören Sie noch einmal und korrigieren Sie. 🔊 2.26

1. Ulyana erzählt von einem Projekt <u>nur für ältere Leute</u>.
2. Im Projekt lernt <u>Ulyana</u> die Arbeit mit dem Computer.
3. Ulyana möchte <u>nicht ehrenamtlich</u> arbeiten.

4. Frau Bauer <u>kennt</u> das Projekt <u>nicht</u>.
5. Frau Bauer ist noch <u>sehr fit</u> und <u>kann alles selbst machen</u>.
6. Frau Bauer <u>hilft</u> den Jugendlichen.

> 1. Das Projekt ist für junge und ältere Menschen.

4a Ehrenamtlich arbeiten. Wo kann man ehrenamtlich arbeiten? Warum arbeiten Leute ehrenamtlich? Sprechen Sie im Kurs.

> **eh|ren|amt|lich** ‹Adj.›: *freiwillig, ohne Bezahlung arbeiten, weil man helfen möchte:* Sie arbeitet als -e Helferin für das Rote Kreuz.

4b Gibt es in Ihrem Heimatland auch ehrenamtliche Tätigkeiten? Vergleichen Sie.

12 Treffpunkte

B Vereine

1a Was machen die Leute auf den Fotos? Sprechen Sie im Kurs.

1b Lesen Sie den Informationstext und beantworten Sie die Fragen.

1. Wie viele Vereine gibt es in Österreich?
2. Wie viele Leute in Österreich sind Mitglieder in einem Verein?
3. Was geben die ehrenamtlichen Mitarbeiter den Mitmenschen?
4. Wie kann man Mitglied in einem Verein werden?

Die Europäische Union hat das Jahr 2011 als das Europäische Jahr der Freiwilligen ausgerufen. In Österreich gibt es über 116 000 Vereine, in denen viele Menschen, mehr als drei Millionen Frauen und Männer, aktiv sind. Besonders beliebt sind die Turn- und Sportvereine, danach kommen die Sparvereine und dann die Kulturvereine.

Fast jeder zweite Österreicher ist Mitglied in mindestens einem Verein, oft sogar in mehreren Vereinen.

Es gibt aber viele Vereine, in denen man sich sozial engagieren kann. Viele ehrenamtliche Mitarbeiter machen unbezahlte Arbeit zum Beispiel in der Betreuung und Pflege oder sie helfen Menschen in schwierigen Situationen. Sie schenken ihren Mitmenschen ca. 15 Millionen Gratisarbeitsstunden – und noch etwas ganz Wichtiges, nämlich „Zeit".

Jeder kann Mitglied in einem Verein werden. Man muss sich anmelden und zahlt einen Mitgliedsbeitrag, der von Verein zu Verein unterschiedlich hoch ist. Dann kann man sich engagieren und an vielen Veranstaltungen im Vereinsleben teilnehmen.

136 *einhundertsechsunddreißig*

2a Lesen Sie den Text noch einmal und ordnen Sie zu.

Ü10+11

> für die sich viele Männer und Frauen engagieren - die bei den Österreichern besonders beliebt sind – der von Verein zu Verein unterschiedlich hoch ist – das die Europäische Union zum Jahr der Freiwilligen ausgerufen hat – in denen viele Menschen aktiv sind

1. Es gibt mehr als 116 000 Vereine, _____ .

2. 2011 ist das Jahr, _____ .
   _____

3. Die sozialen Vereine, _____
   helfen Menschen in schwierigen Situationen.

4. Turn –und Sportvereine sind die Vereine, _____ ,
   _____ .

5. Man zahlt einen Mitgliedsbeitrag, _____ .

2b Schreiben Sie aus den Sätzen in 2a jeweils zwei Hauptsätze wie im Beispiel.

Ü12

> *Es gibt mehr als 116 000 Vereine.*
> *In den Vereinen sind viele Menschen aktiv.*

❗ Relativsätze mit Präpositionen

Es gibt mehr als 116 000 Vereine. In den Vereinen sind viele Menschen aktiv.	**Relativpronomen im Dativ**

Es gibt mehr als 116 000 Vereine. In den Vereinen sind viele Menschen aktiv.	m	dem
Es gibt mehr als 116 000 Vereine, in denen viele Menschen aktiv sind.	n	dem
	f	der
Die sozialen Vereine helfen Menschen. Viele engagieren sich für die Vereine.	Pl.	**denen**
Die sozialen Vereine, für die sich viele engagieren, helfen Menschen.		

3a Ein Interview. Hören Sie: In wie vielen Vereinen ist Frau Meier Mitglied? 🔊 2.27

Ü13+14

3b Hören Sie noch einmal. Warum ist sie Mitglied in den Vereinen? 🔊 2.27

4 Projekt: Sammeln Sie Informationen und präsentieren Sie die Ergebnisse im Kurs.

Ü15

Welche Vereine gibt es in Ihrem Wohnort? Sind Sie Mitglied in einem Verein?

einhundertsiebenunddreißig **137**

C Telefonieren

1a Lesen Sie und hören Sie die Telefongespräche. Hat die Anruferin Erfolg? 2.28

Frau Badi will am internationalen Straßenfest teilnehmen und möchte einen Stand mieten. Sie möchte Spezialitäten aus ihrer Heimat anbieten. Sie ruft beim Bezirksamt an.

1. ◖ Telefonzentrale Bezirksamt, grüß Gott.
   ◖ Grüß Gott, ich möchte mit Frau Schlüter sprechen, können Sie mich bitte verbinden?
   ◖ Einen Moment … tut mir leid, Frau Schlüter telefoniert gerade. Aber ich kann Ihnen ihre Durchwahl geben.
   ◖ Ja, bitte.
   ◖ 212 und dann die Durchwahl 3459.
   ◖ 212 34 59.
   ◖ Ja, genau.
   ◖ Danke schön, auf Wiederhören.

2. ◖ Schlüter, guten Tag.
   ◖ Grüß Gott, mein Name ist Badi, ich habe eine Frage. Ich möchte gerne am internationalen Straßenfest teilnehmen und Spezialitäten aus meiner Heimat verkaufen. Was muss ich machen?
   ◖ Tut mir leid, für die Standmiete beim internationalen Straßenfest bin ich nicht zuständig. Das macht meine Kollegin, Frau Costa.
   ◖ Können Sie mir bitte ihre Durchwahl geben?
   ◖ Ja, 33 87.
   ◖ Danke schön.

3. ◖ Meier.
   ◖ Grüß Gott, ich möchte einen Stand auf dem internationalen Straßenfest mieten.
   ◖ Was wollen Sie? Einen Stand mieten?
   ◖ Oh, Entschuldigung, bin ich nicht beim Bezirksamt, bei Frau Costa?
   ◖ Nein, da sind Sie falsch verbunden.
   ◖ Tut mir leid, dann habe ich mich verwählt, entschuldigen Sie bitte die Störung.
   ◖ Keine Ursache, Auf Wiederhören.

4. ◖ Alle Plätze sind zurzeit belegt. Bitte legen Sie nicht auf …

1b Lesen Sie und spielen Sie die Dialoge.

2 Minidialoge. Ordnen Sie zu und lesen Sie die Dialoge zu zweit.

Ü16+17

Grüß Gott, ich möchte mich **1** ummelden. Können Sie mich bitte verbinden?

Guten Tag, ich habe eine Frage **2** zur Familienbeihilfe. Können Sie mich bitte mit Frau Antos verbinden?

Guten Tag, mein Name ist Kramer, **3** spreche ich mit Herrn Makal?

Grüß Gott, können Sie mir bitte die **4** Durchwahl von Frau Kreisler geben?

Vielen Dank für Ihre Informationen. **5** Auf Wiederhören.

- **A** Nein, mein Name ist Neuer. Sie sind hier bei der Kfz-Zulassungsstelle.
- **B** Ja, gern. Mit welchem Buchstaben beginnt Ihr Familienname?
- **C** Auf Wiederhören.
- **D** Tut mir leid, sie ist heute nicht im Haus. Ich verbinde Sie mit Herrn Piatnik.
- **E** Gerne, das ist die Nummer 31.

3 Arbeiten Sie zu dritt. Wählen Sie eine Situation aus und schreiben Sie Dialoge.

Ü18

> Ich möchte bitte mit … sprechen.
> Können Sie mich bitte mit … verbinden?
> Können Sie mir bitte die Durchwahl von Herrn … / Frau … geben?
> Können Sie mich bitte mit dem zuständigen Beamten verbinden?
> Guten Tag, … ist mein Name, ich habe eine Frage: …
> Entschuldigen Sie bitte, ich habe mich verwählt.
> Tut mir leid, hier ist nicht … Sie sind falsch verbunden. Bitte rufen Sie beim Bürgerservice/… an.

Situation 1: Anruf bei der Stadtverwaltung

Anrufer/in: möchte einen Stand auf dem Stadtfest mieten
Telefonzentrale: Herr/Frau Nowak ist zuständig, soll ich Sie mit ihm/ihr verbinden?
Herr/Frau Nowak: Standmiete kostet 50 €, braucht den Namen, die Adresse und die Telefonnummer

Situation 2: Anruf beim Verkehrsverbund

Anrufer/in: Tochter hatte die Monatskarte vergessen und muss Strafe zahlen, was kann man tun?
Beamter/Beamtin 1: nicht zuständig, Durchwahl von Herrn/Frau Yilmaz
Herr/Frau Yilmaz: die Monatskarte am Schalter in Klagenfurt vorlegen, dann müssen Sie nichts zahlen

12 Alles klar!

Kommunikation

1a Am Telefon. Ergänzen Sie.

> zuständigen Beamten – falsch verbunden – Durchwahl – verwählt

1. Können Sie mir bitte die _____ von Herrn Stefanovic geben?
2. Entschuldigen Sie bitte, ich habe mich _____.
3. Können Sie mich bitte mit dem _____ verbinden?
4. Tut mir leid, hier ist nicht Kreisler. Sie sind _____.

1b Was kann man auf die Fragen in 1a antworten?

> 1. Natürlich, gerne. 847.

2 Hören Sie und kreuzen Sie an: Was ist richtig? 🔊 2.29

1. ☐ A Frau Berger ist heute nicht im Büro.
   ☐ B Frau Berger kommt erst am Nachmittag.
   ☐ C Frau Berger hat gerade keine Zeit und ruft später noch einmal an.

2. ☐ A Herr Stanka ist nicht da.
   ☐ B Herr Stanka telefoniert gerade.
   ☐ C Herr Stanka ruft später zurück.

3 Schreiben und spielen Sie einen Dialog.

Anruf bei den Stadtwerken

Anrufer/in: Frage zur Abrechnung, am 1.4. ausgezogen, warum geht die Rechnung bis zum 30.4.?
Telefonzentrale: Herr Kaminski ist zuständig, Durchwahl -338
Müller: verwählt
Herr Kaminski: ein Fehler

Wortschatz

4 Was passt? Ordnen Sie zu.

Mitglied in einem Verein   **1** ○   ○ **A** teilnehmen
an Kursen   **2** ○   ○ **B** werden
Veranstaltungen   **3** ○   ○ **C** organisieren
einen Mitgliedsbeitrag   **4** ○   ○ **D** bezahlen

Grammatik

5 Schreiben Sie Sätze wie im Beispiel.

1. Morgen schreibe ich die Prüfung, für die ich lange gelernt habe.
2. Das ist mein Freund, mit dem ich die Prüfung zusammen mache.
3. Das ist die Schule, in der die Prüfung stattfindet.
4. Das ist das Restaurant, in das ich nach der Prüfung gehe.

> 1. Morgen schreibe ich die Prüfung. Für die Prüfung habe ich lange gelernt. / Ich habe lange für die Prüfung gelernt.

6 Das Relativsatz-Quiz. Schreiben Sie Fragen wie im Beispiel. Fragen und antworten Sie im Kurs.

Wie heißt die Maschine, mit der man Kleidung sauber machen kann?
Wie heißt das Ding, mit dem man ... ?
Wie heißt das Gerät, mit dem man ... ?

Flüssig sprechen

7 Hören Sie zu und sprechen Sie nach. 🔊 2.30

12 Gewusst wie

Kommunikation

Sich über interkulturelle Erfahrungen austauschen

In meinem Heimatland hat man mehr Kontakt zu seinen Nachbarn.
Bei uns kann man leicht Leute kennenlernen.
In Österreich kann man gut Leute in einem Verein kennenlernen.

Über Vereine und ehrenamtliches Engagement sprechen

Ich bin Mitglied im Nachbarschaftsverein.
Der Mitgliedsbeitrag beträgt 35 Euro.
Der Verein organisiert viele soziale Aktivitäten.
Ich engagiere mich ehrenamtlich in …

Mit Ämtern und Behörden telefonieren

Ich möchte bitte mit … sprechen.
Können Sie mich bitte mit … verbinden?
Können Sie mir bitte die Durchwahl von Herrn … / Frau … geben?
Können Sie mich bitte mit dem zuständigen Beamten verbinden?
Guten Tag, … ist mein Name. Ich habe eine Frage: …
Entschuldigen Sie bitte, ich habe mich verwählt.
Tut mir leid, hier ist nicht …, Sie sind falsch verbunden.

Grammatik

Relativsätze mit Präpositionen

Es gibt mehr als 116 000 Vereine. **In den Vereinen** sind viele Menschen aktiv.
Es gibt mehr als 116 000 Vereine, **in denen** viele Menschen aktiv sind.

Die Vereine, **für die** sich viele engagieren, helfen Menschen in schwierigen Situationen.

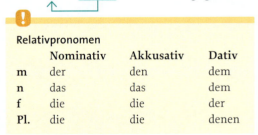

Relativpronomen	Nominativ	Akkusativ	Dativ
m	der	den	dem
n	das	das	dem
f	die	die	der
Pl.	die	die	denen

Ich suche einen Hund, **der** nicht so groß ist.
Ich suche einen Hund, **den** ich auf Urlaub mitnehmen kann.
Ich suche einen Hund, **mit dem** man Fahrrad fahren kann.
Ich suche einen Hund, **über den** sich meine Frau auch freut.

Sie lernen:
- ein Konto eröffnen
- erklären, wie man Geld am Bankomaten abhebt
- über Versicherungen sprechen
- etwas reklamieren
- Komposita
- „zu" + Adjektiv

13

Banken und Versicherungen

1 Kennen Sie die Karten? Wann oder wo benutzt man sie? Ordnen Sie zu.

Ü1

2 Machen Sie ein Partnerinterview. Welche Karten haben Sie und warum?

Ü2

> Haben Sie eine Monatskarte?

> Ja, ich habe eine Monatskarte, weil ich jeden Tag mit dem Bus ins Büro fahre.

> Haben Sie noch andere Karten?

Bücher/DVDs/Spiele ausleihen – Bargeld abheben – einen Kontoauszug ausdrucken – Geld überweisen – ohne Bargeld einkaufen/telefonieren/bezahlen – mit öffentlichen Verkehrsmitteln fahren – zum Arzt gehen – Prozente/Punkte bekommen

einhundertdreiundvierzig **143**

13 Banken und Versicherungen

A Auf der Bank

1 Sammeln Sie Wörter und Ausdrücke.

Geld einzahlen — auf der Bank — das Konto, Konten

2a Ein Konto eröffnen. Lesen Sie und ergänzen Sie den Dialog. Hören Sie und kontrollieren Sie mit der CD. 2.31

Bankomaten – Bankomatkarte – Einkommen – Girokonto – Überweisungen

◖ Grüß Gott, ich möchte gern ein _____ eröffnen. Was kostet das monatlich?

◖ Wenn Ihr _____ über 1000 € monatlich ist, dann ist es kostenlos.

◖ Kann ich mit der _____ überall Geld abheben?

◖ Sie können an fast allen _____ weltweit Geld abheben.

◖ Wo bekomme ich die Kontoauszüge?

◖ An diesem Automaten. Da können Sie auch _____ machen.

◖ Ist auch Online-Banking möglich?

◖ Natürlich, Sie bekommen dann noch einen PIN-Code. Bei uns bekommen Sie auch Zinsen für das Guthaben auf Ihrem Girokonto.

◖ Vielen Dank für die Informationen, ich überlege es mir noch.

2b Was ist das? Suchen Sie im Text und ordnen Sie zu.

Eine Nummer, die nur der Kunde kennt. **1** — **B** der PIN-Code
Das bekommt der Kunde für sein Geld von der Bank. **2** — **A** das Guthaben
Das Geld, das der Kunde auf der Bank hat. **3** — **C** das Online-Banking
Der Kunde macht Überweisungen zu Hause am Computer. **4** — **D** die Zinsen

3a Geld abheben. Hören Sie und kreuzen Sie an: Welches Foto passt? 🔊 2.32

 ☐ 1. Die Kundin möchte am Schalter Geld abheben.

2. Die Kundin möchte am Bankomaten Geld abheben. ☐

3b Wie hebt man Geld am Bankomaten ab? Ordnen Sie zu.
Ü5

> die Geheimzahl eingeben – den Betrag auswählen – die Karte entnehmen –
> die Karte in den Bankomaten stecken – den Betrag bestätigen –
> das Geld entnehmen

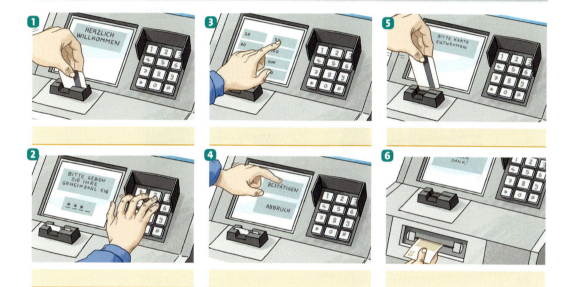

3c Hören Sie noch einmal und kontrollieren Sie mit der CD. 🔊 2.32

3d Erklären Sie, wie man Geld am Bankomaten abhebt.

> Zuerst muss man ...

4 Auf der Bank. Spielen Sie kleine Dialoge.
Ü6–8

> Geld einzahlen – Geld abheben – Geld überweisen – Geld wechseln

> Guten Tag, ich möchte gern Geld einzahlen.   Gerne, kein Problem. Wie viel?   50 €.

einhundertfünfundvierzig **145**

13 Banken und Versicherungen

B Versicherungen

1 Welche Versicherung braucht man hier? Ordnen Sie zu.

> Pensionsversicherung – Krankenversicherung – Kfz-Versicherung – Rechtsschutzversicherung – Haftpflichtversicherung – Haushaltsversicherung

Versicherungen

2a Welche Versicherung hilft? Lesen Sie und ergänzen Sie.

Ü 9+10

1. Sie kommen aus dem Urlaub zurück und merken, dass Diebe in Ihrer Wohnung waren und Sachen gestohlen haben. Sie melden den Schaden bei der Polizei und bei der _____.

2. Nach zwei Monaten will die Versicherung immer noch nicht zahlen. Sie gehen vor Gericht. Hier hilft die _____.

3. Das alles macht Sie sehr nervös. Die Kamera von einer Freundin fällt Ihnen aus der Hand. Die Kamera ist kaputt. Sie melden den Schaden bei der _____.

2b Erzählen Sie. Welche Versicherung finden Sie wichtig und warum?

146 *einhundertsechsundvierzig*

3a Lesen Sie das Prospekt und markieren Sie alle Komposita.

Cosma Direkt – die besten Versicherungen 2012
▶ **Reiseversicherung** – sehr gut versichert
▶ Haftpflichtversicherung – Sondertarif für Familienmitglieder
▶ Sofortiger Versicherungsschutz

3b Suchen Sie das passende Wort im Text und ergänzen Sie es in der Tabelle.
Ü11

Versicherung im Urlaub	
Mitglieder in der Familie	
Versicherung für die Haftung von Schäden	Haftpflichtversicherung
Schutz durch eine Versicherung	
ein besonderer Tarif, z. B. sehr günstig	

❗ **Komposita**
die Reise + die Versicherung = die Reiseversicherung
❗ die Versicherung + der Schutz = der Versicherung**s**schutz
die Familie + das Mitglied = das Famili**e**nmitglied

4a Weitere Komposita. Was ist ein Fahrzeug? Markieren Sie.
Ü12

Sportwagen – Wagentür – Kleinwagen – Autoreparatur – Transportwagen – Familienwagen – Gebrauchtwagen – Neuwagen – Mietwagen – Wagenheber

4b Was bedeuten die Wörter in 4a? Erklären Sie.

5 Bilden Sie Komposita wie in 4a.

~~Strauß~~ – Geschäft – ~~Balkon~~ – Herbst – Duft – Verkäufer – Erde – Topf

13 Banken und Versicherungen

C Kaufen und reklamieren

1a Im Elektromarkt. Hören Sie den Dialog und ergänzen Sie die Tabelle. 2.33
Ü13

LCD Fernseher	Preis	Größe
LV 75		46 Zoll
LX 100	349 Euro	
LV 278		

1b Hören Sie noch einmal und kreuzen Sie an: Was ist richtig? 2.33
Ü14

1. **Der erste Fernseher**
   - A ist zu klein.
   - B ist zu groß.
   - C ist zu teuer.

2. **Der zweite Fernseher**
   - A ist zu groß.
   - B ist zu unpraktisch.
   - C ist zu klein.

3. **Der dritte Fernseher**
   - A ist sehr günstig.
   - B ist sehr groß.
   - C ist sehr teuer.

2 Fragen und antworten Sie.
Ü15

zu laut – zu verraucht – zu schmutzig – zu dunkel – zu alt – zu kalt – zu klein – zu langsam – zu ungemütlich

1. Warum möchten Sie dieses Auto nicht kaufen?
2. Warum möchten Sie in dieser Wohnung nicht wohnen?
3. Warum möchten Sie in dem See nicht baden?
4. Warum möchten Sie in diesem Gasthaus nicht essen?

Ich möchte das Auto nicht kaufen, weil es zu alt ist.

3a Reklamation. Hören Sie den Dialog und kreuzen Sie an: Was ist richtig? 🔊 2.34

1. ☐ Frau Ortmann möchte eine Digitalkamera kaufen.
2. ☐ Frau Ortmann möchte neue Batterien für ihre Kamera kaufen.
3. ☐ Frau Ortmann möchte die Kamera reklamieren.

3b Was sagt Frau Ortmann? Ergänzen Sie den Dialog.
Ü16

> Ja, hier sind die Rechnung und der Garantieschein. Wann bekomme ich denn die Kamera zurück? – Guten Tag. Ich habe hier vor zwei Wochen diese Digitalkamera gekauft, aber sie funktioniert leider nicht. Sie zeigt immer „Akku leer" an, aber die Batterien sind neu. – Und was passiert jetzt? – Ja, hier. Probieren Sie es bitte.

◀ *Guten Tag. Ich*
___

◀ Vielleicht passen die Batterien nicht. Darf ich bitte einmal schauen?

◀ ___

◀ Hm, das sind die richtigen Batterien. Das verstehe ich auch nicht. Dann hat die Kamera einen Fehler.

◀ ___

◀ Wir schicken die Kamera ans Werk. Die prüfen und reparieren sie. Haben Sie noch die Rechnung?

◀ ___

◀ Das geht schnell. Sie bekommen Ihre Kamera in zwei Wochen zurück.

4 Schreiben und spielen Sie Dialoge.

Kunde/Kundin
Sie haben vor drei Wochen eine Kaffeemaschine gekauft. Sie funktioniert nicht. Sie möchten sie reklamieren und wollen wissen, wie lange die Reparatur dauert.

Verkäufer/in
Sie sagen dem Kunden, dass Sie die Kaffeemaschine ans Werk schicken müssen. Die Leute dort prüfen sie und reparieren sie. Sie brauchen vom Kunden die Rechnung. Die Reparatur dauert drei Wochen.

einhundertneunundvierzig **149**

13 Alles klar!

Wortschatz

1 Kreuzworträtsel: Auf der Bank. Was passt?

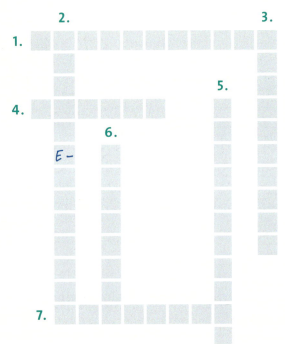

1. Auf diesem Zettel sieht man, wie viel Geld auf dem Konto ist.
2. Wenn man am Computer Geld überweist, heißt das ...
3. Diese Nummer kennen nur Sie.
4. Man bekommt 1,5 % ... auf das Girokonto.
5. Wenn man jemandem Geld schicken will, macht man eine ...
6. Hier kann man Geld abheben.
7. Das Geld auf dem Girokonto nennt man ...

Kommunikation

2 Auf der Bank. Ergänzen Sie den Dialog.

> Wann bekomme ich meine Bankomatkarte und die Geheimzahl? – Grüß Gott, ich möchte bitte ein Girokonto eröffnen. – Welche Gebühren muss ich bezahlen?

◖ Guten Tag, was kann ich für Sie tun?

◖ _____

◖ Wir haben im Moment ein Angebot: das Giro-Plus-Konto mit Kreditkarte.

◖ _____

◖ Insgesamt 3,50 Euro im Monat.

◖ _____

◖ Das dauert ungefähr zwei Wochen.

150 *einhundertfünfzig*

Grammatik

3 Was ist das Problem? Schreiben Sie Sätze wie im Beispiel.

1. Die Jacke ist zu klein.

3. Die Musik

2. Die Kleidung

4. Der Liegestuhl

5. Die Wohnung

4 Welche Wörter finden Sie? Schreiben Sie die Wörter mit Artikel.

1. der Gartenstuhl — der Garten — der Stuhl
2. die Gemüsesuppe
3. das Familienmitglied
4. die Geschäftsreise
5. die Fensterbank
6. das Schokoladeeis

Phonetik

5 Hören Sie zu und sprechen Sie nach. 2.35

einhunderteinundfünfzig **151**

13 Gewusst wie

Kommunikation

Ein Konto eröffnen

Guten Tag, ich möchte gern ein Girokonto eröffnen. Wie viel kostet das?
Kann ich auch Online-Banking machen?
Und wo bekomme ich die Kontoauszüge?

Erklären, wie man Geld vom Bankomaten abhebt

Zuerst müssen Sie die Karte in den Bankomaten stecken. Dann geben Sie Ihre Geheimzahl ein. Danach wählen Sie den Betrag aus und bestätigen ihn. Zum Schluss müssen Sie zuerst die Karte und dann das Geld entnehmen.

Über Versicherungen sprechen

Ich habe eine Krankenversicherung, eine Pensionsversicherung und eine Arbeitslosenversicherung. Eine Haushaltsversicherung habe ich auch. Aber ich brauche keine Kfz-Versicherung, weil ich kein Auto habe.

Etwas reklamieren

Grüß Gott, ich habe vor einer Woche diese Uhr gekauft, aber sie funktioniert nicht. Hier sind die Rechnung und der Garantieschein. Wann bekomme ich die Uhr zurück?

Grammatik

Komposita

die Wagentür = die Tür von einem Wagen
der Neuwagen = ein Wagen, der neu ist
der Mietwagen = ein Wagen, den man mieten kann
(!) der Versicherung**s**schutz = ein Schutz durch eine Versicherung
das Familie**n**mitglied = das Mitglied einer Familie

Zu + Adjektiv

Ich kaufe den Fernseher nicht, weil er **zu** teuer ist. Er kostet 1899 Euro!

152 *einhundertzweiundfünfzig*

Sie lernen:
- über Freundschaften sprechen
- über Gefühle und Wünsche sprechen
- kleine Gedichte verstehen und schreiben
- Fragewörter und Präpositionalpronomen („da/wo" + Präposition)

14

Freunde und Bekannte

1 Was denken Sie: Was machen die Personen? Siezen oder duzen sie sich?

> *Die Frauen unterhalten sich über ihre Kinder.*

2 Freundschaft. Sammeln Sie Wörter im Kurs.
Ü1

sich etwas teilen — Freundschaft — sich helfen / zuverlässig sein

einhundertdreiundfünfzig **153**

14 Freunde und Bekannte

A Was ist Freundschaft?

1a Lesen Sie die Überschrift. Was denken Sie: Was steht im Text? Sammeln Sie Ideen im Kurs.

Telefonieren oder Fußball spielen – was machen wir?

1b Lesen Sie jetzt den Text. War Ihre Idee richtig? Sprechen Sie im Kurs.

Ü2

Was ist der Unterschied zwischen Männer- und Frauenfreundschaften?

Die Psychologin Frau Dr. Frei meint: Frauen treffen sich oft oder telefonieren lange mit ihrer Freundin. Sie interessieren sich für Literatur und Mode, aber sie wollen auch über ihren Partner, ihre Kinder oder ihre Gefühle sprechen. Für Frauen ist es wichtig, dass sie mit ihrer Freundin über alles reden können. Für Männer ist es wichtig, dass sie etwas mit ihren Freunden unternehmen können. Ihr Lieblingsthema ist Sport. Sie diskutieren darüber, interessieren sich für fast alle Sportarten und ärgern sich gemeinsam über verlorene Spiele. Aber sie sprechen nicht so gern über ihr Privatleben.

Warum sind Frauenfreundschaften anders als Männerfreundschaften?

Eine gute Freundschaft ist für Frauen und Männer wichtig. Frauen verlassen sich in schwierigen Situationen oft auf ihre Freundinnen. Männer sprechen weniger über sich und sie unternehmen lieber etwas mit ihren Freunden.

1c Lesen Sie den Text noch einmal und ergänzen Sie die Tabelle.

	Worüber sprechen sie (nicht)?	Was ist für sie wichtig?	Wofür interessieren sie sich?
Frauen			
Männer			

1d Sind Männer- und Frauenfreundschaften wirklich verschieden? Was denken Sie?

2a Ein Fragebogen. Hören Sie und ergänzen Sie den Fragebogen. 🔊))) 2.36

Ü3+4

> für Mal- und Computerkurse – mit meiner Cousine Antonia –
> auf meinen Mann – oft über unsere Hobbys – über meine Ehe, über sehr private
> Dinge – mit meiner Familie oder auch mit meiner Freundin

Fragebogen

1. Worüber sprechen Sie mit guten Freunden? ....

2. Wofür interessieren Sie sich in Ihrer Freizeit? ....

3. Worüber sprechen Sie nicht so gern? ....

4. Mit wem unternehmen Sie am liebsten etwas? ....

5. Mit wem fahren Sie gerne auf Urlaub? ....

6. Auf wen können Sie sich immer verlassen? ....

2b Machen Sie ein Partnerinterview und notieren Sie die Antworten. 💬🗨

> *Worüber sprechen Sie mit guten Freunden?*

> *Über meine Arbeit.*

3 Schreiben Sie Fragen. Fragen und antworten Sie dann. 💬🗨

Ü5–8

Sachen	Personen
Worüber sprechen Sie?	**Über wen** sprechen Sie?
Wir sprechen über unsere Hobbys.	Wir sprechen über die Kinder.
genauso: worauf , wovon, woran, …	*genauso:* auf wen, von wem, an wen, mit wem …

> telefonieren mit – denken an – sich freuen über – sich ärgern über –
> warten auf – träumen von

> *Mit wem telefonierst du oft?*

> *Ich telefoniere oft mit meiner Freundin.*

> *Woran denken Sie?*

> *Ich denke an die Deutschprüfung.*

einhundertfünfundfünfzig **155**

B Freundschaftsgeschichten

1a Hören Sie und bringen Sie die Bilder in die richtige Reihenfolge. 🔊 2.37

1b Hören Sie noch einmal und kreuzen Sie an: Was ist richtig? 🔊 2.37

1. Frau Fröhlich hat ihre Freundin Katrin
   - ☐ A in der Disko kennengelernt.
   - ☐ B in der Schule kennengelernt.
   - ☐ C in der Tanzschule kennengelernt.

2. Katrin ist
   - ☐ A einmal zu spät gekommen.
   - ☐ B oft zu spät gekommen.
   - ☐ C manchmal zu spät gekommen.

3. Frau Fröhlich telefoniert mit Katrin
   - ☐ A mehrmals pro Woche.
   - ☐ B einmal im Monat.
   - ☐ C drei bis viermal im Monat.

4. Frau Fröhlich erinnert sich gerne an
   - ☐ A ihre Zeit im Kindergarten.
   - ☐ B die Spaziergänge im Wald.
   - ☐ C die Tanzschule.

2 Wie sagt es Frau Fröhlich? Lesen Sie und unterstreichen Sie im Interview.

Ü 9 + 10

1. Wir sind schon seit der Schulzeit befreundet.
2. Katrin war manchmal unpünktlich.
3. Wir sehen uns monatlich.
4. Wir haben lange Waldspaziergänge gemacht.

◖ … Wie haben Sie sich kennengelernt?
◖ Wir sind schon in der Schule Freundinnen gewesen. Wir haben uns oft nach der Schule …

◖ Haben Sie auch einmal Probleme in Ihrer Freundschaft gehabt?
◖ … Katrin ist leider manchmal ein bisschen unpünktlich gewesen. Darüber habe ich mich oft geärgert …

◖ Wie oft sehen Sie sich jetzt?
◖ Oh, wir telefonieren drei- bis viermal pro Woche und treffen uns meistens einmal im Monat.
◖ Woran erinnern Sie sich gern?
◖ Wir sind immer stundenlang mit den Kindern im Wald spazieren gegangen und haben viel geredet und viel Spaß gehabt …

3a Lesen Sie und kreuzen Sie an: richtig oder falsch?

Ü11

Mit meiner Freundin Heidi ist es nie langweilig. Ich vertraue ihr sehr. Wir kennen uns schon seit unserer Jugend. Wenn sie oder ich ein Problem haben, sprechen wir darüber. Oft finden wir gemeinsam eine Lösung. Wir unternehmen auch viel zusammen. Manchmal gehen wir am Wochenende ins Kino – besonders gerne in Komödien. Ich sehe aber auch gern Thriller, doch dafür interessiert sich Heidi nicht.

Susanne

Lukas

Kevin und ich verstehen uns wirklich gut – na ja bis auf die Tatsache, dass er ein Rapid Wien-Fan ist und ich ein Sturm Graz-Fan. Tja, der Fußball – darüber streiten wir uns schon. Meine Freunde und ich machen schon seit Jahren einmal pro Jahr einen reinen Männerurlaub. Nächstes Jahr wollen wir eine Wanderung über die Alpen machen. Davon träumen wir schon lange.

		R	F
1.	Heidi mag keine Komödien.	☐	☐
2.	Susanne interessiert sich für Thriller.	☐	☐
3.	Lukas macht jedes Jahr Urlaub mit seinen Freunden.	☐	☐
4.	Lukas möchte dieses Jahr mit seinen Freunden in den Alpen wandern.	☐	☐

3b Markieren Sie *darüber*, *dafür* und *davon* in 3a und verbinden Sie wie im Grammatikkasten.

> Sie freuen sich über das Buch.   Darüber freuen wir uns auch.
>
> Er träumt von einer Reise.   Davon träumt sie auch.

4a Ergänzen Sie die Antworten.

Ü12+13

1. Interessierst du dich für Musik?   Nein, _____ interessiere ich mich nicht.
2. Lachst du auch über Politikerwitze?   Ja, _____ lache ich manchmal.
3. Denkst du oft an deine Heimat?   Ja, _____ denke ich oft, besonders jetzt.

4b Schreiben Sie Fragen. Fragen und antworten Sie dann im Kurs.

Ü14

> sich freuen über – denken an – sich interessieren für – sprechen über – sich ärgern über – träumen von

einhundertsiebenundfünfzig **157**

C Gedanken zur Freundschaft

1a Elfchen. Hören Sie und lesen Sie dann das Gedicht. Warum heißt es „Elfchen"? 2.38

Freundschaft, bringt Dir lachen, wenn Dir wie weinen ist, ja Freundschaft!

Ein „Elfchen" ist ein kurzes Gedicht mit elf Wörtern in dieser Reihenfolge:
1. Zeile: 1 Wort
2. Zeile: 2 Wörter
3. Zeile: 3 Wörter
4. Zeile: 4 Wörter
5. Zeile: 1 Wort

1b Ergänzen Sie die Gedichte. Lesen Sie die Gedichte laut vor.
Ü15

> verstehen wir uns – Kinder spielen im Park – deine Augen sagen alles – die Sonne scheint – ohne Worte – Wärme – Freude – Blumen blühen

Freundschaft

Sommer

2 Überlegen Sie sich ein Thema und schreiben Sie zu zweit ein Elfchen.
Ü16

Ich
will Spaß
in der Sonne
und auch im Gras
Wonne

3a **Freundschaft. Lesen Sie die Sprüche. Was bedeuten Sie? Ordnen Sie zu.**

Ü17

○ **A** Gute Freunde kann nichts trennen.

○ **B** Wenn man in einem fremden Land ist, sind Freunde sehr wichtig.

○ **C** Es ist sehr schön, wenn man ein Freund sein kann.

○ **D** Freunde machen glücklich.

○ **E** Humor ist wichtig in Freundschaften.

1 *Ein wahrer Freund trägt mehr zu unserem Glück bei als tausend Feinde zu unserem Unglück.*

Marie von Ebner-Eschenbach (1830–1916), österr. Schriftstellerin

4 FREUNDSCHAFT, DAS IST WIE HEIMAT.

Kurt Tucholsky (1890–1935), dt. Schriftsteller

2 *Laughter is not at all a bad beginning for a friendship, and it is far the best ending for one.*

Lachen ist nicht der schlechteste Anfang einer Freundschaft und bei weitem das beste Ende.

Oscar Wilde (1954–1900), irischer Schriftsteller

5 Někdo má to štěstí, že má schopnost být přítelem.

Einigen Menschen ist das Glück gegeben, Freund sein zu können.

Jan Werich (1905–1980), tschechischer Dramatiker

3

亲密无间

Gute Freundschaft ist so eng, dass nichts dazwischen passt.

(chinesisches Sprichwort)

3b Welcher Spruch gefällt Ihnen, welcher nicht? Erzählen Sie.

4 Welche Sprüche über Freundschaft kennen Sie aus Ihrer Heimat? Erzählen Sie.

einhundertneunundfünfzig **159**

14 Alles klar!

Kommunikation

1a Herr Neuner erzählt von seinem Freund. Ergänzen Sie den Dialog.

> Wir interessieren uns beide für Politik. Darüber sprechen wir oft. – Auf meinen
> Freund Miroslav. Er ist immer für mich da. – Ja, wir gehen oft zusammen etwas
> trinken. Manchmal machen wir auch zusammen Urlaub. – Über nichts. Wir
> verstehen uns wirklich gut.

◖ Auf wen können Sie sich immer verlassen?

◖ _____

◖ Worüber sprechen Sie mit Ihrem Freund?

◖ _____

◖ Und worüber ärgern Sie sich?

◖ _____

◖ Unternehmen Sie viel gemeinsam?

◖ _____

1b Sie interessieren sich für eine Person. Schreiben Sie Fragen.

> sich interessieren für – etwas unternehmen mit – träumen von – sich freuen
> über – denken an

Wortschatz

2 Ergänzen Sie die Sätze.

> träumen von – verlassen auf – befreundet sein

1. Anja ist sehr zuverlässig. Ich kann mich _____ sie _____ .

2. Nächstes Jahr wollen wir nach Rom. _____ dieser Reise _____ wir
   schon lange.

3. Wir haben uns im Sprachkurs kennengelernt. Seit fünf Jahren _____ wir
   _____ .

160 *einhundertsechzig*

Grammatik

3a Sie haben etwas nicht richtig verstanden und fragen noch einmal nach.

1. ◖ Ich interessiere mich für …   ◖ *Wofür interessierst du dich?*

   ◖ *Für Autorennen.*

2. ◖ Ich denke gerade an …   ◖ _____

   ◖ _____

3. ◖ Er telefoniert gerade mit …   ◖ _____

   ◖ _____

4. ◖ Du sprichst immer von …   ◖ _____

   ◖ _____

3b Hören Sie und ergänzen Sie die Antworten in 3a. ◖))) 2.39

4 Ergänzen Sie die Sätze.

1. ◖ _____ freust du dich?   ◖ Auf den Urlaub.

2. ◖ _____ ärgerst du dich?   ◖ Über das schlechte Wetter.

3. ◖ _____ hast du telefoniert?   ◖ Mit meiner Schwester.

4. ◖ _____ ärgerst du dich denn?   ◖ Über meinen Chef.

5. ◖ Interessierst du dich für Politik?   ◖ Nein, _____ interessiere ich mich nicht.

6. ◖ Habt ihr über den Film gesprochen?   ◖ Nein, _____ haben wir nicht gesprochen.

7. ◖ Haben Sie mit Frau Meier telefoniert?   ◖ Nein, ich habe nicht _____ telefoniert.

Flüssig sprechen

5 Hören Sie zu und sprechen Sie nach. ◖))) 2.40

einhunderteinundsechzig **161**

14 Gewusst wie

Kommunikation

Über Freundschaften sprechen

Ich kenne meine Freundin schon seit dem Kindergarten. Ich kann ihr alles erzählen und sie ist immer für mich da. Wenn ich Probleme habe, finden wir gemeinsam eine Lösung. Wir machen viel zusammen. Am Wochenende gehen wir oft zusammen ins Kino.
Mein Freund Peter und ich machen jedes Jahr zusammen einen Männerurlaub. Dann machen wir zusammen Radtouren oder gehen wandern. Wir reden nicht so viel über private Dinge, aber ich kann mich immer auf ihn verlassen.

Über Gefühle und Wünsche sprechen

Er träumt von einer Wanderung über die Alpen. Er möchte die Wanderung mit seinem Freund machen.
Sie ist traurig. Ihre Kinder sind auf Urlaub. Sie denkt oft an sie.
Sie freut sich auf ihre Freundinnen. Sie wollen sich heute abend treffen.

Grammatik

Fragewörter und Präpositionalpronomen

Frage und Antwort für Sachen

Frage: wo + (r) + Präposition

◖ **Worauf** freust du dich?
◖ Ich freue mich **auf den Urlaub**.
genauso: wofür, womit, wovon, woran, …

Antwort: da + (r) + Präposition

◖ Ich freue mich **auf den Urlaub**.
◖ **Darauf** freue ich mich auch.
genauso: dafür, damit, davon, daran, …

Frage und Antwort für Personen

Frage: Präposition + Fragewort

◖ **An wen** denkst du?
◖ Ich denke **an unsere Kinder**.

Antwort: Präposition + Personalpronomen

◖ Ich denke **an unsere Kinder**.
◖ Ich denke auch **an sie**.

Station 4

Prüfungsvorbereitung ÖIF-Test Neu – Modelltest

Lesen   **Zeit 40 Minuten**

Teil 1   Lesen Sie die Wünsche (1–3) und sechs Angebote (A–F) Welches Angebot passt zu welchem Wunsch? Nur jeweils ein Angebot passt. Kreuzen Sie Ihre Lösungen auf dem Antwortbogen auf S. 233 an.

Wünsche

1   Benjamin Amberger möchte sein Fahrrad verkaufen. Er fährt sehr selten mit dem Fahrrad und hat keinen Platz in seiner Garage.

2   Sie haben 2 Kinder (6 und 9 Jahre), die gerne einmal Tricks von einem Clown lernen möchten.

3   Ulrike hat Mitte Juni Matura und möchte danach mit ungefähr 20 Freunden in einem Restaurant feiern.

Wunsch	1	2	3
Angebot			

Angebote

A   **Zirkus Mankello** erstmals in Lienz! Von 12. bis 28. Mai macht unser Zirkus Station in Osttirol. Speziell für Kinder: Zaubern mit Clown Athanas. Für alle, die vom besten Clown aller Zeiten etwas lernen möchten. Info: 0664 / 97 01 41 36

B   **Neueröffnung Pizzeria Cefalù.** Die kleinste Pizzeria der Stadt. Mit vielen neuen Angeboten (36 verschiedene Pizzas!) auf nur 25 m²! Reservierungen unter 0699 / 11 93 58 84

C   **Zu verkaufen!** Ein Jahr altes Fahrrad (Trekkingbike), 21 Gänge, Marke LXL, grau, neue Reifen, Licht vorhanden. Tel. 0676 / 54 88 150, Mo-Fr ab 17 Uhr

D   **Abschied.** Zum letzten Mal zeigt Clown Rizzo nächsten Freitag seine Kunststücke im Kindertheater. Nach der Vorstellung „Clown Rizzo auf dem Mond" gibt es im Theater eine Abschiedsparty mit Clown Rizzo. Alle Kinder sind herzlich eingeladen.

E   **Gebrauchtrad-Börse** in der Ruster Straße 34. Am 20. Mai haben Sie wieder die Möglichkeit, von 10 bis 15 Uhr Ihr altes Fahrrad zu bringen und vielleicht einen Käufer zu finden oder ein neues – gebrauchtes – Fahrrad mit nach Hause zu nehmen.

F   **Geburtstag? Hochzeit? Firmenfeier?** Unser Restaurant „Seetalerhof" bietet internationale Speisen in einer gemütlichen Atmosphäre. 1 großer Saal, auch für Gruppen geeignet. Wir bitten um Reservierungen bei Gruppen ab 15 Personen. www.seetalerhof.at

einhundertdreiundsechzig **163**

Station 4

Teil 2   Lesen Sie die vier Texte (4–7) mit jeweils drei Aussagen (A, B und C). Kreuzen Sie jeweils die richtige Aussage auf dem Antwortbogen auf S. 233 an.

---

4   10- oder 14-jähriges Kind zu Hause? Keine Ahnung, welche Schule es weiter besuchen soll? Wir finden vielleicht eine passende Lösung: Tag der offenen Tür, 14. Juni, 9–17 Uhr, Schulzentrum Schillingdorf: HS, AHS, HAK, HTL, www.schulzentrum-schillingdorf.at

   A   Ein Kind sucht Freunde.
   B   Am 14. Juni ist Elternsprechtag.
   C   Eine Schule präsentiert sich.

---

5   Das Autohaus Dengg, der Spezialist für Gebrauchtwagen, hat einen Prospekt zum Thema „Auto aus zweiter Hand – was Sie vor dem Kauf wissen sollten" veröffentlicht. Die Broschüre ist ab sofort unter www.autohaus-dengg.co.at für 8 Euro zu bestellen. Ein interessanter Ratgeber für alle, die sich in nächster Zeit ein Auto kaufen wollen.

   A   Man kann Gebrauchtwagen im Internet kaufen.
   B   Das Autohaus Dengg bietet einen Prospekt für Kunden.
   C   Der Prospekt ist gratis.

---

6   **Abnehmen vor dem Sommer**
   Für alle, die noch vor dem Sommer etwas für ihre Figur tun möchten: **Fitness-training Bikini**, Anfänger und Fortgeschrittene, ab 2. März, 10 Wochen, Montag und Donnerstag, 18:30–20:00, Volkshaus Kindberg. Jetzt mit Gutschein um 10 % billiger.

   A   Der Kurs findet zwei Mal pro Woche statt.
   B   Es gibt nur einen Kurs für Anfänger.
   C   Der Kurs ist im Sommer.

---

7   **Dringend gesucht:** Assistent/in für unsere Arztpraxis (praktische Ärztin) Mo–Fr Nachmittag, Erfahrung im medizinischen Bereich erwünscht, aber nicht unbe-dingt notwendig. Interessenten melden sich bitte ab Montag unter 05/89 20 39.

   A   Die Arztpraxis ist ab nächstem Montag geöffnet.
   B   Die Arbeitszeiten sind nicht am Vormittag.
   C   Ein Zahnarzt sucht einen Assistenten/eine Assistentin.

Teil 3 Lesen Sie den Text, die Karten und das Formular. Finden Sie die richtige Lösung für die Lücken 8-15. Kreuzen Sie die richtige Lösung (A, B oder C) auf dem Antwortbogen auf S. 233 an.

Norbert Gamsjäger möchte seinen 11-jährigen Sohn David zum Schulschikurs anmelden. David ist am 30. April 2001 geboren. Er kann schon sehr gut Schi fahren, er kann aber nicht snowboarden. Der Kurs findet vom 2. bis 9. März statt. David möchte mit Christian und Marcel zusammen ein Zimmer. Der Schikurs kostet pro Schüler 470 Euro. Der Vater von David möchte zwei Mal 235 Euro bezahlen. Die Klasse macht auch einen Ausflug nach Bregenz. David möchte aber nicht nach Bregenz fahren. Er möchte einen Tag mehr Schi fahren.

Anmeldung zum _____0_____ vom 2. bis 9. März
Vorname: David
Nachname: Gamsjäger
Straße, Hausnummer: Sonnenstraße 98
PLZ, Ort: _____8_____
Telefon des Schülers/der Schülerin: 0680 / 32 77 64 31
Telefon der Eltern: _____9_____
E-Mail-Adresse des Schülers/der Schülerin: dave.gams@hotmail.com
E-Mail-Adresse der Eltern: _____10_____
Geburtsdatum des Schülers/der Schülerin: _____11_____
Kann Ihr Kind schon Schifahren/Snowboardfahren? _____12_____
Mit wem möchte Ihr Kind das Zimmer teilen? _____13_____
Nimmt Ihr Kind am Ausflug nach Bregenz teil oder fährt es an diesem Tag auch Schi? _____14_____
Wie bezahlen Sie den Schikursbetrag? _____15_____

Station 4

Beispiel

0 A   Schischulkurs
   B   Schulschikurs
   C   Kursschischule

☐ ☒ ☐
A B C

8 A   6500 Landeck
   B   16350 Landeck
   C   5600 Landeck

9 A   0 54 42 / 96 5 45
   B   0 54 42 / 96 4 54
   C   0 45 52 / 96 5 44

10 A   gams_norbert@landeck.at
   B   norbert_gamsjäger@landeck.at
   C   gamsjäger_norbert@landeck.at

11 A   4. 30. 2001
   B   30. 4. 2001
   C   30. 4. 2010

12 A   Ja, gut Schi fahren und snow-
         boarden.
   B   Nein.
   C   Schi fahren ja, snowboarden nein.

13 A   Mit Christina und Marcel.
   B   Mit Marcel und Christian.
   C   Egal.

14 A   Das Kind fährt an diesem Tag
         Schi.
   B   Das Kind fährt mit nach Landeck.
   C   Das Kind fährt mit nach Bregenz.

15 A   Einmal 235 Euro
   B   Einmal 470 Euro
   C   Zweimal 235 Euro

Teil 4 Lesen Sie den Text und die Aufgaben 16–20. Kreuzen Sie die richtige Lösung (A, B oder C) auf dem Antwortbogen auf S. 233 an.

An alle Bewohner der Mozartgasse

Seit 1. Juni gibt es einen neuen, größeren Platz für den Müll in der Mozartgasse. Ab sofort stehen die Mülltonnen im Innenhof der Häuser Mozartgasse 1, 3 und 5. Herr Karabel, der neue Hausmeister, stellt die Mülltonnen am Abholtag auf die Straße und stellt sie nach der Abholung des Mülls durch die Müllabfuhr wieder in den Innenhof zurück. In Zukunft gibt es deshalb keine Probleme mehr mit den Mülltonnen auf der Straße oder auf dem Gehsteig. Da es in der Vergangenheit immer wieder passiert ist, dass viel Müll neben den Tonnen gestanden ist, bietet der neue Müllplatz mehr Müll-tonnen, um dieses Problem zu vermeiden.

Was kommt wohin?

▶ Altpapier gehört in die grüne Tonne mit dem roten Deckel. Zum Altpapier gehören Zeitungen, Zeitschriften, Bücher, Schreibpapier, Verpackungspapier und Karton.

▶ Alle Kunststoffverpackungen gehören in die grüne Tonne mit dem gelben Deckel. Dazu gehören Plastikflaschen, Plastiksackerl usw. Nicht in die Kunststofftonne gehören Plastikmöbel und Spielzeug.

▶ Für Glas sind zwei Tonnen vorgesehen, eine Tonne für Weißglas (die Tonne hat einen weißen Deckel) und eine Tonne für Buntglas (der Deckel der Tonne ist grün). Bitte werfen Sie keine Fenster, Spiegel, Trinkgläser und Porzellan in die Tonnen.

▶ Dosen und Alufolien kommen in die Tonne für Metall (grüne Tonne mit blauem Deckel).

▶ Bioabfall wie z. B. Obst-, Gemüse- und Speisereste, Gartenabfall und Blumen kommen in die braune Biotonne. Bitte werfen Sie den Biomüll ohne Plastiksackerl in die Tonne.

▶ Die graue Restmülltonne ist für alle anderen Abfälle. Nicht in die Restmülltonne gehören Problemstoffe, Elektrogeräte, Batterien und Akkus, Handys, Medikamente und Bioabfall.

Wohin mit Problemstoffen?

▶ Für Sondermüll steht Ihnen die Zentrale der Müllabfuhr in der Lagergasse 356 von Montag bis Samstag von 7:30 bis 18:30 Uhr zur Verfügung.

16 In der Mozartgasse ...
A gibt es einen neuen Platz für den Müll.
B gibt es Probleme mit dem Müll.
C gibt es jetzt Mülltonnen.

17 Die Bewohner der Mozartgasse müssen...
A die Tonnen selbst in den Hof stellen.
B die Tonnen nicht selbst auf die Straße stellen.
C der Müllabfuhr die Tür zum Innenhof aufmachen.

18 Man darf den Müll ...
A auch neben die Tonnen stellen.
B nur in die Tonnen werfen.
C auf den Müllplatz und auf die Straße stellen.

19 Für Glasabfälle gibt es
A keine Tonne.
B eine Tonne.
C zwei Tonnen.

20 Problemstoffe ...
A kommen zum normalen Hausmüll.
B müssen die Bewohner zur Müllabfuhr bringen.
C holt die Müllabfuhr jede Woche ab.

einhundertsiebenundsechzig **167**

Station 4

Hören   **Zeit ca. 12 Minuten**

Teil 1   Sie hören eine Nachricht auf Ihrer Mobilbox. Finden Sie die richtige Lösung für
die Lücken 1–7. Kreuzen Sie die richtige Lösung (A, B oder C) auf dem Antwortbogen auf S. 234 an. Sie hören die Nachricht <u>zwei Mal</u> ab. Sie haben jetzt 30 Sekunden Zeit, sich die Aufgabe durchzulesen. 🔊》 2.41

Wer ruft an? _____ *1* _____
Was zu tun ist:
Am: _____ *2* _____
                              (Tag) (Monat)
Um: _____ *3* _____ Uhr
Wo? _____ *4* _____ _____ *5* _____
            (Straße/Gasse/Platz)   (Nr.)
mitbringen: _____ *6* _____
Tel.: _____ *7* _____

---

1 **A**   Boris Deininger, Firma Braumix   **5** **A**   43
    B   Doris Feichtinger, Firma Baumit   **B**   340
    C   Jördis Leidinger, Firma Vaumich   **C**   34

2 **A**   24. 4   **6** **A**   05 / 99 21 74 89
    B   14. Mai   **B**   05 / 99 21 47 98
    C   25. April   **C**   05 / 99 22 44 89

3 **A**   halb elf   **7** **A**   Zeugnisse
    B   halb zwölf   **B**   Bewerbungsmappe
    C   halb zehn   **C**   Noten

4 **A**   Körnergasse
    B   Schörnerstraße
    C   Körnerstraße

Teil 2 Sie haben noch zwei Nachrichten auf Ihrer Mobilbox. Zu jeder Nachricht gibt es eine Aufgabe (8 und 9). Kreuzen Sie die jeweils richtige Antwort (A, B oder C) auf dem Antwortbogen auf S. 234 an. Sie hören die Mobilbox zwei Mal ab. Sie haben jetzt 30 Sekunden Zeit, sich die Aufgabe durchzulesen. ◀))) 2.42

8 Der Fahrlehrer ...
   A hat am Donnerstag Zeit.
   B hat am Freitag Zeit.
   C ruft noch einmal an.

9 Die Bankomatkarte ...
   A ist in der Volksbank Taxham.
   B ist in der Bank in Deutschland.
   C ist im Bankomaten geblieben.

Teil 3 Sie hören gleich drei Meldungen oder Ansagen. Zu jeder gibt es eine Aufgabe (10–12). Kreuzen Sie die jeweils richtige Antwort (A, B oder C) auf dem Antwortbogen auf S. 234 an. Sie hören jede Meldung oder Ansage nur ein Mal. Sie haben jetzt 30 Sekunden Zeit, sich die Aufgabe durchzulesen. ◀))) 2.43

10 Im Internet ...
   A kaufen heute fast alle Österreicher ein.
   B kaufen mehr Männer als Frauen ein.
   C kaufen mehr Frauen als Männer ein.

11 Ein Gast ...
   A hat einen Computer vergessen.
   B hat einen Computer gekauft.
   C sitzt mit seinem Computer im Café Isola.

12 Das Zentralkartenbüro ...
   A ist im Moment geschlossen.
   B ist zu Mittag geschlossen.
   C meldet sich bald.

Teil 4 Sie hören gleich drei Gespräche. Zu jedem gibt es eine Aufgabe. Kreuzen Sie die jeweils richtige Antwort (*richtig* oder *falsch*) auf dem Antwortbogen auf S. 234 an. Sie hören jedes Gespräch nur ein Mal. Sie haben jetzt 30 Sekunden Zeit, sich die Aufgabe durchzulesen. ◀))) 2.44

13 Patricia reserviert einen Tisch für 19 Uhr.
   ☐ richtig
   ☐ falsch

14 Rudolf kann nächste Woche am Nachmittag arbeiten.
   ☐ richtig
   ☐ falsch

15 Andreas und Marion gehen am Samstag essen.
   ☐ richtig
   ☐ falsch

einhundertneunundsechzig **169**

Station 4

Schreiben   **Zeit 25 Minuten**

Wählen Sie eine der beiden Aufgaben von dieser Seite (Thema 1 oder Thema 2) und schreiben Sie dazu einen Brief/ein E-Mail.

Thema 1

Sie suchen eine neue Wohnung. Sie haben einen Besichtigungstermin für eine Wohnung und können nicht kommen. Sie erreichen die Vermieterin, Frau Rosemarie Baumann, nicht. Schreiben Sie ihr ein kurzes E-Mail mit folgenden Punkten:

- Welcher Termin?
- Warum sagen Sie ab?
- Bitte um neuen Termin

Anrede und Grußformel nicht vergessen!

oder

Thema 2

Ihre Tochter/Ihr Sohn ist in einem Sportverein. Gestern war ein wichtiges Training, aber Ihre Tochter/Ihr Sohn war nicht beim Training. Schreiben Sie dem Trainer, Herrn Karl Tscherny, eine kurze Entschuldigung mit folgendem Inhalt:

- Wann war Ihre Tochter/Ihr Sohn nicht beim Training?
- Warum war Ihre Tochter/Ihr Sohn nicht beim Training?
- Bitte um Gesprächstermin

Anrede und Grußformel nicht vergessen!

Sprechen   Zeit ca. 10 Minuten

Teil 1 Kontaktgespräch

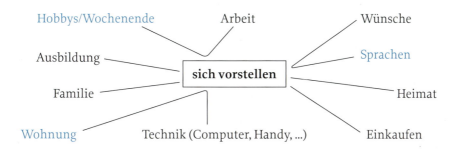

Teil 2 Situationsbeschreibung / Gespräch zur Situation

1 Wählen Sie ein Bild aus und beschreiben Sie das Bild.

A

B

Station 4

C

2 Stellen Sie Fragen zu den Bildern.

A
- Können Sie ... ?
- Wann ... ?

B
- Können Sie ... ?
- Warum ... ?

C
- Möchtest du / Möchten Sie?
- Hast du / Haben Sie?

Beispiele für Fragen finden Sie im Arbeitsbuch (Einleger) auf Seite 29.

3 Gespräch über die Situation.

A
- Arztbesuche ...
- Gesundheit ...
- Medikamente teuer?
- In meiner Heimat ...

Der Prüfer/die Prüferin kann noch weitere Fragen stellen:

Beispiel:

- **A** In der Apotheke
  Wie ist das bei Ihnen?
  Gehen Sie oft in die Apotheke?
  Sind Sie oft beim Arzt?
  Unterschiede zwischen den Apotheken in Österreich und in meinem Heimatland.

- **B** Am Bankomaten
  Wie ist das bei Ihnen?
  Haben Sie eine Bankomatkarte?
  Gehen Sie oft auf die Bank?
  Unterschiede zwischen den Banken in Österreich und in meinem Heimatland.

- **C** Auf einem Fest
  Wie ist das bei Ihnen?
  Sind Sie in Österreich schon einmal auf einem Fest / auf einer Feier gewesen?
  Unterschiede zwischen Festen und Feiern in Österreich und in meinem Heimatland.

einhundertdreiundsiebzig **173**

Phonetik

LEKTION 1

Meine Geschichte

Wortakzent bei Partizipien

1a Hören Sie die Wörter und markieren Sie den Wortakzent. 🔊 1.45

gewohnt – gespielt – gearbeitet – gelernt
gegangen – gekommen – gewonnen – gegessen
umgezogen – angefangen – festgestellt – abgeholt
verlassen – bekommen – erzählt – verdient – beantragt

Die trennbaren Vorsilben um, an, ab, … *haben immer den Wortakzent.*
Die untrennbaren Vorsilben be, emp, ent, er, ge, ver, zer *haben nie den Wortakzent.*

1b Sprechen und klatschen Sie die Partizipien.

ge   *gang*   *en*

2 Fragen und antworten Sie und achten Sie auf den Wortakzent.

◆ Haben Sie heute schon etwas gegessen?

◆ Ja, ich habe heute schon etwas gegessen.
◆ Was denn?
◆ Eine Semmel.

◆ Nein, ich habe heute noch nichts gegessen.

Haben Sie heute schon etwas bekommen?
Haben Sie heute schon etwas gewonnen?
Haben Sie heute schon etwas angefangen?

Haben Sie heute schon etwas abgeholt?
Haben Sie heute schon etwas getrunken?
Haben Sie heute schon etwas beantragt?

174 *einhundertvierundsiebzig*

LEKTION 2 — Medien

Das w

1 Hören Sie zu und sprechen Sie nach. 🔊 1.46

wann – wer – wie – wo – was – warum
die Welt – das Wetter – die Werbung – auswählen

Auch: die Universität – das Vitamin
Auch: das Quiz – bequem

2 Hören Sie und kreuzen Sie an: Welches Wort hören Sie? 🔊 1.47

1 ☐ weil   ☐ Beil
2 ☐ wir   ☐ Bier
3 ☐ Wein   ☐ Bein
4 ☐ wohnen ☐ Bohnen
5 ☐ Wald   ☐ bald

Beil

Bohnen

3 Machen Sie Sätze mit vielen W-Wörtern und lesen Sie sie vor.

> *Wir wollen am Wochenende wieder im Wald wandern.*

LEKTION 3 — Endlich Wochenende

Das s, sch, sp und st

1a Das *sch*. Hören Sie zu und sprechen Sie nach. 🔊 1.48

das Geschäft – schön – schreiben – der Schirm – die Tasche – zwischen

Auch: der Chef

1b Das *sp* und *st*. Hören Sie zu und sprechen Sie nach. 🔊 1.49

spazieren gehen – der Sport – die Speisekarte – die Vorspeise –
in die Stadt gehen – ins Stadion gehen – der Student – frühstücken

Aber: der Gast – fast – der Test
Diens·tag – Sams·tag – berufs·tätig

Am Wort- und Silbenanfang spricht man sp *und* st *als* schp *und* scht.
Ausnahme: einige Fremdwörter im Deutschen, z. B. Restaurant, Steak

einhundertfünfundsiebzig **175**

Phonetik

2 Fragen und antworten Sie. Achten Sie auf *sch*, *st* und *sp*.

Was machen Sie am Sonntag?   *Am Sonntag frühstücke ich lange.*

… gehe ich schwimmen.   … gehe ich in die Stadt.
… gehe ich spazieren.   … gehe ich ins Restaurant.
… mache ich Sport.   … schlafe ich lange.
… spiele ich mit den Kindern.   … gehe ich an den Strand.

LEKTION 4

Schule

Das *o* und *u*

1a Hören Sie zu und sprechen Sie nach. 1.50

das Buch – der Beruf – wir mussten – wir durften
die Note – ohne – wir wollten – der Sport
ohne Buch – gute Noten – ein Schuljahr wiederholen

1b Hören Sie noch einmal und markieren Sie: Ist der Vokal lang oder kurz? 1.50

2a Partnerdiktat. Wählen Sie einen Text aus und ergänzen Sie die Vokale.

Text 1
Früher m__ssten wir n__r acht Jahre __n die Sch__le gehen. Danach k__nn-
ten wir einen Ber__f lernen. Wir k__nnten sch__n schnell Geld verdienen. Jetzt
machen die J__gendlichen mindestens neun Sch__ljahre. Viele machen die
Mat__ra und w__llen dann ein St__dium anfangen.

Text 2
Die Sch__le hat immer __m acht __hr begonnen. Wir hatten zwei St__nden
__nterricht, dann hatten wir eine Pause. In der Pause haben wir ein Br__t und __bst
gegessen und manchmal ein C__la getr__nken. In der achten Klasse hatte ich
keine g__ten N__ten, deshalb m__sste ich ein Jahr wiederh__len. Aber dann war
ich g__t und habe die Mat__ra gemacht.

2b Diktieren Sie Ihren Text Ihrem Partner. Sprechen Sie die Vokale sehr deutlich.

Arbeit

Das *b, d, g* und *p, t, k*

1a Hören Sie zu und sprechen Sie nach. 🔊 1.51

b – d – g   p – t – k

1b Hören Sie die Paare und sprechen Sie nach. 🔊 1.52

d-t
dir – Tier
danken – tanken

g-k
Garten – Karten
gern – Kern

b-p
backen – packen
Bass – Pass

2 Manchmal spricht man nicht so, wie man schreibt. Kreuzen Sie an: Welchen Laut hören Sie? 🔊 1.53

	d	t		g	k		b	p
doch	☐	☐	gut	☐	☐	Bericht	☐	☐
leider	☐	☐	Kollege	☐	☐	bitte	☐	☐
Das tut mir leid.	☐	☐	Tag	☐	☐	Urlaub	☐	☐
anstrengend	☐	☐	am Montag	☐	☐	Abteilung	☐	☐
Hand	☐	☐	Zug	☐	☐	geben	☐	☐
Handy	☐	☐	zwei Züge	☐	☐	er gibt	☐	☐
Kind	☐	☐	fragen	☐	☐	Betrieb	☐	☐
Kinder	☐	☐	er fragt	☐	☐	Betriebe	☐	☐

Am Ende von einem Wort oder einer Silbe spricht man b, d, g *immer hart als* p, t, k.

Achtung: -ig *spricht man* -ik *(in Deutschland auch* -ich*)*
we·nig – schwie·rig – lus·tig

3 Würfeln und konjugieren Sie. Achten Sie auf *b, d* und *g*.

  ich   du   er/es/sie   wir   ihr   sie (Pl.)

geben – leben – fragen – zeigen – einladen

einhundertsiebenundsiebzig **177**

Anhang

LEKTION 6

Wohnen nach Wunsch

Die Vokale *a*, *ä*, *e* und *i*

1a Hören Sie zu und sprechen Sie nach. 🔊 1.54

zentral – später – leben – Miete –
Garten – Geschäft – Zettel – Innenstadt

Das kurze ä und das kurze e spricht man gleich.

 a  ä  e   i

1b Hören Sie die Wörter und markieren Sie: Sind die Vokale lang oder kurz? 🔊 1.55

der Makler – die Stadt – die Städte – erklären – sich kennenlernen –
das Problem – schriftlich – sich verlieben

2 *E* oder *i*? Hören Sie und kreuzen Sie an: Welches Wort hören Sie? 🔊 1.56

1. ☐ leben ☐ lieben
2. ☐ ihr sprecht ☐ er spricht
3. ☐ legen ☐ liegen
4. ☐ er ☐ ihr
5. ☐ er ☐ ihr
6. ☐ mehr ☐ mir
7. ☐ der ☐ dir
8. ☐ Sie ☐ See

3 Arbeiten Sie zu zweit. Sprechen Sie wie im Beispiel. Achten Sie auf *e* und *i*.

Legen Sie das Heft auf den Tisch. – Gut, jetzt liegt das Heft auf dem Tisch.

den Stift auf das Heft
das Buch auf ...
den Radiergummi auf ...
das Handy auf ...
...

178 *einhundertachtundsiebzig*

LEKTION 7

Feste feiern

Endungen hören und sprechen

1 Hören Sie zu und sprechen Sie nach. 🔊 1.57

schön – eine schöne (Kette) – ein schöner (Anzug) – ein schönes (Kleid)
(Er trägt) einen schönen (Anzug).

2 Hören Sie und kreuzen Sie an: Welches Wort hören Sie? 🔊 1.58

1. ☐ klein   ☐ kleine   4. ☐ schön   ☐ schönes
2. ☐ kleine   ☐ kleiner   5. ☐ schönes   ☐ schöner
3. ☐ kleiner   ☐ kleinen   6. ☐ schöner   ☐ schöne

3a Hören Sie zu und sprechen Sie nach. 🔊 1.59

Das ist   ein schönes Brautpaar.
             ein junger Bräutigam.
             eine hübsche Braut.
Und das sind nette Hochzeitsgäste.

3b Ergänzen Sie Adjektive und sprechen Sie den Satz. Wer kann den Satz mit den meisten Adjektiven sprechen?

klein – groß – elegant – schick – sympathisch – lustig – komisch – langweilig – interessant – alt – romantisch – schön – jung – nett

Das ist ein schönes, romantisches Brautpaar, ein junger, lustiger ...

einhundertneunundsiebzig **179**

Anhang

Neue Chancen

Lange und kurze Vokale

1a Hören Sie und markieren Sie: Ist der Vokal lang oder kurz? 🔊 2.45

Dienstag – Mittwoch – Donnerstag – das Jahr – die Straße – der Wecker – die Idee

Vokal + h *spricht man lang (das* h *spricht man nicht), z. B.* das Jahr
i + e *spricht man lang (das* e *spricht man nicht), z. B.* Dienstag
Doppelvokale spricht man lang, z. B. die Idee
Vokal + ß *spricht man lang, z. B.* die Straße

Wenn nach dem Vokal zwei gleiche Konsonanten (Doppelkonsonanten) stehen, spricht man den Vokal immer kurz (ck zählt als Doppelkonsonant), z. B. Mittwoch, der Wecker

1b Markieren Sie: Ist der Vokal lang oder kurz? Kontrollieren Sie mit der CD. 🔊 2.46

das Ziel – der Führerschein – der Fußball – die Adresse – sich informieren –
die Kenntnisse – stattfinden – verdienen – eine Stelle – bekommen – verschieden

Wichtige Wörter betonen und genau sprechen

2 Lesen Sie den Text laut und achten Sie besonders auf die betonten Wörter.

Guten Tag, ich interessiere mich für einen Computerkurs. Ich bin fortgeschritten und kenne schon viele Programme. Jetzt möchte ich einen Kurs machen, damit ich die neuen Programme lerne und besser eine Stelle finden kann.

Gesundheit

Ach-Laut und *k*

1 Hören Sie zu und sprechen Sie nach. 🔊 2.47

machen – Tochter – versuchen – Bauch
Stock – backen – dick – zurück – Rücken – Wecker
Meine Tochter wohnt im dritten Stock. Sie kann gut kochen und backen.

180 *einhundertachtzig*

Ich-Laut und *sch*

2 Hören Sie zu und sprechen Sie nach. 🔊 2.48

versichert – manchmal – Milchprodukte – richtig – wichtig
schlank – sparen – Spritze – verschreiben – anstrengend – frisch

Ich möchte Fisch und Fleisch kaufen.
Meine Arbeit war heute stressig.
Ich möchte mich entspannen.

3 Hören Sie die Wörter. Nach welchen Buchstaben spricht man den Ach-Laut? Ergänzen Sie die Regel. 🔊 2.49

lachen – rechts – versichert – noch – möchte – Buch – Bücher – leicht – euch – brauchen – Milch – manchmal – durch

Nach _____, _____, _____ und _____ spricht man den Ach-Laut.

LEKTION 10

Arbeitssuche

Konsonanten

*Im Deutschen folgen manchmal viele Konsonanten aufeinander, z. B. in Fre**mdspr**achen (m – d – s – p – r). Alle Konsonanten muss man sprechen und man darf keinen Vokal dazwischen sprechen.*

1a Hören Sie zu und sprechen Sie nach. Zuerst langsam, dann schneller. 🔊 2.50

Fremdsprachen – Arbeitsvertrag – Bewerbungsschreiben – Arbeitszeiten

1b Lesen Sie die Wörter. Zuerst ganz langsam, dann etwas schneller.

halbtags – pünktlich – belastbar – selbst

2 Finden Sie in der Wortliste ab Seite 223 andere Wörter mit vielen Konsonanten. Schreiben Sie die Wörter in Ihr Heft. Ihr Partner / Ihre Partnerin liest sie vor.

Kursprogramm   *Kursprogramm*

einhunderteinundachtzig **181**

Anhang

Von Ort zu Ort

Die Vokale e, ö, i und ü

1a Das *e* und *ö*. Hören Sie zu und sprechen Sie nach. 🔊 2.51

sehr schön – wer möchte – Er lebt in Österreich.

1b Das *i* und *ü*. Hören Sie zu und sprechen Sie nach. 🔊 2.52

viele Bücher – Wir fühlen uns müde. – Bitte bring das Gemüse in die Küche.

1c Hören Sie und kreuzen Sie an: Welches Wort hören Sie?
Lesen Sie dann laut. 🔊 2.53

1. ☐ kennen ☐ können 3. ☐ lesen ☐ lösen 5. ☐ Meere ☐ Möhre
2. ☐ vier ☐ für 4. ☐ Bühne ☐ Biene 6. ☐ Tier ☐ Tür

2 Schreiben Sie Sätze mit ü-Wörtern und ö-Wörtern und lesen Sie sie laut.

182 *einhundertzweiundachtzig*

LEKTION 12 — Treffpunkte

Das r und l

1a Das *l*. Hören Sie zu und sprechen Sie nach. 🔊 2.54

lachen – lustig – lächeln – sozial – falsch verbunden

1b Das *r*. Hören Sie zu und sprechen Sie nach. 🔊 2.55

nach Russland – ach Rosen – auch richtig
froh – traurig – verrückt – die Störung – die Beratung – die Strafe

1c Hören Sie und kreuzen Sie an: Welches Wort hören Sie? 🔊 2.56

1. ☐ froh	☐ Floh	4. ☐ Reise	☐ leise	7. ☐ Regen	☐ legen
2. ☐ Gras	☐ Glas	5. ☐ Leiter	☐ Reiter	8. ☐ Halt	☐ hart
3. ☐ Meer	☐ Mehl	6. ☐ schmelzen	☐ Schmerzen	9. ☐ raus	☐ Laus

2 Zungenbrecher mit *r* und *l*. Sprechen Sie.

Ein trauriger Floh springt im Regen.
Freunde feiern ein lustiges Grillfest im Garten.
Rosarote Rosen und lila Lilien blühen im Sommer.

Das r *spricht man nur am Silbenanfang. Das* r *in der Endung spricht man nicht.*

LEKTION 13 — Banken und Versicherungen

Silbengrenzen erkennen

1a Hören Sie die Wörter und teilen Sie sie in Silben. Markieren Sie dann den Wortakzent. 🔊 2.57

Haft | pflicht | ver | si | che | rung – Krankenversicherung – Wagenreparatur – Reklamation – monatlich – kostenlos – Veranstaltung – Volksschulabschluss – Monatskarte – Kontoauszug

Phonetik

1b Hören Sie das Beispiel. Sprechen Sie die langen Wörter wie im Beispiel. 🔊 2.58

Haft
Haftpflicht
Haftpflichtver
Haftpflichtversi
Haftpflichtversiche
Haftpflichtversicherung

2 Schreiben Sie Sätze mit langen Wörtern. Ihr Partner / Ihre Partnerin liest sie vor.

> Ich habe eine Haftpflichtversicherung für meine Kinder, aber keine Rechtsschutzversicherung.

> Ich habe eine Haftpflichtversicherung für meine Kinder, aber keine Rechtsschutzversicherung.

LEKTION 14

Freundschaft

Schnell und langsam sprechen

1a Hören Sie den Dialog und sprechen Sie langsam und deutlich nach. 🔊 2.59

– Haben Sie schon gehört? Heuer gibt es ein Sommerfest in der Firma.
– Echt, wann denn?
– Im August. Am siebten August. Das ist ein Freitag. Eine Band spielt und wir können tanzen. Es gibt natürlich auch viel zu essen und zu trinken. Gehen wir dahin? Bist du dabei?
– Ja, sicher komme ich.

1b Hören Sie noch einmal. Welche Buchstaben hört man kaum noch? Streichen Sie die Buchstaben. 🔊 2.60

– Hab~~en~~ (m) Sie schon gehört? Heuer gibt es ein Sommerfest in der Firma.
– Echt, wann denn?
– Im August. Am siebten August. Das ist ein Freitag. Eine Band spielt und wir können tanzen. Es gibt natürlich auch viel zu essen und zu trinken. Gehen wir dahin? Bist du dabei?
– Ja, sicher komme ich.

2 Arbeiten Sie zu dritt. Zwei sprechen den Dialog erst langsam, dann schneller. Der/Die Dritte kontrolliert, ob man es noch verstehen kann.

Grammatik im Überblick

1 Verben

1a Präsens

Regelmäßige Verben

Infinitiv			kommen	heißen	arbeiten*
Singular	ich		komme	heiße	arbeite
	du		kommst	heißt	arbeitest
	er/es/sie/man		kommt	heißt	arbeitet
Plural	wir		kommen	heißen	arbeiten
	ihr		kommt	heißt	arbeitet
	sie/Sie		kommen	heißen	arbeiten

> Woher kommen Sie?

*genauso: antworten: er/sie antwortet, abmelden: er/sie meldet ab, ...

Verben mit Vokalwechsel e→i/ie und a→ä

		e→i	e→ie	a→ä
Infinitiv		sprechen	lesen	fahren
Singular	ich	spreche	lese	fahre
	du	sprichst	liest	fährst
	er/es/sie/man	spricht	liest	fährt
Plural	wir	sprechen	lesen	fahren
	ihr	sprecht	lest	fahrt
	sie/Sie	sprechen	lesen	fahren

> Sie spricht sehr gut Deutsch.

Alle Verben mit Vokalwechsel aus Pluspunkt A1 und A2 finden Sie in der Verbliste auf den Seiten 200–202.

Unregelmäßige Verben

Infinitiv		sein	haben	mögen	möchten	wissen
Singular	ich	bin	habe	mag	möchte	weiß
	du	bist	hast	magst	möchtest	weißt
	er/es/sie/man	ist	hat	mag	möchte	weiß
Plural	wir	sind	haben	mögen	möchten	wissen
	ihr	seid	habt	mögt	möchtet	wisst
	sie/Sie	sind	haben	mögen	möchten	wissen

einhundertfünfundachzig **185**

Grammatik im Überblick

Trennbare Verben

auf|stehen	→	Ich **stehe**	um acht Uhr	**auf**.
ein|kaufen	→	Er **kauft**	Lebensmittel	**ein**.

Alle trennbaren Verben aus Pluspunkt A2 sind in der Wortliste ab Seite 223
so markiert: **ab\|biegen**

Modalverben

Infinitiv		können	wollen	müssen	dürfen	sollen
Singular	ich	kann	will	muss	darf	soll
	du	kannst	willst	musst	darfst	sollst
	er/es/sie/man	kann	will	muss	darf	soll
Plural	wir	können	wollen	müssen	dürfen	sollen
	ihr	könnt	wollt	müsst	dürft	sollt
	sie/Sie	können	wollen	müssen	dürfen	sollen

Ich	**kann**	gut Deutsch	**sprechen**.
Er	**muss**	heute um acht Uhr	**aufstehen**.
Hier	**darf**	man nicht	**abbiegen**.

Wunschsätze mit *würde gern(e)* + Infinitiv

Ich	**würde gern(e)**	in Vollzeit	**arbeiten**.
Sie	**würde gern(e)**	Medizin	**studieren**.
Wir	**würden gern(e)**	eine Radtour	**machen**.

	würde
ich	würde
du	würdest
er/es/sie/man	würde
wir	würden
ihr	würdet
sie/Sie	würden

Ratschläge mit *sollte* + Infinitiv

Ich	**sollte**	weniger	**rauchen**.
Du	**solltest**	mehr Sport	**machen**.
Bei Stress	**sollte**	man sich	**entspannen**.

	sollte
ich	sollte
du	solltest
er/es/sie/man	sollte
wir	sollten
ihr	solltet
sie/Sie	sollten

Das Verb *lassen*

Frau Frei	**lässt**	Max	**impfen**.
Ich	**lasse**	mein Auto	**reparieren**.
Sie	**lassen**	die Wohnung	**streichen**.

1b Imperativ

	Sie	du	ihr
machen	Machen Sie …	Mach …	Macht …
sprechen	Sprechen Sie …	Sprich …	Sprecht …
mitkommen	Kommen Sie … mit!	Komm … mit!	Kommt … mit!
❗ fahren	Fahren Sie …	Fahr …	Fahrt …
❗ sein	Seien Sie …	Sei …	Seid …

Schreiben Sie, bitte!

1c Präteritum

Sein und haben

Infinitiv		sein	haben
Singular	ich	war	hatte
	du	warst	hattest
	er/es/sie/man	war	hatte
Plural	wir	waren	hatten
	ihr	wart	hattet
	sie/Sie	waren	hatten

Waren Sie schon einmal in Wien?

Nein, leider noch nicht.

Modalverben

Infinitiv		können	wollen	müssen	dürfen	sollen
Singular	ich	konnte	wollte	musste	durfte	sollte
	du	konntest	wolltest	musstest	durftest	solltest
	er/es/sie/man	konnte	wollte	musste	durfte	sollte
Plural	wir	konnten	wollten	mussten	durften	sollten
	ihr	konntet	wolltet	musstet	durftet	solltet
	sie/Sie	konnten	wollten	mussten	durften	sollten

1d Perfekt

Haben/Sein + Partizip

	haben/sein		Partizip am Ende
Er	hat	in einer Großstadt	gelebt.
Ich	bin	1995 nach Österreich	gekommen.
Wann	sind	Sie nach Österreich	gefahren?
	Haben	Sie gestern auf dem Markt	eingekauft?

einhundertsiebenundachzig **187**

Grammatik im Überblick

Perfekt mit *sein* oder *haben*?

Die meisten Verben bilden das Perfekt mit *haben*.

Verben der Bewegung bilden das Perfekt mit *sein*: abbiegen, abfahren, ankommen, aufstehen, ausgehen, fahren, fliegen, gehen, joggen, kommen, laufen, mitfahren, mitkommen, reinkommen, reisen, schwimmen, umsteigen, umziehen, vorbeikommen, wandern, wegfahren, weiterfahren, zurückfahren, zurückkommen

Außerdem auch: einschlafen, bleiben, sein, passieren, werden

Partizipien

		trennbare Verben	ohne „ge-" • Verben mit der Vorsilbe be-, emp-, ent-, er-, ge-, ver-, zer- • Verben mit der Endung -ieren
regelmäßig (Endung „t")	ge ... t gespielt gesucht gezahlt	... ge ... t mitgespielt	... t bezahlt versucht passiert
unregelmäßig (Endung „en")	ge ... en gekommen gefahren gegangen	... ge ... en angekommen abgefahren mitgegangen	... en bekommen verstanden gefallen

1e   Verben und Ergänzungen

Verben mit Nominativ und Akkusativ

Nominativ	Verb	Akkusativ
Ich	habe	einen Sohn.
Er	isst	einen Hamburger.
Wir	besichtigen	die Stadt.

genauso: brauchen, sehen, nehmen, besichtigen, möchten, ...

Verben mit Nominativ, Dativ und Akkusativ

Nominativ	Verb	Dativ	Akkusativ
Der Beamte	gibt	mir	das Formular.
Er	schenkt	seinem Vater	eine Krawatte.
Sie	schenkt	ihrer Mutter	einen Pullover.

genauso: bringen, holen, erklären, ...

188 *einhundertachtundachtzig*

Verben mit Nominativ und Dativ

Nominativ	Verb	Dativ
Wir	helfen	euch.

genauso: helfen, gehören, ...

Ein Verb mit Nominativ und Nominativ

Nominativ	Verb	Nominativ
Das	ist	ein Mantel.

1f   Verben mit Präpositionen

Verben mit Präposition + Akkusativ/Dativ

Ich **denke an** meine Kinder.
Ich **freue** mich **auf** den Urlaub.
Er **träumt von** einem langen Urlaub.
Wir **nehmen an** der Veranstaltung **teil**.

Alle Verben mit Präposition aus Pluspunkt A2 finden Sie in der Verbliste auf Seite 203.

Präpositionalpronomen

Frage: wo + (r) + Präposition:

◖ **Worauf** freust du dich?   ◖ Ich freue mich auf den Urlaub.

genauso: wofür, womit, wovon, woran ...

Antwort: da + (r) + Präposition:

◖ Ich freue mich auf den Urlaub.   ◖ **Darauf** freue ich mich auch.

genauso: dafür, damit, davon, daran ...

① Die Präpositionalpronomen benutzt man nur für Dinge. Für Personen verwendet
man Präposition + Fragewort (wen/wem) bzw. Präposition + Personalpronomen.

◖ **An wen** denkst du?   ◖ Ich denke an meine Kinder.   ◖ Ich denke auch **an sie**.

einhundertneunundachtzig **189**

Grammatik im Überblick

2 Artikel und Nomen

2a Die Artikel

	m (maskulin)		n (neutral)		f (feminin)		Pl. (Plural)	
bestimmter Artikel	der		das		die		die	
unbestimmter Artikel	ein		ein		eine		–	
Negativartikel	kein	Mann	kein	Auto	keine	Frau	keine	Kinder
Possessivartikel	mein		mein		meine		meine	
Demonstrativartikel	dieser		dieses		diese		diese	

Da ist ein Mann.

Der Mann heißt Thomas Wartinger.

2b Possessivartikel

	m		n		f		Pl.	
ich	mein		mein		meine		meine	
du	dein		dein		deine		deine	
er/es	sein		sein		seine		seine	
sie	ihr	Mann	ihr	Haus	ihre	Frau	ihre	Kinder
wir	unser		unser		unsere		unsere	
ihr	euer		euer		eure		eure	
sie	ihr		ihr		ihre		ihre	
Sie	Ihr		Ihr		Ihre		Ihre	

2c Nominativ, Akkusativ und Dativ

Nominativ

	m		n		f		Pl.	
bestimmter Artikel	der		das		die		die	
unbestimmter Artikel	ein		ein		eine		–	
Negativartikel	kein	Mann	kein	Haus	keine	Frau	keine	Kinder
Possessivartikel	mein		mein		meine		meine	
Demonstrativartikel	dieser		dieses		diese		diese	

Akkusativ

	m		n		f		Pl.	
bestimmter Artikel	den		das		die		die	
unbestimmter Artikel	einen		ein		eine		–	
Negativartikel	keinen	Mann	kein	Haus	keine	Frau	keine	Kinder
Possessivartikel	meinen		mein		meine		meine	
Demonstrativartikel	diesen		dieses		diese		diese	

Dativ

	m		n		f		Pl.	
bestimmter Artikel	dem		dem		der		den	
unbestimmter Artikel	einem		einem		einer		–	
Negativartikel	keinem	Mann	keinem	Haus	keiner	Frau	keinen	Kindern
Possessivartikel	meinem		meinem		meiner		meinen	
Demonstrativartikel	diesem		diesem		dieser		diesen	

Das Nomen hat im Dativ Plural immer die Endung -*n*.
Wir spielen **mit den** Kinder**n**.

Ausnahme: Nomen mit s-Plural: die Autos – mit den Autos.

2d ## Das Fragewort *welch-*

	Nominativ	Akkusativ	Dativ
m	welch**er** Zug	welch**en** Zug	(mit) welch**em** Zug
n	welch**es** Auto	welch**es** Auto	(von) welch**em** Auto
f	welch**e** Station	welch**e** Station	(bei) welch**er** Station
Pl.	welch**e** Züge	welch**e** Züge	(mit) welch**en** Zügen

Das Fragewort *welch-* ist bestimmt, die Antwort ist mit dem bestimmten Artikel:
Welchen Stift möchtest du, den Kuli oder den Bleistift? – **Den** Kuli.

2e ## Das Fragewort *was für ein-*

	Nominativ	Akkusativ	Dativ
m	was für ein Anzug	was für ein**en** Anzug	(mit) was für ein**em** Anzug
n	was für ein Kleid	was für ein Kleid	(mit) was für ein**em** Kleid
f	was für ein**e** Kette	was für ein**e** Kette	(mit) was für ein**er** Kette
Pl.	was für Schuhe	was für Schuhe	(mit) was für Schuhen

Das Fragewort *was für ein-* ist unbestimmt, die Antwort ist mit dem unbestimmten
Artikel.
Was für ein Kleid hast du auf deiner Hochzeit getragen? – **Ein** weißes (Kleid).

einhunderteinundneunzig **191**

Grammatik im Überblick

2f Singular und Plural

	Singular	Plural		Singular	Plural
-e	der Tisch	die Tische	–	der Computer	die Computer
-en	die Zahl	die Zahlen	-er	das Kind	die Kinder
-n	die Tasche	die Taschen	-s	das Auto	die Autos
-nen	die Lehrerin	die Lehrerinnen	mit Umlaut	der Vorschlag	die Vorschläge
				das Haus	die Häuser

3 Pronomen

3a Personalpronomen

Nominativ	Akkusativ	Dativ
ich	mich	mir
du	dich	dir
er	ihn	ihm
es	es	ihm
sie	sie	ihr
wir	uns	uns
ihr	euch	euch
sie	sie	ihnen
Sie	Sie	Ihnen

Ich rufe dich morgen an.

Können Sie mir bitte helfen?

Gehört das Auto euch?

Der Kasten ist alt. **Er** ist schön.   **Das Bett** ist neu. **Es** ist modern.

Die Küche ist klein. **Sie** ist praktisch.   **Die Blumen** sind schön. **Sie** sind rot.

3b Reflexivpronomen

		Reflexivpronomen
ich	freue	mich
du	freust	dich
er/es/sie/man	freut	sich
wir	freuen	uns
ihr	freut	euch
Sie/sie	freuen	sich

Grüß Gott, ich möchte mich vorstellen. Mein Name ist ...

genauso: sich ärgern, sich (wohl) fühlen, sich kennenlernen, sich verlieben, sich streiten, sich trennen, sich entschuldigen, sich anmelden, sich anziehen, ...

3c Relativpronomen

	Nominativ	Akkusativ	Dativ
m	der	den	dem
n	das	das	dem
f	die	die	der
Pl.	die	die	**denen**

> Ich suche ein Hotel, das günstig ist.

→ **Relativsätze** siehe **7c**

3d Das unpersönliche Pronomen *man*

Wie schreibt **man** das?
Hier darf **man** nicht rauchen.

In Sätzen mit *man* steht das Verb in der
3. Person Singular.

3e Artikel als Pronomen

Wie finden Sie den blauen Anzug?
Wie gefällt Ihnen die Bluse?
Wie finden Sie die Hose?
Wie gefallen Ihnen die Schuhe?

Der ist nicht schlecht. **Den** nehme ich.
Die gefällt mir gut. **Die** nehme ich.
Die ist nicht schön. **Die** nehme ich nicht.
Die finde ich gut. **Die** kaufe ich.

4 Präpositionen

4a Temporale Präpositionen

um	um 8 Uhr, um halb 10, um 13 Uhr 30
	Der Film beginnt um 20 Uhr.
bis	Der Film geht bis 22 Uhr.
von … bis	Der Film geht von 20 Uhr bis 22 Uhr.

an
nach } + Dativ
vor
ab

Am Montagnachmittag geht sie ins Kino.
Nach der Pause hat sie einen Termin.
Es ist fünf vor acht.
Kinder ab 13 Jahren müssen auf der Straße fahren.

einhundertdreiundneunzig **193**

Grammatik im Überblick

4b Lokale Präpositionen

Wo?	bei	Sie ist beim Friseur.
	in	Sie ist im Supermarkt.
Wohin?	zu	Sie geht zur Apotheke.
	nach	Sie fährt nach Italien.
	in	Sie fliegt in die Schweiz.
Woher?	von	Sie kommt von der Arbeit.
	aus	Sie kommt aus Frankreich.

> **i**
>
> an + dem → am
>
> bei + dem → beim
> in + dem → im
>
> zu + der → zur
> zu + dem → zum
>
> von + dem → vom

4c Präpositionen mit Dativ

bei Ich wohne bei meinen Verwandten. Sie arbeitet bei der Volksbank.

nach Nach dem Deutschkurs möchte ich eine Arbeit suchen.

aus Ich gehe jeden Morgen um acht Uhr aus dem Haus.

mit Ich fahre mit meiner Freundin nach Innsbruck.

zu Ich gehe heute zum Arbeitsmarktservice.

von Um 13 Uhr komme ich von der Sprachschule nach Hause.

seit Sie wohnt seit einem Jahr in Klagenfurt.

4d Präpositionen mit Akkusativ

für Für den Antrag brauchen Sie einen Pass und ein Foto.

durch Der Zug fährt durch das Koppental.

um Man kann sehr gut um den Hallstättersee wandern.

ohne Die Frau trinkt Früchtetee ohne Zucker.

gegen Gestern bin ich leider gegen einen Baum gefahren.

4e Als

Er arbeitet als Erzieher.

194 *einhundertvierundneunzig*

4f Wechselpräpositionen mit Akkusativ oder Dativ

Wohin? → Präposition + Akkusativ		Wo? → Präposition + Dativ

Er geht ins Kino.	in	Er ist im Kino.
Die Lehrerin schreibt den Satz an die Tafel.	an	Der Satz steht an der Tafel.
Er geht auf den Markt.	auf	Er ist auf dem Markt.
Sie stellen den Papierkorb unter den Tisch.	unter	Der Papierkorb steht unter dem Tisch.
Sie hängen die Lampe über den Tisch.	über	Die Lampe hängt über dem Tisch.
Er fährt das Auto vor die Garage.	vor	Das Auto ist vor der Garage.
Sie bringen das Fahrrad hinter das Haus.	hinter	Das Fahrrad ist hinter dem Haus.
Sie stellen die Mülltonnen neben das Haus.	neben	Die Mülltonnen sind neben dem Haus.
Er stellt den Herd zwischen die Abwasch und den Kühlschrank.	zwischen	Der Herd steht zwischen der Abwasch und dem Kühlschrank.

Stellen und *legen* – *stehen* und *liegen*

Wohin? → *stellen* oder *legen*

Wohin legt sie die Tischdecke? –
Auf den Tisch.

Wohin stellt sie die Vase? –
Auf die Kommode.

Wo? → *stehen* oder *liegen*

Wo liegt die Tischdecke? –
Auf dem Tisch.

Wo steht die Vase? –
Auf der Kommode.

5 Adjektive

5a Adjektive nach dem Nomen

Adjektive nach dem Nomen haben keine Endung.

Der Kasten ist neu.   Ich finde den Kasten schön.
Das Sofa ist bequem.   Ich finde das Sofa langweilig.

Grammatik im Überblick

5b Adjektive vor dem Nomen

Zwischen Artikel und Nomen haben Adjektive eine Endung.

	Nominativ	Akkusativ
m	der elegant**e** Anzug ein elegant**er** Anzug kein elegant**er** Anzug mein elegant**er** Anzug	den elegant**en** Anzug einen elegant**en** Anzug keinen elegant**en** Anzug meinen elegant**en** Anzug
n	das wunderschön**e** Kleid ein wunderschön**es** Kleid kein wunderschön**es** Kleid mein wunderschön**es** Kleid	das wunderschön**e** Kleid ein wunderschön**es** Kleid kein wunderschön**es** Kleid mein wunderschön**es** Kleid
f	die schick**e** Bluse eine schick**e** Bluse keine schick**e** Bluse meine schick**e** Bluse	die schick**e** Bluse eine schick**e** Bluse keine schick**e** Bluse meine schick**e** Bluse
Pl.	die bequem**en** Schuhe – bequem**e** Schuhe keine bequem**en** Schuhe meine bequem**en** Schuhe	die bequem**en** Schuhe – bequem**e** Schuhe keine bequem**en** Schuhe meine bequem**en** Schuhe

Er trägt einen eleganten Anzug, sie trägt ein wunderschönes Kleid. Sie sind ein fantastisches Brautpaar.

Aber das sind keine eleganten Schuhe!

5c Adjektive im Komparativ

schön – schön**er**   ❗ gern – **lieber**
hell – hell**er**   ❗ gut – **besser**
kurz – k**ü**rz**er**   ❗ viel – **mehr**

Naomi ist kleiner als Alex.

Katia ist genauso groß wie Klaus.

5d Zu + Adjektiv

Das Auto ist groß. 🙂

Das Auto ist zu groß. 🙁

196 einhundertsechsundneunzig

6 Wörter im Satz

6a Verneinung mit *nicht* und *kein*

ein → kein

Ich habe **einen** Tisch / **ein** Sofa / **eine** Waschmaschine / Sessel.
Ich habe **keinen** Tisch / **kein** Sofa / **keine** Waschmaschine / **keine** Sessel.
Ich habe **kein** Geld / **keine** Zeit / **keine** Lust.

nicht

Heute kommt er. Morgen kommt er **nicht**.
Sie isst gern Käse. Sie isst **nicht** gern Käse.
Ich arbeite viel. Ich arbeite **nicht** viel.

6b Aussagesätze und W-Fragen

	Position 2	
Woher	**kommen**	Sie?
Ich	**komme**	aus Costa Rica.
Wie	**heißt**	Ihr Sohn?
Er	**heißt**	Lukas.
Was	**sind**	Sie von Beruf?
Ich	**bin**	Lehrerin.

Am Wochenende	**besuche**	ich meine Freunde.
Ich	**besuche**	am Wochenende meine Freunde.
Dann	**machen**	wir eine Radtour.

6c Ja/Nein-Fragen (Satzfragen)

Kommen	Sie aus Klagenfurt?
Haben	Sie morgen Zeit?
Möchtest	du einen Kaffee?
Kennt	ihr Graz?

6d Satzklammer (trennbare Verben, Modalverben, Perfekt)

Wann	**holst**	du morgen die Kinder	**ab?**
Ich	**hole**	sie am Nachmittag	**ab.**
Frau Steiner	**muss**	morgen früh	**aufstehen.**
Frau Fischer	**will**	am Wochenende nicht	**arbeiten.**
Früher	**habe**	ich in der Stadt	**gewohnt.**

einhundertsiebenundneunzig **197**

Grammatik im Überblick

6e *Ja, nein* und *doch*

Frage ohne Negation

Hast du Zeit?
- 🙂 Ja, natürlich habe ich Zeit.
- 🙁 Nein, leider habe ich keine Zeit.

Frage mit Negation

Hast du keine Zeit?
- 🙂 **Doch**, natürlich habe ich Zeit.
- 🙁 Nein, leider habe ich keine Zeit.

7 Sätze verbinden

7a Sätze verbinden mit *und, aber, denn, oder*

Ich gehe in den Supermarkt	**und**	(ich) kaufe Käse.
Ich spreche Spanisch,	**aber**	Fatima spricht Türkisch.
Am Sonntag habe ich frei,	**denn**	ich muss nicht arbeiten.
Im Urlaub fahren wir nach Spanien,	**oder**	wir fliegen nach Costa Rica.

7b Nebensätze

In Nebensätzen steht das konjugierte Verb am Satzende. Trennbare Verben stehen zusammen am Satzende.

Nebensätze mit *weil, dass, wenn, damit*

Er ist zufrieden, **weil** er eine gute Stelle	hat.
Ich finde, **dass** Kinder im Internet viel lernen	können.
Sie kann ins Gymnasium gehen, **wenn** sie gute Noten	bekommt.
Er macht einen Kurs, **damit** er bessere Chancen auf dem Arbeitsmarkt	hat.

Auch: **Wenn** sie gute Noten bekommt, (dann) kann sie ins Gymnasium gehen.
Damit er bessere Chancen auf dem Arbeitsmarkt hat, macht er einen Kurs.

Nebensätze mit Fragewort und *ob*

Weißt du, **wo** der Brief	ist?
Wissen Sie, **wann** der Zug	abfährt?
Weißt du, **ob** der Chef heute	kommt?
Ich weiß nicht, **ob** ich die Stelle nehmen	soll.

7c Relativsätze

Relativsätze im Nominativ und im Akkusativ

Das ist der Mann. Der Mann arbeitet in der Apotheke.
Das ist der Mann, der in der Apotheke arbeitet.

Das ist der Mann. Ich habe den Mann gefragt.
Das ist der Mann, den ich gefragt habe.

Relativsätze mit Präposition

Das sind meine Freunde. Ich bin mit den Freunden auf Urlaub gefahren.
Das sind meine Freunde, mit denen ich auf Urlaub gefahren bin.

→ **Relativpronomen** siehe **3c**

8 Wortbildung

Komposita

die Haftpflicht + die Versicherung = die Haftpflichtversicherung
(!) der Beruf + der Anfänger = der Berufsanfänger
   die Familie + das Mitglied = das Familienmitglied

9 Datum

9a Wann ...? – Am ...

1–19 + *ten*		ab 20 + *sten*	
am	1. – am **ersten**	am 20. – am zwanzig**sten**	
am	2. – am zwei**ten**	am 21. – am einundzwanzig**sten**	
am	3. – am **dritten**	...	
...		am 30. – am dreißig**sten**	
am	7. – am **siebten**	am 31. – am einunddreißig**sten**	
am	8. – am **achten**	...	
...			

Wann haben Sie geheiratet?

Am 8.8.2008.

9b Welcher Tag ...?

Welcher Tag ist heute?   Heute ist der neunte Vierte.

einhundertneunundneunzig **199**

Unregelmäßige Verben

Die Liste enthält alle unregelmäßigen Verben aus **Pluspunkt Deutsch A1 und A2**.

Infinitiv	Präsens 3. Person Sg. er/es/sie/man	Perfekt 3. Person Sg. er/es/sie/man
abbiegen	biegt ab	ist abgebogen
abfahren	fährt ab	ist abgefahren
abfliegen	fliegt ab	ist abgeflogen
abgeben	gibt ab	hat abgegeben
abheben	hebt ab	hat abgehoben
abnehmen	nimmt ab	hat abgenommen
anbieten	bietet an	hat angeboten
anfangen	fängt an	hat angefangen
anhalten	hält an	hat angehalten
ankommen	kommt an	ist angekommen
annehmen	nimmt an	hat angenommen
anrufen	ruft an	hat angerufen
anschließen	schließt an	hat angeschlossen
anziehen	zieht an	hat angezogen
auffallen	fällt auf	ist aufgefallen
aufladen	lädt auf	hat aufgeladen
aufstehen	steht auf	ist aufgestanden
ausfallen	fällt aus	ist ausgefallen
ausgeben	gibt aus	hat ausgegeben
ausgehen	geht aus	ist ausgegangen
aussehen	sieht aus	hat ausgesehen
ausziehen	zieht aus	ist ausgezogen
beginnen	beginnt	hat begonnen
behalten	behält	hat behalten
bekommen	bekommt	hat bekommen
beraten	berät	hat beraten
besprechen	bespricht	hat besprochen
bestehen	besteht	hat bestanden
bewerben (sich)	bewirbt sich	hat sich beworben
bieten	bietet	hat geboten
binden	bindet	hat gebunden
bleiben	bleibt	ist geblieben
bringen	bringt	hat gebracht
denken	denkt	hat gedacht
dürfen	darf	hat gedurft
eingeben	gibt ein	hat eingegeben
einladen	lädt ein	hat eingeladen
eintragen	trägt ein	hat eingetragen
empfehlen	empfiehlt	hat empfohlen
einschlafen	schläft ein	ist eingeschlafen

200 *zweihundert*

Infinitiv	Präsens 3. Person Sg. er/es/sie/man	Perfekt 3. Person Sg. er/es/sie/man
entnehmen	entnimmt	hat entnommen
essen	isst	hat gegessen
fahren	fährt	ist gefahren
fallen	fällt	ist gefallen
fernsehen	sieht fern	hat ferngesehen
finden	findet	hat gefunden
fliegen	fliegt	ist geflogen
geben	gibt	hat gegeben
gefallen	gefällt	hat gefallen
gehen	geht	ist gegangen
gewinnen	gewinnt	hat gewonnen
haben	hat	hat gehabt
halten	hält	hat gehalten
heben	hebt	hat gehoben
heißen	heißt	hat geheißen
helfen	hilft	hat geholfen
herunterladen	lädt herunter	hat heruntergeladen
kennen	kennt	hat gekannt
kommen	kommt	ist gekommen
können	kann	hat gekonnt
lassen	lässt	hat gelassen
laufen	läuft	ist gelaufen
leid tun	tut leid	hat leid getan
lesen	liest	hat gelesen
liegen	liegt	ist gelegen (in D auch hat)
losgehen	geht los	ist losgegangen
mitbringen	bringt mit	hat mitgebracht
mitfahren	fährt mit	ist mitgefahren
mitgeben	gibt mit	hat mitgegeben
mitkommen	kommt mit	ist mitgekommen
mitnehmen	nimmt mit	hat mitgenommen
mögen	mag	hat gemocht
müssen	muss	hat gemusst
nachsehen	sieht nach	hat nachgesehen
nachsitzen	sitzt nach	hat nachgesessen
nachsprechen	spricht nach	hat nachgesprochen
nehmen	nimmt	hat genommen
nennen	nennt	hat genannt
passieren	passiert	ist passiert
reinkommen	kommt rein	ist reingekommen
riechen	riecht	hat gerochen
scheinen	scheint	hat geschienen
schlafen	schläft	hat geschlafen
schließen	schließt	hat geschlossen
schreiben	schreibt	hat geschrieben

zweihunderteins **201**

Unregelmäßige Verben

Infinitiv	Präsens 3. Person Sg. er/es/sie/man	Perfekt 3. Person Sg. er/es/sie/man
schwimmen	schwimmt	ist geschwommen
sehen	sieht	hat gesehen
sein	ist	ist gewesen
sitzen	sitzt	ist gesessen (in D auch hat)
sprechen	spricht	hat gesprochen
stattfinden	findet statt	hat stattgefunden
stehen	steht	hat gestanden
stehlen	stiehlt	hat gestohlen
streichen	streicht	hat gestrichen
streiten	streitet	hat gestritten
tragen	trägt	hat getragen
treffen	trifft	hat getroffen
trinken	trinkt	hat getrunken
überweisen	überweist	hat überwiesen
umsteigen	steigt um	ist umgestiegen
umziehen	zieht um	ist umgezogen
unterhalten (sich)	unterhält sich	hat sich unterhalten
unternehmen	unternimmt	hat unternommen
unterschreiben	unterschreibt	hat unterschrieben
verbringen	verbringt	hat verbracht
vergessen	vergisst	hat vergessen
vergleichen	vergleicht	hat verglichen
verlassen	verlässt	hat verlassen
verschieben	verschiebt	hat verschoben
verschlafen	verschläft	hat verschlafen
verschreiben	verschreibt	hat verschrieben
verstehen	versteht	hat verstanden
vorbeikommen	kommt vorbei	ist vorbeigekommen
vorlesen	liest vor	hat vorgelesen
vorschlagen	schlägt vor	hat vorgeschlagen
vorsprechen	spricht vor	hat vorgesprochen
wegfahren	fährt weg	ist weggefahren
wehtun	tut weh	hat wehgetan
weiterfahren	fährt weiter	ist weitergefahren
werden	wird	ist geworden
werfen	wirft	hat geworfen
wiederkommen	kommt wieder	ist wiedergekommen
wissen	weiß	hat gewusst
zunehmen	nimmt zu	hat zugenommen
zurückbringen	bringt zurück	hat zurückgebracht
zurückfahren	fährt zurück	ist zurückgefahren
zurückkommen	kommt zurück	ist zurückgekommen
zurückschreiben	schreibt zurück	hat zurückgeschrieben

202   zweihundertzwei

Verben mit Präpositionen

Verben mit Präposition + Akkusativ

sich anmelden für
sich ärgern über
sich bewerben um
denken an
sich freuen auf
sich freuen über
impfen gegen
sich informieren über
sich interessieren für
sprechen über
sich verlassen auf
warten auf

Verben mit Präposition + Dativ

sprechen mit
teilnehmen an
telefonieren mit
träumen von

Hörtexte

Hier finden Sie alle Hörtexte, die nicht oder nicht vollständig im Buch abgedruckt sind.

LEKTION 1 **Meine Geschichte**

B 1a

◀ Erzählen Sie doch ein bisschen. Woher kommen Sie? Wo haben Sie früher gelebt?

◀ Ich bin Afghane, ich bin in Kabul geboren und habe in der Ukraine studiert, Radiotechnik. Da, an der Universität, habe ich meine Frau kennengelernt. Sie kommt aus der Ukraine und hat Russisch und Weltliteratur studiert. Sie war dann Lehrerin. Nach dem Studium sind wir nach Afghanistan gegangen, ich habe dort eine gute Stelle bekommen. Meine Frau hat nicht gearbeitet, das war nicht möglich, sie war zu Hause mit den Kindern. Ich habe eine interessante Arbeit gehabt, aber die Situation in Afghanistan war sehr schwierig und ist immer schwieriger geworden und meine Frau hat immer Angst gehabt. Dann haben wir gesagt, wir müssen weggehen. Wir haben Verwandte und Freunde in Großbritannien, in den USA und in Österreich und dann haben wir uns für Österreich entschieden. Warum? Ich weiß nicht. Die Großmutter von meiner Frau hat immer gesagt, dass Österreich schön ist, sie hat den Kindern immer deutsche Märchen erzählt. Ja, dann haben uns unsere Verwandten in Österreich geholfen. Deshalb sind wir nach Österreich gegangen.

◀ Frau Taskin, Sie sind dann nach Österreich gekommen, Ihre Verwandten haben geholfen, aber Sie haben nicht bei den Verwandten gewohnt. Wie war der Anfang in Österreich?

◀ Am Anfang haben wir in einem Wohnheim für Ausländer gewohnt, in Haid. Die Wohnung von unseren Verwandten war zu klein. Und die erste Zeit in Österreich ist sehr schwer gewesen. Ich war oft depressiv. Mein Mann hat keine Arbeit gefunden, wir haben viele Probleme mit den Ämtern und Behörden gehabt. Mein Mann hat dann einen Sprachkurs gemacht, ich habe keine Zeit gehabt, ich war zu Hause bei den Kindern, wir haben fünf Kinder und ich habe kaum Kontakt zu anderen Leuten gehabt. Unsere Verwandten wohnen in Dornbirn und unsere Freunde in Hermagor. Das ist weit weg. Wir haben nur manchmal telefoniert. Das ist eine schwere Zeit gewesen. Darüber möchte ich nicht viel sprechen.

◀ Aber jetzt geht es Ihnen gut. Wie haben Sie das geschafft?

◀ Ja, jetzt geht es uns gut. Wie haben wir das geschafft? Mein Mann hat eine Arbeit gefunden. Sie ist nicht so interessant, aber er verdient gut. Und ich bin aktiv geworden. Ich kann nicht zu Hause sitzen, dann werde ich krank. Ich muss immer etwas machen, ich helfe gern anderen Menschen, ich brauche Kontakt mit anderen Menschen. Eine richtige Arbeit habe ich nicht gefunden, ich bin Russischlehrerin und in österreichischen Schulen gibt es nicht viel Russischunterricht. Das ist schade. Aber ich gebe Russischunterricht für Kinder in einem Verein. Denn die Kinder sollen nicht nur Deutsch lernen, sie sollen auch ihre Muttersprache lernen. Einmal in der Woche

204 zweihundertvier

kommen sie zu uns und wir machen Unterricht. Und die Eltern kommen auch, und wir reden viel, trinken Tee und helfen uns gegenseitig, wir geben uns Tipps. Manchmal gehen wir auch zusammen auf ein Amt oder eine Behörde. Das ist ganz wichtig für mich.

C 4a

1. Ich habe früher immer nur die Grammatik gelernt. Das ist auch wichtig, aber ich habe gemerkt, die Wörter sind noch viel wichtiger. Man muss viele Wörter kennen und verstehen, dann kann man die Österreicher besser verstehen.
2. Fehler, Fehler, Fehler – man darf einfach keine Angst haben. Früher habe ich immer Angst gehabt, ich habe lieber gar nicht gesprochen. Aber dann lernt man auch nichts. Jetzt spreche ich viel und probiere viel aus, natürlich mache ich auch Fehler, aber so lerne ich auch.

Alles Klar 2a

Ich war in meiner Heimat Lehrerin, Mathematiklehrerin. Und ich möchte jetzt auch in Österreich als Lehrerin arbeiten. Aber dann muss ich sehr gut Deutsch sprechen können. Deshalb möchte ich Deutsch lernen. Das ist ganz wichtig für mich. Ich muss alles lernen: lesen, schreiben, hören und natürlich auch sprechen. Hören mache ich nicht so gern, die Österreicher sprechen so schnell und ich verstehe sie dann nicht gut. Ich sage immer: „Bitte sprechen Sie langsam", aber die Österreicher sprechen immer schnell. Das ist schwer für mich. Deshalb lese ich sehr gern. Dann habe ich genug Zeit. Ich kann auch einmal ein Wort im Wörterbuch suchen und dann kann ich alles verstehen. So kann ich gut lernen.

Alles Klar 8

Sie können sagen: Bitte sprechen Sie langsam. – Sie können Wortkarten schreiben. – Sie können einen Tanzkurs besuchen. – Sie können die CDs zu Hause oft hören. – Sie können jeden Tag ein bisschen schreiben. – Sie können viel mit Österreichern sprechen. – Sie dürfen keine Angst haben.

LEKTION 2 Medien

A 2b

1. Das Internet ist ganz gut. Am Nachmittag spiele ich mit meinen Freunden gern Online-Spiele und ich finde viele Informationen für meine Hausaufgaben. Auch in der Schule haben wir schon mit dem Internet gearbeitet. Aber ich glaube, ich kann auch ohne Internet leben.
2. Ich bin jetzt 77. Früher habe ich das Internet nie gebraucht. Warum jetzt? Bücher sind einfach besser. Aber meine Frau ist ganz begeistert. Sie hat einen Internetkurs besucht und schreibt jetzt immer E-Mails an ihre Freundinnen. Oft surft sie den ganzen Abend im Internet.
3. Das Internet ist für mich sehr wichtig, weil ich es für meine Arbeit als Übersetzerin brauche. Ich schicke die Übersetzungen per E-Mail und es gibt im Internet auch viele Wörterbücher. Wörterbücher aus Papier brauche ich nur noch sehr selten.
4. Ich finde das Internet sehr praktisch, weil ich mit meinen Freunden in China chatten kann. Außerdem lerne ich jetzt Deutsch und im Internet gibt es viele Übungen. Später will ich studieren und beim Studium ist das Internet noch wichtiger.

Hörtexte

B 4a

1. Ihr Fernseher gefällt Ihnen nicht mehr? Bild und Ton sind schlecht? Elektro-Hanser hat super Angebote für Fernseher und moderne Elektronik. Zum Beispiel Fernseher: jetzt nur 179 Euro. Geöffnet Montag bis Samstag 10.00 bis 20.00 Uhr, am Donnerstag auch bis 22.00 Uhr. Elektro-Hanser – 18 Filialen in ganz Österreich. Auch in Ihrer Nähe.
2. Der Arbeitstag war hart, Sie kommen müde nach Hause – dann ist es Zeit für den Büning Abendtee und der Abend wird ruhig und gemütlich. Der Abendtee – ein Tee aus dem Hause Büning. Jetzt bei Billa – 100 g für nur 2,99 Euro.

B 6a

◖ Guten Abend, meine Damen und Herren, unser Diskussionsthema heute ist das Fernsehen. Was ist positiv, was ist negativ? Wir haben einige Gäste eingeladen. Frau Hegel, was meinen Sie?
◖ Ja, also, das Fernsehen bietet gute Informationen. Und ich mag auch die Tiersendungen.
◖ Was denken Sie, Herr Mandl?
◖ Naja, im Radio gibt es mehr Informationssendungen. Und die Unterhaltung ist im Fernsehen auch schlecht. Gute Sendungen sind immer sehr spät.
◖ Frau Wissmann, was ist Ihre Meinung?
◖ Hm, es gibt zu viel Werbung. Außerdem ist Fernsehen nicht gut für Kinder.
◖ Und was sagen Sie, Herr Gottfried?
◖ Es gibt gute Familiensendungen. Kinder lernen in den Kindersendungen viel. Das finde ich sehr positiv.

Alles Klar 6

Herr Schmidt benutzt viele Medien. – Sein Handy benutzt er täglich, weil er viel unterwegs ist. – Er muss immer erreichbar sein. – Er surft im Internet, weil er Informationen braucht. – Er liest Zeitschriften, weil es entspannend ist. – Fernsehen mag er nicht. – Er ist dagegen, dass Kinder viel fernsehen.

LEKTION 3 Endlich Wochenende

B 4b

◖ Restaurant am Park, guten Abend.
◖ Guten Abend, ich möchte gern für Samstagabend einen Tisch reservieren. Haben Sie noch etwas frei?
◖ Einen Moment, bitte. Ich schau einmal in unser Buch für Reservierungen. Um wie viel Uhr möchten Sie denn kommen?
◖ Gegen 7 Uhr.
◖ Und wie viele Personen sind Sie?
◖ Drei Personen. Und wir hätten gern einen Tisch auf der Terrasse.
◖ Oh, das tut mir leid. Da sind alle Tische reserviert ... Warten Sie, um 21.00 Uhr kann ich Ihnen einen Tisch auf der Terrasse reservieren. Oder geht das bei Ihnen nicht?
◖ Doch, um neun passt es auch.
◖ Sehr schön, wie ist Ihr Name?
◖ Gros.
◖ Wie schreibt man das? Mit „s" oder mit „ß"?
◖ Mit einem „s".
◖ Sehr schön, Frau Gros. Danke und bis Samstagabend. Auf Wiederhören.
◖ Danke. Auf Wiederhören.

206 zweihundertsechs

Alles Klar 7

Essen im Restaurant. – Grüß Gott, die Speisekarte, bitte. – Ich hätte gern ein Steak. – Ich nehme auch noch einen Salat. – Ich trinke ein Mineralwasser. – Wir möchten zahlen. – Was macht das zusammen? – 20 Euro, das stimmt so.

LEKTION 4 Schule

A 5

1. ◖ Grüß Gott, Frau Unlütük.
   ◖ Guten Tag, Herr Meier. Können Sie mir sagen, welche Noten meine Tochter dieses Jahr im Zeugnis hat?
   ◖ Natürlich. Yasmin hat einen Einser in Deutsch und einen Zweier in Sport.
   ◖ Oh, das ist sehr schön. Wir möchten sie gern im Gymnasium anmelden.
   ◖ Das ist eine gute Entscheidung.

2. ◖ Guten Morgen, Herr Sanchez.
   ◖ Guten Morgen, Marcel. In einigen Monaten machst du ja deinen Hauptschulabschluss. Hm, sehr schön. Deine Note in Deutsch ist viel besser. Ein Gut. Was ist denn mit deiner Lehrstelle bei der Firma Feldmann?
   ◖ Die Personalchefin hat gesagt, wenn meine Deutschnote ein Dreier oder besser ist, bekomme ich die Lehrstelle.

3. ◖ Na, Svenja, wie geht es dir bei der Matura?
   ◖ Es läuft ganz gut. Ich habe fast nur Einser und Zweier. Nur in Englisch habe ich einen Vierer. Was soll ich jetzt studieren?

B 3

◖ Herzlich Willkommen zu unserem Elternabend! Es ist wirklich schön, dass Sie Zeit gefunden haben. Ihre Kinder sind ja neu an unserer Schule und da gibt es sicher viele Fragen! Frau Yildirim?
◖ Wann machen Sie eine Projektwoche? Und wie teuer ist das?
◖ Wir machen im nächsten Schuljahr eine Projektwoche und die kostet so ungefähr 200–250 Euro.
◖ Müssen die Kinder die Projektwoche oder den Schwimmunterricht machen?
◖ Alle Kinder müssen an der Projektwoche und am Schwimmunterricht teilnehmen. Noch etwas anderes: Wir sammeln jedes Jahr für unsere Klassenkassa 20 Euro pro Kind. Davon bezahlen wir zum Beispiel kleine Ausflüge.
◖ Was brauchen die Kinder dieses Jahr für die Schule?
◖ Wir haben hier eine Liste für Sie, da können Sie sehen, welche Bücher, Hefte und Stifte Ihre Kinder in der Schule brauchen. Alle anderen Bücher bekommen sie von der Schule.
◖ Dürfen die Kinder Handys in die Schule mitnehmen?
◖ Ja, aber sie müssen das Handy oder den MP3-Player in der Schule ausschalten.

Alles Klar 6

Wenn er viel lernt, bekommt er gute Noten. – Wenn er gute Noten hat, kann er ins Gymnasium gehen. – Wenn er eine gute Matura macht, kann er studieren. – Wenn er studiert, muss er viel lernen. – Wenn er viel lernt, bekommt er gute Noten.

Hörtexte

 Station 1

1b
1. Ich heiße Veronika Burger. Ich bin Hotelkauffrau und arbeite an der Rezeption. Später will ich am Kolleg für Tourismus ein Fachstudium machen – die Matura habe ich ja – und Hotelmanagerin werden.
2. Ich bin Lehrling und will Koch werden. Meine Lehre dauert drei Jahre. In zwei Jahren bin ich fertig. Einmal, manchmal zweimal in der Woche gehe ich in die Berufsschule. Dort lerne ich die Theorie, in der Hotelküche die Praxis.
3. Mein Name ist Alexandra Babel. Ich räume die Gästezimmer auf. Eigentlich bin ich Studentin. Die Arbeit hier ist nur ein Nebenjob, weil ich das Geld für mein Studium brauche. Beim Zimmerpersonal arbeiten viele Mitarbeiter ohne Lehre.
4. Mein Name ist Paul Matschak. Ich bin Hotelmanager im Hotel Sonnenhof. Ich habe eine Lehre zum Hotelkaufmann gemacht. Danach habe ich fünf Jahre in verschiedenen Hotels gearbeitet. Vor drei Jahren habe ich ein Fachstudium gemacht und jetzt bin ich Manager.

Prüfungsvorbereitung 2a
◀ Servus Hermine, ich bin's, Inge Reichart. Es geht um das nächste Treffen von unserer Theatergruppe. Du weißt ja, dass wir mit den Proben für ein neues Theaterstück anfangen. Wir wollten uns das erste Mal am 27. September treffen. Leider hat sich Erika, die mit uns das Theaterstück machen wollte, beim Volleyballspielen verletzt und ist im Krankenhaus. Deshalb müssen wir die erste Theaterprobe verschieben. Der neue Termin ist am 5. Oktober. Auch um 18 Uhr. Ich hoffe, du kannst kommen. Liebe Grüße und bis bald.

Prüfungsvorbereitung 3
◀ Guten Tag Herr Reisinger, Fotostudio Am Bahnhof, Janisch am Apparat. Ihr Fotoalbum ist da. Sie können das Album heute bis 18:30 Uhr oder morgen zwischen 8:00 und 18:00 Uhr abholen. Am Samstag ist unser Fotostudio diese Woche geschlossen. Danke. Auf Wiederhören.

 **LEKTION 5 Am Arbeitsplatz**

A 1
1. ◀ Kannst du mir sagen, wie der neue Kollege heißt?
   ◀ Sein Name ist Friesinger.
2. ◀ Können Sie mir erklären, was das heißt?
   ◀ Oh, tut mir leid. Das verstehe ich auch nicht.
3. ◀ Können Sie mir sagen, wann der Chef kommt?
   ◀ Ich glaube, er kommt um zehn Uhr.

A 5a
1. Weißt du, wo meine Brille ist?
2. Darf ich fragen, wo Sie den Pullover gekauft haben?
3. Können Sie mir erklären, wie der Automat funktioniert?
4. Entschuldigen Sie, wissen Sie, wie spät es ist?

C 1a
◀ Herr Fischer, ich glaube, der neue Kopierer ist kaputt.
◀ Aber nein! Er funktioniert sehr gut.
◀ Aber ich kann keine Kopien machen! Der alte Kopierer war besser. Dieser Kopierer ist so kompliziert. Wo starte ich den Kopierer?

208 zweihundertacht

◀ Ich erkläre Ihnen das. Diese Taste ist die Start-Taste.
◀ Ja, jetzt kommen Kopien. Aber so vieles ist anders!
◀ Auch das erkläre ich Ihnen gern. Der Kopierer hat drei Fächer für Papier. Diese Fächer sind für A4-Papier und dieses Fach ist für A3-Papier.

D 1a
1. ◀ Spedition Brandauer, Nicole Seiler am Apparat.
   ◀ Guten Morgen, Frau Seiler. Hier spricht Peter Frei. Ich bin verkühlt und kann heute nicht kommen.
   ◀ Gute Besserung, Herr Frei. Gehen Sie heute noch zum Arzt?
   ◀ Ja, heute Nachmittag. Ich schicke Ihnen dann meine Krankmeldung.
2. ◀ Frau Siegmann, haben Sie das Regal schon eingeräumt?
   ◀ Nein, noch nicht. Ich war bis jetzt an Kassa zwei, weil viele Kunden zahlen wollten.
3. ◀ Entschuldigung, ist hier noch frei?
   ◀ Natürlich. Nehmen Sie Platz … Sie sind neu hier in der Firma, richtig?
   ◀ Ja, ich arbeite seit drei Tagen hier. Mein Name ist Günther Fischer.
   ◀ Ich heiße Martina Obermann. Gefällt es Ihnen bei uns?
   ◀ Ja, hier ist es nicht schlecht. Die Kollegen sind nett und …

Alles Klar 6
Könnten Sie mir bitte helfen? – Könnten Sie mir bitte einen Schlüssel geben? – Könnten Sie mir bitte den Brief zeigen? – Wissen Sie, wo der Hausmeister ist? – Können Sie mir sagen, wann der Chef kommt? – Wissen Sie, wie der Kopierer funktioniert? – Wissen Sie, was es heute in der Kantine gibt?

LEKTION 6 **Wohnen nach Wunsch**

B 1a
1. ◀ Grüß Gott, wir möchten uns gerne vorstellen. Wir sind die neuen Nachbarn, wir heißen Olaru.
   ◀ Guten Tag, mein Name ist Blatt. Hoffentlich fühlen Sie sich hier wohl. Haben Sie Kinder?
   ◀ Ja, wir haben zwei Söhne, sie sind fünf und acht Jahre alt.
   ◀ Oh, das ist schön, ich habe auch zwei Buben, Zwillinge. Sie sind sieben.
   ◀ Wir haben vorher in der Stadt gewohnt, und die Wohnung war laut und klein. Hier haben wir Platz. Das ist wunderbar. Ich freue mich, dass wir diese Wohnung bekommen haben.
2. ◀ Grüß Gott, wir sind die neuen Nachbarn, Wir heißen Olaru.
   ◀ Grüß Gott.
   ◀ Ehm, wir wollten uns nur kurz vorstellen.
   ◀ Ja und?
   ◀ Ehm, ja also, dann gehen wir wieder, einen schönen Tag noch.
   ◀ Ohje, das kann ja lustig werden.
3. ◀ Grüß Gott, wir möchten uns vorstellen. Wir sind die neuen Nachbarn. Wir heißen Olaru. Das ist meine Frau.
   ◀ Grüß Gott, freut mich Sie kennenzulernen, woher kommen Sie denn?
   ◀ Jetzt kommen wir aus Köln, unsere Heimat ist aber Rumänien.
   ◀ Ah, Rumänien, wir wollten immer schon einmal nach Rumänien. Wir

sehen immer im Fernsehen Reportagen über fremde Länder. Das ist so interessant.
- Ja, Rumänien ist ein wunderschönes Land. Wir haben viele Fotos, vielleicht möchten Sie einmal kommen, dann trinken wir einen Tee und zeigen Ihnen Fotos.
- Oh, wir möchten Sie nicht stören, Sie haben jetzt bestimmt viel zu tun. Ein Umzug ist immer viel Arbeit.
- Nein, nein, das geht schon. Wir freuen uns, wenn Sie einmal vorbeikommen. Vielleicht am nächsten Wochenende?
- Ja, …

C 4a

- Grüß Gott, können Sie mir vielleicht helfen?
- Ja, gern, was kann ich für Sie tun?
- Ich möchte meine Wohnung streichen und brauche Farbe und Pinsel.
- Ja, die Wandfarbe haben wir da drüben und die Pinsel finden Sie links neben der Farbe im Regal. Wir haben auch ein Sonderangebot: drei Kübel Wandfarbe plus Rolle nur 44,90 €.
- Ja, das nehme ich, eine Rolle ist besser als ein Pinsel.
- Brauchen Sie auch eine Leiter?
- Nein, eine Leiter habe ich schon.

Alles Klar 6

Grüß Gott, wir möchten uns vorstellen. – Wir sind die neuen Nachbarn. – Wir haben vorher außerhalb gewohnt. – Das war nicht sehr praktisch. – Wir mussten viel mit dem Auto fahren. – Hier ist es viel besser. – Es gibt viele Geschäfte.

LEKTION 7 Feste feiern

B 4a

- Uschi, erzähl doch einmal die Geschichte von der Hochzeit mit Pannen.
- Ja, gern, also, das ist nicht meine Geschichte, das ist die Geschichte von einer Freundin von meiner Schwester. Sie heißt Elke. Und Elke, die hat immer Pech. Also Elke hat geheiratet und das war wieder einmal typisch. Sie haben alles super organisiert: zuerst Standesamt, dann ein wunderschönes Restaurant im Wald und am Abend tanzen. Elke organisiert immer alles ganz genau. Naja, und dann kommt der Hochzeitstag. Zuerst war alles gut. Sie waren auf dem Standesamt, Elke hat ein tolles Kleid gehabt, der Mann war auch sehr elegant, der Standesbeamte hat eine schöne Rede gehalten und sie haben die Ringe getauscht. Dann sind sie aus dem Standesamt rausgekommen und da waren alle Freunde und Verwandten und haben Reis geworfen. Elke war total glücklich. Ja, und dann hat es ein bisschen geregnet, also sind sie zum Restaurant gefahren und es hat immer mehr geregnet. Sie mussten vom Parkplatz zum Restaurant laufen und sind patschnass geworden. Das schöne Kleid! Aber es wurde noch schlimmer. Sie kommen zum Restaurant und da hängt ein Schild: Heute geschlossen! Die Tür war zu, kein Mensch war da!
- Was ist denn passiert? Wie kann das sein?
- Keine Ahnung, ich glaube im Restaurant haben sie ein falsches Datum aufgeschrieben. Aber jedenfalls, was konnten sie machen? Sie sind dann im Regen durch die Stadt gelaufen und haben ein Restaurant für 30 Leute gesucht. Elke hat die ganze Zeit geweint.

◖ Und haben sie etwas gefunden?
◖ Ja, sie haben dann eine kleine Pizzeria gefunden, nicht besonders gut, aber es war Platz für 30 Personen und sie haben auch noch etwas zu essen gemacht. Aber tanzen war dann natürlich nicht möglich. Es war schon eine ziemliche Katastrophenhochzeit.
◖ So viel Pech, die Armen, aber hat das Glück für die Ehe gebracht ... ?

Alles Klar 7
Ich habe heute Geburtstag und mache eine Party. – Ich lade viele Gäste ein. – Meine Freundin hat mir geholfen. – Wir haben Getränke und Musik besorgt. – Meine Gäste bringen Essen mit. – Ich habe schon viele Geschenke bekommen. – Meine Eltern haben mir ein Kochbuch geschenkt. – Meine Schwester hat mir Theaterkarten geschenkt. – Mein Bruder hat mir eine Sachertorte geschenkt. – Es klingelt, die ersten Gäste kommen.

 Station 2

1c
1. Ich heiße Kerstin Seiler und arbeite bei der Stadt. Wir pflegen die Parks, pflanzen dort Blumen und Bäume und wir schneiden sie. Früher habe ich in einer Gärtnerei gearbeitet. Da habe ich nur Pflanzen verkauft. Das war sehr langweilig.
2. Max Umland ist mein Name. In meiner Werkstatt stelle ich Möbel her, aber keine Türen oder Fenster. Das habe ich in meiner Lehre auch gelernt, aber ich finde die Herstellung von Möbeln interessanter. Ich mag meine Arbeit und den Kontakt zu den Kunden.
3. Mein Name ist Paul Sattler. Ich lege Elektroleitungen und manchmal rufen mich die Leute auch, weil sie wollen, dass ich den Herd anschließe. Ich habe eine eigene Firma.

2a
◖ Herr Reimann, Sie sind Maler von Beruf und haben einen kleinen Betrieb. Wie viele Leute arbeiten denn bei Ihnen?
◖ Meine Frau Hilde macht die Büroarbeiten. Außerdem haben wir noch vier Angestellte und einen Lehrling, wir sind also zusammen sieben Personen im Betrieb.
◖ Können Sie uns vielleicht kurz erklären: Was bedeutet Lehrling und was bedeutet Malergeselle?
◖ Der Lehrling lernt den Beruf. Die Lehre dauert drei Jahre. Wenn er fertig ist, macht er eine Prüfung und ist dann Malergeselle.
◖ Wann haben Sie Ihre Lehre zum Malergesellen gemacht?
◖ Vor 25 Jahren. Später habe ich dann Lehrgänge gemacht und jetzt bin ich Malermeister.
◖ Meister? Was bedeutet das?
◖ Nach den Lehrgängen habe ich noch eine Prüfung gemacht. Als Meister darf ich unter anderem auch junge Leute in meinem Beruf ausbilden.
◖ Muss man auch die Meisterprüfung machen, wenn man Geselle ist?
◖ Nein, aber mit der Meisterprüfung hat man gute Chancen im Beruf.

3a
◖ Wir ziehen hier bald ein, aber die weiße Farbe an den Wänden gefällt uns nicht.
◖ Ich habe hier einige Muster. Sie können sich eine Farbe aussuchen.

Hörtexte

▶ Na ja, Blau gefällt mir nicht, aber vielleicht Gelb oder Orange?
▶ Wenn wir die Arbeiten anfangen, können wir an der Wand zuerst Probeanstriche machen, wenn Sie wollen.
▶ Einverstanden. Wie viel kostet das in etwa?
▶ Vielleicht 800 bis 1000 Euro. Ich mache Ihnen noch ein genaues Angebot.
▶ Und wie lange dauert das?
▶ Ich denke, wir können in zwei Tagen fertig sein.

 **Neue Chancen**

A 1a

▶ Herr Thabit, Sie machen gerade einen Computerkurs. Warum haben Sie diesen Kurs angefangen?
▶ In meinem Beruf muss ich immer mehr mit dem Computer arbeiten. Ich kann natürlich E-Mails und Texte schreiben, aber mehr kann ich nicht und das ist schade, weil ich in meinem Beruf vieles brauche. Ich muss z. B. oft zu anderen Firmen fahren und unsere Produkte vorstellen. Das kann man mit Power Point wunderbar machen. Ich mache das noch immer mit Prospekten und Katalogen. Aber das ist nicht modern. Jetzt machen alle das mit Power Point. Deshalb möchte ich das auch lernen. Ich bin natürlich am Abend oft müde, aber es sind ja nur fünf Termine. Und ich finde, es macht auch Spaß. Die anderen Teilnehmer sind auch nett und manchmal gehen wir danach noch zusammen etwas trinken.

C 2a

▶ Fahrschule Krassnitzer, grüß Gott.
▶ Guten Tag, mein Name ist Abiska, ich interessiere mich für einen Kurs bei Ihnen. Ich möchte eine Ausbildung zum Gabelstaplerfahrer machen. Ich wollte fragen: Wann ist denn der nächste Termin?
▶ Wir haben laufend Kurse, Sie können z. B. nächsten Montag und Dienstag teilnehmen.
▶ Sehr gut, das geht bei mir. Wie kann ich mich denn anmelden?
▶ Sie können sich im Internet anmelden, gehen Sie auf die Seite www.fahrschule-krassnitzer.at, dann klicken Sie auf Anmeldung und dann kommen Sie zum Anmeldeformular. Sie können natürlich auch hier vorbeikommen. Montag bis Freitag zwischen neun und achtzehn Uhr.
▶ Vielen Dank für Ihre Informationen.
▶ Gern geschehen.
▶ Auf Wiederhören.
▶ Auf Wiederhören.

Alles Klar 6

Freuen Sie sich auch auf den Urlaub? – Freuen Sie sich auch auf den Sommer? – Ärgern Sie sich auch über Politiker? – Ärgern Sie sich auch über das Wetter? – Interessieren Sie sich auch für Fußball? – Interessieren Sie sich auch für Mode?

 **Gesund leben**

C 2a

▶ Grüß Gott, Frau Doktor Heinemann. Ich möchte Max untersuchen lassen.
▶ Guten Tag, Frau Frei. Hallo Max! Genau, heute machen wir ja eine Untersuchung. Haben Sie den Mutter-Kind-Pass dabei?

212 zweihundertzwölf

- Ja, hier ist er. Bitte schön.
- Gut, dann fangen wir mit den Augen an. Max, kannst du mir sagen, was du auf dem Bild siehst?
- Das ist ein Haus.
- Ganz toll, Max. Du kannst dir ein Spielzeug aus der Dose nehmen.
- Kann ich den Hund haben?
- Na klar.
- Frau Doktor, wir möchten uns auch gerne noch von Ihnen beraten lassen. Was meinen Sie, ist es besser, wenn wir Max gegen Grippe impfen lassen?
- Also, bei Kindern empfehle ich das nicht. Aber im Impfpass sehe ich, dass die Tetanus-Impfung fehlt! Dann muss ich Max noch impfen.
- Gut, dann machen wir das gleich.
- Ich will aber nicht. Das tut bestimmt weh.
- Das ist nur ein kleiner Pieks. Und dann wirst du nicht krank.
- Nein, ich will aber nicht!
- Oh je.

D 1a

1.
- Guten Tag, was kann ich für Sie tun?
- Ich habe hier ein Rezept für mein Kind.
- Wir müssen das Medikament bestellen. Sie können es dann morgen abholen.
- Was kostet das?
- Sie müssen nur die Rezeptgebühr bezahlen.

2.
- Ja, bitte?
- Der Doktor hat mir dieses Medikament verschrieben.
- Ich glaube, das haben wir im Moment nicht da. Ich schau mal nach – richtig – ich kann es aber für Sie bestellen.
- Wann ist das Medikament denn da?

- Ach, das geht schnell. Sie können es heute Nachmittag abholen.
- Danke, dann schaue ich heute Nachmittag vorbei.

3.
- Grüß Gott.
- Guten Tag, haben Sie dieses Medikament?
- Ja, das haben wir. Hier, bitte schön.
- Wie oft muss ich die Tabletten nehmen?
- Dreimal täglich. Wenn Sie einen empfindlichen Magen haben, empfehle ich Ihnen, dass Sie die Tabletten nach dem Essen nehmen.
- Wieso? Haben die Tabletten denn Nebenwirkungen?
- Meistens nicht, aber es kann schon einmal zu Magenschmerzen kommen. Selten haben Patienten auch Kopfschmerzen.
- Das hört sich ja nicht gut an.
- Aber die meisten Patienten haben keine Probleme.

Alles Klar 4a

- Grüß Gott, Herr Müller, wie geht es Ihnen?
- Na ja, es geht so.
- Wieso? Was ist denn los?
- Ach, im Beruf ist es im Moment sehr stressig. Ich muss sehr viel arbeiten und ich schlafe auch noch schlecht.
- Wenn Sie nicht schlafen können, machen Sie doch einen Spaziergang.
- Nein, ich wohne mitten in der Stadt, das macht keinen Spaß.
- Wenn Sie nicht gern spazieren gehen, können Sie ein warmes Bad nehmen.
- Nein, ich habe nur eine Dusche. Das geht nicht.
- Wenn Sie keine Badewanne haben, können Sie eine Entspannungsübung machen.

zweihundertdreizehn **213**

Hörtexte

◖ Ach, ich mag einfach keine Entspannungsübungen.
◖ Also wissen Sie, wenn Ihnen meine Tipps nicht gefallen, dann machen Sie doch, was Sie wollen!

Alles Klar 7
Ich habe hier ein Rezept. – Wie oft muss ich die Tabletten nehmen? – Wie lange muss ich die Tabletten nehmen? – Welche Nebenwirkungen hat das Medikament? – Was kostet das Medikament? – Wann kann ich das Medikament abholen?

LEKTION 10 **Arbeitssuche**

Auftaktseite 2
◖ Liebe Hörerinnen und Hörer, heute sprechen wir über das Thema Arbeitssuche von Migranten. Wir haben drei Gäste im Studio: Olga Dimitrova aus Russland, Ernesto García aus Ecuador und Valerie Boumard aus Frankreich. Frau Dimitrova, welche Erfahrungen haben Sie mit der Arbeitssuche gemacht?
◖ Ich habe lange eine Arbeit gesucht. Ich habe viele Bewerbungen geschrieben und die Antworten waren immer negativ. Dann habe ich im Supermarkt bei mir in der Nachbarschaft einen Aushang gesehen, dass sie Personal brauchen. Ich habe mit der Chefin gesprochen und jetzt arbeite ich dort.
◖ Und wie war es bei Ihnen, Herr García?
◖ In meiner Heimat Ecuador habe ich als Gärtner gearbeitet. Hier in Österreich habe ich zuerst einen Sprachkurs und dann ein Praktikum bei der Stadtgärtnerei gemacht. Nach dem Praktikum habe ich dort einen richtigen Arbeitsplatz bekommen.

◖ Und wie haben Sie Ihren Arbeitsplatz gefunden, Frau Boumard?
◖ Ich habe Glück gehabt. Eine Freundin von mir arbeitet in einem Restaurant. Dort haben sie Leute gesucht und meine Freundin hat ihrem Chef erzählt, dass ich Arbeit suche. Ich habe dann auch mit dem Chef gesprochen und konnte schon am nächsten Tag als Kellnerin anfangen.

A 1a
◖ Herr Nussbaum, Sie sind Personalberater. Was erwarten Arbeitgeber heute von ihren Mitarbeitern?
◖ Wichtig ist natürlich die Ausbildung, aber es gibt allgemeine Eigenschaften für jeden Beruf. Zum Beispiel erwarten die Arbeitgeber immer, dass ihre Mitarbeiter zuverlässig sind.
◖ Was bedeutet zuverlässig?
◖ Der Arbeitgeber will sicher sein, dass die Mitarbeiter pünktlich kommen und ihre Arbeit gut machen. Wenn z. B. ein Busfahrer zu spät oder gar nicht in die Arbeit kommt, kommen vielleicht auch viele andere Leute zu spät.
◖ Was ist noch wichtig?
◖ In vielen Berufen arbeitet man mit anderen zusammen, dann muss man teamfähig sein.
◖ Können Sie ein Beispiel für Teamfähigkeit nennen?
◖ In einem Restaurant zum Beispiel muss alles sehr schnell gehen. Köche und Kellner sind ein Team, das heißt, sie arbeiten zusammen, damit die Gäste ihr Essen schnell bekommen. Da ist es wichtig, dass die Mitarbeiter gut im Team arbeiten. Die Arbeitgeber erwarten auch engagierte Mitarbeiter, das heißt, die Mitarbeiter sollen Interesse an der Arbeit haben und sie wichtig nehmen und die Arbeitnehmer müssen belastbar sein.

214 zweihundertvierzehn

◖ Können Sie das Wort belastbar etwas genauer erklären?

◗ Manchmal gibt es Stress. Belastbar bedeutet, dass die Mitarbeiter dann ruhig bleiben. In der Weihnachtszeit z. B. haben Verkäufer und Verkäuferinnen sehr viel Arbeit. Die Kaufhäuser sind voll und die Kunden haben viele Fragen. Die Mitarbeiter müssen freundlich bleiben. Außerdem wollen Arbeitgeber oft, dass ihre Mitarbeiter flexibel sind, dass sie also zu verschiedenen Zeiten arbeiten können und eventuell länger arbeiten, z. B., weil es mehr Arbeit gibt oder ein Kollege krank ist.

◗ Herr Nussbaum, vielen Dank für das Gespräch.

C 3a

◖ Guten Tag, Frau Alves Freitas, mein Name ist Silvia Holm. Nehmen Sie doch bitte Platz. Haben Sie gleich hergefunden?

◗ Ja, das war kein Problem. Ich bin schon oft an Ihrem Hotel vorbeigefahren.

◖ Möchten Sie einen Kaffee?

◗ Ja, gerne, vielen Dank.

◖ Also, Frau Alves Freitas, warum interessieren Sie sich für die Stelle?

◗ Ich habe nach meinem Studium mehrere Jahre in einem Hotel als Rezeptionistin gearbeitet. Die Arbeit war sehr interessant. Dann bin ich nach Österreich gekommen und habe geheiratet. Ich habe schon in Brasilien Deutsch gelernt und dann auch in Innsbruck mehrere Sprachkurse gemacht , bis zum Niveau C1. Seit einigen Monaten bin ich Frühstücksassistentin im Hotel Avalon, aber ich möchte gerne wieder an der Rezeption arbeiten, weil ich die Arbeit dort interessanter finde.

◖ Wir sind ein großes Hotel und die Gäste, meistens Geschäftsleute, bleiben oft nur ein oder zwei Nächte. Sie machen die Reservierungen, geben den Gästen die Zimmerschlüssel und rechnen am Ende ab, wenn sie abreisen. Manchmal kann die Arbeit sehr hektisch sein. Ist Stress bei der Arbeit ein Problem für Sie?

◗ Ich bin sicher, dass ich das schaffe. Stress kenne ich auch von meinen früheren Arbeitsstellen.

◖ An der Rezeption haben wir Schichtarbeit, immer von 6.00 Uhr bis 14.00 Uhr und von 14.00 bis 22.00 Uhr, in der Nacht arbeiten bei uns Aushilfen, meistens Studenten. Haben Sie schon in Schichtarbeit gearbeitet?

◗ In Brasilien habe ich immer so gearbeitet.

◖ Dann sollten wir noch über das Gehalt sprechen. Wir zahlen 1500 Euro im Monat plus Zuschläge für Schichtarbeit und Wochenendarbeit.

◗ Das ist mehr als bisher.

◖ Vielen Dank für das Gespräch, Frau Alves Freitas. Sie hören bald von uns.

◗ Auf Wiedersehen, Frau Holm. Vielen Dank für das interessante Gespräch. Ich freue mich über eine positive Antwort.

Alles Klar 7

Ich habe Ihre Anzeige in der Zeitung gelesen. – Ich interessiere mich für Ihre Stelle als Fahrer. – Ist die Stelle noch frei? – Gibt es einen festen Stundenlohn? – Und wie sind die Arbeitszeiten? – Ich möchte gerne halbtags arbeiten. Ist das möglich?

zweihundertfünfzehn **215**

Hörtexte

Von Ort zu Ort

A 1a

◀ Schau, ich habe hier die Fotos von unserem Urlaub letztes Jahr gefunden. Hier, die Fotos aus dem Restaurant. Das ist doch die Kellnerin, die so freundlich war.

◀ Schau einmal, hier: Weißt du noch, das ist das Museum, das so interessant war. Und dann dieses Foto: Das ist der Strand, der so schön war.

◀ Hier ist noch ein Foto: Das sind die Nachbarn, die am Abend immer so lustig waren. Der Urlaub war wirklich schön.

◀ Weißt du was? Da fahren wir wieder hin.

A 4

1. ◀ Grüß Gott, Herr Maffei. Wollen Sie wieder Bahnfahrkarten kaufen?
   ◀ Nein, heute möchte ich eine Reise für zwei Personen in die Türkei buchen.
   ◀ Wann soll denn die Reise sein?
   ◀ Meine Frau und ich wollen im Sommer Urlaub machen. Wir suchen eine kleine Ferienwohnung, die am Meer liegt. Wir wollen zwei Wochen bleiben.
   ◀ Ich habe hier einen Katalog mit Angeboten, die günstig sind. Ich empfehle Ihnen Antalya. Hier sind einige Fotos mit Ferienwohnungen am Meer.
   ◀ Darf ich einmal schauen? ... Ja, die Fotos sind sehr schön und diese Wohnung gefällt mir sehr gut. Wie ist es denn mit den Flügen?
   ◀ Hier habe ich einen Flug: Sie fliegen am 24. Juli in Wien ab. Der Rückflug ist dann am 7. August. Flug und Ferienwohnung kosten zusammen 920 Euro für zwei Personen.
   ◀ Das klingt gut, die Reise nehme ich. Braucht man für die Türkei eigentlich ein Visum?
   ◀ Ja, als Österreicher brauchen Sie für die Einreise in die Türkei ein Visum. Das bekommen Sie aber am Zielflughafen, also in Antalya.

2. ◀ Grüß Gott, ich brauche bitte einen Hin- und Rückflug nach Moskau. Der Hinflug soll am 4. Mai von München sein und der Rückflug am 7. Mai.
   ◀ Ich schaue einmal ... So, hier habe ich einen Flug, aber der ist ziemlich teuer. Hin- und Rückflug kosten zusammen 479 Euro.
   ◀ Das macht nichts. Ich mache eine Geschäftsreise und die Firma bezahlt das. Und dann brauche ich auch noch ein Hotel. Es soll im Stadtzentrum liegen.
   ◀ Gerne. Da gibt es zum Beispiel das Hotel Metropol. Soll ich die Buchung machen?
   ◀ Ja, bitte. Mein Name ist Kerstin Bloch und meine Adresse ist ...
   ◀ Langsam, langsam! Ich muss alles in den Computer eingeben ...

B 1a

1. ◀ Notrufzentrale. Was kann ich für Sie tun?
   ◀ Guten Tag, hier spricht Maria Berger. Ich bin auf der A1 Richtung Linz. Ich habe eine Autopanne.
   ◀ Wo sind Sie genau?
   ◀ Hier auf der Notrufsäule steht Kilometer 18,2.
   ◀ Wie weit ist Ihr Auto von der Säule entfernt?
   ◀ Ungefähr 400 Meter.
   ◀ Wir schicken sofort den Pannendienst.

216 zweihundertsechzehn

2.
◖ Entschuldigen Sie bitte, ich glaube, Sie sitzen auf meinem Platz.
◖ Haben Sie eine Reservierung für diesen Platz?
◖ Ja, Wagen 7, Platz 41. Hier steht es.
◖ Ich habe auch Platz 41... Oh, aber in Wagen 6! Entschuldigen Sie bitte!
◖ Das macht nichts. Mir ist das auch schon passiert.

Alles Klar 6
Kennen Sie eine Sprachschule, die Deutschkurse anbietet? – Kennen Sie ein Café, das auch Internet hat? – Kennen Sie einen Kindergarten, der in der Nähe liegt? – Kennen Sie eine Schule, die Russisch anbietet? – Kennen Sie ein Geschäft, das immer frisches Gemüse hat? – Kennen Sie ein Restaurant, das türkische Spezialitäten anbietet?

Station 3

3a
◖ Frau Arkaeva, Sie kommen aus der Ukraine und arbeiten als Krankenschwester in einem Krankenhaus in Graz. Haben Sie Ihre Ausbildung in Österreich gemacht?
◖ Die Ausbildung habe ich in meinem Heimatland gemacht. In Österreich musste ich dann noch eine Ergänzungsausbildung machen, damit ich als Krankenschwester arbeiten kann.
◖ Haben Sie auch eine Prüfung gemacht?
◖ Ja, und auch ein Praktikum an der Schule für Gesundheits- und Krankenpflege in Graz.
◖ Wie gefällt Ihnen Ihr Beruf?
◖ Ich arbeite gerne mit Menschen und Medizin ist ein sehr interessantes Fach. Man lernt immer etwas Neues.
◖ Welche Aufgaben haben Sie?
◖ Viele Leute denken zum Beispiel, dass das Pflegepersonal nur Medikamente bringt, Betten macht oder Patienten wäscht. Aber wir haben viele Aufgaben.
◖ Welche sind das zum Beispiel?
◖ Ein Aufgabenbereich ist die Hygiene. Es ist wichtig, dass die Patienten im Krankenhaus nicht noch andere Krankheiten bekommen. Auch die Ärzte und Krankenschwestern sollen keine Infektionskrankheiten bekommen. Das bedeutet zum Beispiel, dass wir uns regelmäßig die Hände waschen und desinfizieren.
Wichtig ist auch die Organisation. Wir müssen den Patienten Medikamente bringen, aber es ist auch wichtig, wann sie die Medikamente bekommen und, dass sie die richtigen Medikamente nehmen. Das organisieren wir auch.
Die Patienten haben verschiedene Krankheiten und deshalb ist die Pflege unterschiedlich. Oft können sie nicht aufstehen oder sie brauchen Hilfe beim Essen und Anziehen. Patienten, die immer im Bett liegen, müssen wir beim Bettenmachen oder Waschen drehen und heben.
◖ Wie arbeiten Sie mit den Ärzten zusammen?
◖ Die Ärzte sagen uns zum Beispiel, welche Medikamente die Patienten bekommen und, wie wir sie auf die Untersuchungen vorbereiten sollen. Aber wir haben andere Aufgaben als die Ärzte. Die Ärzte behandeln die Patienten, wir pflegen sie. Die Ärzte sind nicht unsere Vorgesetzten.
◖ Ist Ihr Beruf anstrengend?
◖ Ja, das kann man schon sagen. Wenn wir zum Beispiel Patienten heben müssen, ist das nicht gut für den Rücken.

Hörtexte

◖ Wie sind Ihre Arbeitszeiten?
◖ Mein Arbeitstag dauert acht Stunden und es gibt eine Früh- und eine Spätschicht. Man arbeitet zwölf Tage ohne Pause und dann hat man vier Tage frei. Das ist dann mein Wochenende.

LEKTION 12 **Treffpunkte**

A 3a

1. ◖ Ich gehe gerne ins Nachbarschaftszentrum. Es gibt da viele tolle Projekte, zum Beispiel für ältere Leute oder auch für Kinder oder für behinderte Menschen. Wir Jugendliche gehen zu Leuten und helfen ihnen. Ich gehe z. B. einmal in der Woche zu einer älteren Frau. Sie möchte gerne lernen, wie man mit einem Computer Mails schreibt und so. Und das zeige ich ihr und helfe ihr. Ich finde es super, wenn ein älterer Mensch noch etwas Neues lernen möchte.
   ◖ Bekommst du dafür Geld?
   ◖ Nein, das mache ich natürlich ehrenamtlich.
2. ◖ Es gibt im Nachbarschaftszentrum ein wunderbares Projekt. Jugendliche helfen uns alten Leuten. Ich bin so froh, wissen Sie, ich kann vieles nicht mehr machen und dann ist das Leben oft so langweilig. Und die Ulyana kommt einmal in der Woche und liest mir etwas vor oder zeigt mir Sachen am Computer und manchmal erzählt sie von der Schule. Dann kommt wieder Leben in meine Wohnung. Ich bin so dankbar, und ich glaube, Ulyana macht es auch Spaß.

B 3a

◖ Frau Meier, sind Sie Mitglied in einem Verein?
◖ Ja, natürlich. Ich wohne in Velden. Das ist eine kleine Stadt, hier sind die Vereine ganz wichtig. Ich glaube, dass es keinen Menschen hier gibt, der nicht in einem Verein ist.
◖ Erzählen Sie doch bitte, in welchen Vereinen sind Sie?
◖ Also ich besuche z. B. regelmäßig eine Gymnastikgruppe für Frauen, einmal pro Woche, deshalb bin ich im Sportverein. Mein Sohn und mein Mann spielen Fußball, deshalb sind wir als Familie auch im Fußballverein. Mein Mann arbeitet da auch ehrenamtlich als Trainer für eine Kindermannschaft. Ja, und dann sind wir auch noch im Musikschulverein, weil mein Sohn Gitarre spielt und in der Musikschule Unterricht hat. Am Donnerstag gehe ich immer in den Sparverein. Ich spare jede Woche 10 Euro. Ja, und außerdem sind wir in einem Faschingsverein. Ich weiß auch nicht warum. Früher habe ich gerne Fasching gefeiert und da bin ich zum Verein gegangen, aber jetzt waren wir schon lange nicht mehr da. Wir zahlen nur mehr einmal im Jahr unseren Mitgliedsbeitrag, aber das ist nicht so viel, nur 60 Euro.

Alles Klar 2

1. ◖ Grüß Gott, mein Name ist Marin, ich möchte gerne mit Frau Berger sprechen.
   ◖ Tut mir leid, Frau Berger ist noch nicht da, sie kommt erst um 14 Uhr.
   ◖ Gut, dann rufe ich später noch einmal an. Danke. Auf Wiederhören.
   ◖ Auf Wiederhören.
2. ◖ Guten Tag, Stein mein Name, ich möchte bitte mit Herrn Stanka sprechen.

218 zweihundertachtzehn

◖ Einen Moment, …
◖ Hallo, hören Sie, Herr Stanka spricht gerade. Ich kann Ihnen seine Durchwahl geben.
◖ Ja, bitte.
◖ Die Durchwahl ist 329, also 33 56 09 und dann 329.
◖ Gut, dann probiere ich es später noch einmal, danke schön.
◖ Gern geschehen.

Alles Klar 7
Können Sie mir bitte die Durchwahl geben? – Tut mir leid, Sie sind falsch verbunden. – Tut mir leid, Sie haben sich verwählt. – Bitte verbinden Sie mich mit dem zuständigen Beamten. – Entschuldigen Sie bitte die Störung.

LEKTION 13 Banken und Versicherungen

A 3a
◖ Entschuldigen Sie bitte, können Sie mir helfen? Ich möchte gern 50 Euro vom Bankomaten abheben.
◖ Ja, natürlich. Also zuerst müssen Sie Ihre Bankomatkarte in den Bankomaten stecken. Dann müssen Sie Ihre Geheimzahl eingeben. Dann wählen Sie den Betrag aus – in Ihrem Fall 50 Euro. Jetzt müssen Sie den Betrag bestätigen.
◖ Wo ist denn „Bestätigen"?
◖ Hier, die grüne Taste.
◖ Ah, ja.
◖ Jetzt müssen Sie Ihre Karte wieder entnehmen und da sind auch schon Ihre 50 Euro.
◖ Ach, das ist ja eigentlich ganz einfach.
◖ Ja, wenn man weiß, wie es geht. Wenn Sie noch einmal Hilfe brauchen, melden Sie sich!

C 1a
◖ Grüß Gott, kann ich Ihnen helfen?
◖ Ja, ich interessiere mich für den Fernseher.
◖ Ah, der LCD-Fernseher LV 75 mit dem 46-Zoll-Bildschirm. Der ist diese Woche im Angebot und hat ein tolles Bild.
◖ Was soll der Fernseher denn kosten?
◖ Der kostet normalerweise 949 Euro, aber diese Woche nur 849 Euro. Sie sparen 100 Euro.
◖ Ja, wirklich gut, aber leider noch zu teuer für uns.
◖ Dann hätten wir ganz günstig den LX 100 mit 26 Zoll Bildschirmdiagonale für 349 Euro – ein echtes Schnäppchen.
◖ Na ja, aber der ist uns zu klein.
◖ Und hier der LV 278, elegantes Design, super Bild.
◖ Wie groß ist der?
◖ Moment, ah hier Bildschirm 37 Zoll. Und das Beste: Er kostet nur 666 Euro.
◖ Das hört sich gut an! Aber wir müssen uns das noch einmal überlegen.

Alles Klar 5
Der Fernseher? Der ist viel zu groß! – Das Essen? Das ist viel zu salzig! – Das T-Shirt? Das ist doch viel zu teuer! – Die Wohnung? Nein, die ist viel zu klein! – Die Musik? Ich finde die viel zu laut! – Ja, das ist gut, das gefällt mir sehr gut! – Mir auch, das gefällt mir auch sehr gut!

Hörtexte

LEKTION 14 Freunde und Bekannte

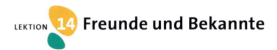

A 2a

- Entschuldigung, haben Sie einen Moment Zeit für eine Umfrage?
- Wie lange dauert denn das?
- Nur drei Minuten, eine Umfrage zum Thema „Freundschaft".
- Ja, gut. Das geht schon.
- Danke. Also, die erste Frage: Worüber sprechen Sie mit guten Freunden?
- Hm, also wir sprechen oft über unsere Hobbys.
- Wofür interessieren Sie sich in Ihrer Freizeit?
- Ich mache gern Malkurse oder Computerkurse.
- Worüber sprechen Sie nicht so gern?
- Nicht so gern spreche ich über meine Ehe und über sehr private Dinge.
- Mit wem unternehmen Sie am liebsten etwas?
- Am liebsten mit meiner Cousine Antonia.
- Und mit wem fahren Sie gerne auf Urlaub?
- Ach, ich fahre gern mit meiner Familie oder auch mit meiner Freundin weg.
- Eine letzte Frage noch: Auf wen können Sie sich immer verlassen?
- Na auf meinen Mann!

B 1a

- Herzlich willkommen liebe Hörerinnen und Hörer. Heute begrüßen wir im Studio Frau Fröhlich, die mit uns über ihre beste Freundin Katrin sprechen wird. Grüß Gott, Frau Fröhlich.
- Guten Tag, Herr Heiling.
- Vielen Dank, dass Sie uns etwas über Ihre Freundschaft mit Ihrer Freundin Katrin erzählen wollen. Wie haben Sie sich kennengelernt?
- Wir sind schon in der Schule Freundinnen gewesen. Wir haben uns oft nach der Schule getroffen, wenn wir gelernt haben. Dann haben wir auch etwas zusammen unternommen. Wir sind in die Tanzschule gegangen oder am Wochenende auch in die Disko.
- Haben Sie auch einmal Probleme in Ihrer Freundschaft gehabt?
- Hm, eigentlich nicht – ich habe mich nur über eins geärgert.
- Und worüber?
- Katrin ist leider manchmal ein bisschen unpünktlich gewesen. Darüber habe ich mich oft geärgert. Aber jetzt macht sie das nicht mehr.
- Wie oft sehen Sie sich jetzt?
- Oh wir telefonieren drei- bis viermal pro Woche und treffen uns meistens einmal im Monat.
- Woran erinnern Sie sich gern?
- Wir sind immer stundenlang mit den Kindern im Wald spazieren gegangen und haben viel geredet und viel Spaß gehabt.
- Vielen Dank, Frau Fröhlich.

Alles Klar 3b

- Wofür interessierst du dich?
- Ich interessiere mich für Autorennen.
- An wen denkst du gerade?
- Ich denke gerade an meine Kinder.
- Mit wem telefoniert er gerade?
- Er telefoniert mit seinem Bruder.
- Wovon spreche ich immer?
- Du sprichst immer von Fußball!

Alles Klar 5

Ein wahrer Freund trägt mehr zu unserem Glück bei als tausend Feinde zu unserem Unglück. – Freundschaft, das ist wie Heimat.

Station 4
Prüfungsvorbereitung ÖIF-Test Neu

Hören Teil 1

Grüß Gott Frau Meister, hier spricht Doris Feichtinger von der Firma Baumit. Sie haben uns gestern Ihre Bewerbung geschickt und wir würden Sie gerne zu einem Gespräch einladen. Wir würden uns freuen, wenn Sie am nächsten Dienstag, das ist der 24. April, um 10:30 Uhr zu uns in die Körnerstraße 34 kommen könnten. Vielleicht können Sie mich kurz zurückrufen und sagen, ob Sie kommen können. Meine Telefonnummer ist 05 / 99 21 47 98. Ja, und bitte bringen Sie alle Ihre Zeugnisse mit.

Hören Teil 2

8. Grüß Gott, Herr Gartler, Hubert Krainer, Fahrschule Einsteigen am Apparat. Es geht um unsere nächste Fahrstunde. Ich bin am Donnerstag leider nicht in der Fahrschule, weil ich eine Fortbildung in Wien habe. Wir müssen also unsere Fahrstunde verschieben. Ich hoffe, Sie haben am Freitagabend Zeit. Können Sie mir bitte noch Bescheid sagen? Vielen Dank und auf Wiederhören.

9. Volksbank Taxham, Kronawetter spricht, guten Tag. Ihre Bankomatkarte ist hier. Die Bank in Deutschland hat uns die Karte jetzt geschickt und Sie können sie ab sofort bei uns abholen. Unsere Öffnungszeiten sind Montag bis Freitag von 8 bis 12:30 und von 14 bis 16:30 Uhr. Auf Wiederhören.

Hören Teil 3

10. Das Einkaufen im Internet ist in den letzten Jahren immer beliebter geworden. 45 % der Österreicher kaufen im Internet ein. Junge Leute und Männer geben ihr Geld öfter im Internet aus als ältere Menschen und Frauen. Meistens kauft man im Internet Kleidung und Sportartikel. Auch beliebt sind Reisen und Hotels und auch Bücher stehen oft auf dem Einkaufszettel für das Internet.

11. Achtung, Achtung. Eine Information aus unserem Fundbüro. Im Café Isola hat heute am Nachmittag ein Gast eine Tasche vergessen. In der Tasche sind Papiere und ein Computer. Wir bitten den Besitzer, in unser Fundbüro im 4. Stock zu kommen, um seinen Computer abzuholen. Ihr Einkaufszentrum Schlossberg. Ich wiederhole: Achtung, Achtung, …

12. Zentralkartenbüro Graz, guten Tag. Im Moment sind alle Leitungen besetzt. Bitte haben Sie etwas Geduld. Wir melden uns so schnell wie möglich. Sie können während unserer Öffnungszeiten von Montag bis Freitag von 8:30 bis 17:30 Uhr und am Samstag von 8:30 bis 11:30 Uhr Ihre Karten abholen.

Hören Teil 4

13. ◖ Am Freitag kommen Franz und Ulli. Wir wollten doch mit ihnen essen gehen, oder?
◖ Ja. Wohin gehen wir eigentlich?
◖ Ich habe gedacht, dass wir ins indische Restaurant am Hauptplatz gehen könnten.
◖ Das ist eine gute Idee. Aber das ist am Wochenende immer sehr voll. Sollten wir nicht besser einen Tisch reservieren?

zweihunderteinundzwanzig **221**

Hörtexte

◖ Ja, das stimmt. Warte, hier habe ich die Telefonnummer. Für wann soll ich reservieren?

◖ Ich denke, für 7 Uhr.

◖ Okay, also für 7 Uhr einen Tisch für vier.

14. ◖ Hier ist der Dienstplan für nächste Woche. Es gibt eine Änderung. Erich ist ja nächste Woche auch noch krank. Wir haben drei Personen für die Vormittagsschicht, aber nur zwei Personen für die Nachmittagsschicht. Wer kann nächste Woche auch die Nachmittagsschicht machen?

◖ Ich kann leider nicht, weil mein Mann nächste Woche nicht da ist und ich am Nachmittag mit den Kindern alleine zu Hause bin.

◖ Und was ist mit dir, Rudolf?

◖ Naja, ich weiß nicht. Die Vormittags- und die Nachmittagsschicht ...

◖ Du sagst doch immer, dass du kein Geld hast. Nächste Woche kannst du viel Geld verdienen.

◖ Ja, das stimmt natürlich. Okay, ich kann das machen. Ich habe nächste Woche am Nachmittag keine Termine.

15. ◖ Nächste Woche am Samstag hast du Geburtstag. Weißt du schon, was du machen willst?

◖ Wir können am Wochenende nach Wien fahren.

◖ Ja, das wäre schön, aber am Freitag muss ich das Auto in die Werkstatt bringen und wir bekommen es erst am Montag wieder zurück.

◖ Dann können wir nicht fahren. Aber wir könnten am Samstag ein Konzert besuchen.

◖ Am Samstag ist aber kein Konzert. Möchtest du vielleicht essen gehen?

◖ Ich weiß nicht, das machen wir doch immer zum Geburtstag. Ich möchte einmal etwas anderes machen.

◖ Wir könnten auch eine Party machen und Freunde einladen.

◖ Ja, das gefällt mir. Wir laden sechs oder sieben Leute ein und machen einen gemütlichen Abend zu Hause, mit Essen, Musik, Tanzen ... Super!

222 zweihundertzweiundzwanzig

Alphabetische Wortliste

Die alphabetische Wortliste enthält den Wortschatz der Lektionen 1–14. Zahlen, grammatische Begriffe sowie Namen von Personen, Städten und Ländern sind in der Liste nicht enthalten. Wörter, die zum Wortschatz des *ÖIF-Tests Neu* und des *DTÖ (Deutsch-Test für Österreich)* gehören, sind markiert.

Die Zahlen geben an, wo die Wörter zum ersten Mal vorkommen (z. B. 5/B1a bedeutet Lektion 5, Block B, Übung 1a).

AT bedeutet Auftaktseite der jeweiligen Lektion.

Ein · oder ein _ unter dem Wort zeigt den Wortakzent:

ạ   = kurzer Vokal

a̲   = langer Vokal

ab|fliegen   = trennbares Verb

Nach dem Nomen finden Sie immer den Artikel und die Pluralform:

"   = Umlaut im Plural

Sg. = dieses Wort gibt es (meistens) nur im Singular

Pl. = dieses Wort gibt es (meistens) nur im Plural

A

A4-/A3-Papier, das, Sg. **5/C1b**

abends **10/B3**

ạb|fliegen, ạbgeflogen **11/A4**

Ạbflug, der, "-e **11/A5**

Ạbflugsort, der, -e **11/A4**

ạb|heben, ạbgehoben **13/AT2**

Ạblöse, die, Sg. **6/A1b**

ạb|nehmen (1), ạbgenommen (Gewicht) **9/AT1a**

ạb|nehmen (2), ạbgenommen (Blut) **9/C1**

Ạbrechnung, die, -en **12/klar3**

ạb|schicken **2/C1a**

Ạbschluss, der, "-e **4/A2a**

Abschnitt, der, -e **4/B5a**

ach so **6/A1b**

Ạkku, der, -s **5/C2a**

aktiv **1/B1d**

ạlle **2/B3b**

Alles Gute! **7/C4a**

Ạlltag, der, Sg. **9/E1**

ạls (Sie arbeitet als Busfahrerin.) **5/AT1b**

Ạltenpflegekurs, der, -e **8/AT1a**

AMS-Berater/in, der/die, -/-nen **8/B1a**

ạn|bieten, ạngeboten **8/C4**

Ạnfang, der, "-e **1/B1d**

Ạnfänger/in, der/die, -/-nen **8/A1a**

Ạngst, die, Sg. **1/C4a**

ạn|hängen **2/C1a**

ạn|melden **4/A2a**

ạn|melden (+ sich + für) **8/C**

ạn|nehmen, ạngenommen (*hier:* eine Stelle annehmen) **10/B2**

ạn|schauen **2/klar2a**

ạn|schließen, ạngeschlossen **9/C5**

Ạnschlusszug, der, "-e **11/klar1**

Ạnschrift, die, -en **10/C1a**

ạnstrengend **9/E1**

Ạnzeige, die, -n **5/C2a**

ạn|zeigen **13/C3b**

Apothẹker/in, der/die, -/-nen **9/D1b**

Ạrbeitnehmer/in, der/die, -/-nen **10/C4a**

Ạrbeitsmarkt, der, Sg. **8/A2**

Alphabetische Wortliste

Arbeitspause, die, -n 10/C3a
Arbeitsplatz, der, "-e 5/AT
Arbeitsstelle, die, -n 9/B1a
Arbeitssuche, die, Sg. 10/AT
Arbeitsvertrag, der, "-e 10/AT1
ärgern (+ sich + über) 8/B3a
Arzthelferin, die, -nen 9/C1
Attest, das, -e 9/C1
auf|fallen, aufgefallen 7/C2a
auf|hängen 6/C4b
auf|laden, aufgeladen 11/A7a
auf|machen (*hier:* ein Geschäft aufmachen) 8/A1b
auf|passen 4/klar2
Ausbildung, die, -en 5/AT2
Ausbildungsplatz, der, "-e 10/A4
aus|drucken 13/AT2
ausgezeichnet 6/B3b
aus|geben, ausgegeben 8/A1b
Aushang, der, "-e 10/AT2
Aushilfe, die, -n 10/A2
Auslandsversicherung, die, -en 9/B1b
aus|leihen, ausgeliehen 13/AT2
aus|probieren 1/C2a
aus|rufen, ausgerufen 12/B1b
aus|schalten 5/C2b
außerhalb 6/AT1
aus|wählen 2/C1b
Ausweis, der, -e 11/C2a
auswendig 1/C2a
aus|ziehen, ausgezogen 12/klar3
autogenes Training, Sg. 9/E1
Automat, der, -en 13/A2a
Autopanne, die, -n 11/B2a
Autoradio, das, -s 2/B3b
Autounfall, der, "-e 11/B1a

Autoreparatur, die, -en 13/B4a
Autowerkstatt, die, "-en 4/A2a

B

baden 13/C2
Badesachen, Pl. 11/A6a
Badewanne, die, -n 9/klar4b
Bankomat, der, -en 13/A2a
Bargeld, das, Sg. 13/AT2
Batterie, die, -n 13/C3a
Bedingung, die, -en 10/A2
beenden 5/C2a
befreundet sein 14/B2
befriedigend 4/A5
Begegnung, die, -en 12/A1a
beide 4/A2a
Bekannte, der/die, -n 10/AT2
belastbar 10/A1a
Beleg, der, -e 5/A3
belegt 12/C1a
beliebt 12/B1b
beraten, (*hier:* sich beraten lassen) 12/A1a
Beratung, die, -en 9/B2a
Bericht, der, -e 5/B1
Berufsausbildung, die, Sg. 10/C1a
berufsbezogen 8/A2
Berufschance, die -n 8/A3
Berufserfahrung, die, -en 10/A2
Berufsschule, die, -n 4/A1
Bescheid sagen 5/B1
besetzt 11/B2b
besondere, -s, -r 13/B3b
besonders 12/B1b
besorgen 7/C3a
besprechen, besprochen 4/B5a
Besprechung, die, -en 5/B5

bestätigen 13/A3b
bestehen, bestanden 3/A2a
betrachten 11/A1a
Betrag, der, "-e 13/A3b
Betreffzeile, die, -n 2/C1b
Betriebsfeier, die, -n 7/A1
Betriebsrat, der, "-e 5/B1
Betriebsversammlung, die, -en 5/B1
bewegen (+ sich) 9/AT1a
bewerben (+ sich + um), beworben 8/B1c
Bewerbung, die, -en 4/klar3
Bewerbungsfoto, das, -s 10/C1c
Bewerbungsmappe, die, -n 10/AT1
Bewerbungsschreiben, das, - 10/C1c
Bezahlung, die, -en 10/B3
Bezirksblatt, das, "-er 10/B1b
Bibliotheksausweis, der, -e 13/AT1
bieten, geboten 2/B3b
binden, gebunden 5/AT1a
Biografie, die, -n 1/A1a
Biologie, die, Sg. 4/AT1b
bisher 9/B1a
blühen 14/C1b
Blumenstrauß, der, "-e 5/AT1a
Blut, das, Sg. 9/C1
Boden, der, "- 3/A3a
Bohrschrauber, der, - 6/C4a
Braut, die, "-e 7/B1b
Bräutigam, der, -e 7/B1c
Brautkleid, das, -er 7/B1a
Brautpaar, das, -e 7/B4b
Brieftasche, die, -n 11/A6a
Bronzemedaille, die, -n 1/A1a
Brust, die, "-e 1/A1a

224 *zweihundertvierundzwanzig*

buchen 11/A4

Buddhist/in, der/die,
-en/-nen 7/D1

bügeln 9/C5

Bürgerservice, das, -s 12/C3

Busfahrer/in, der/die,
-/-nen 5/AT1b

C

Campingplatz, der, "-e 11/A3b

CD, die, -s 1/C5

Chance, die, -n 8/A2

chatten 2/A1

Chemie, die, Sg. 4/AT1b

Christ/in, der/die,
-en/-nen 7/D1

Co (hier: E-Mail und Co) 2/C

Computerführerschein, der,
-e 8/C3a

Computerkenntnisse, Pl. 8/B1c

Computerkurs, der, -e 1/C5

Computerprogramm,
das, -e 5/B3

D

dabei sein 7/C2a

dafür 2/B7

dagegen 2/B7

damals 4/B1a

damit 8/A2

Dari 1/B2a

dass 2/B6c

Datei, die, -en 2/C1a

Decke, die, -n 6/C3a

denken, gedacht 2/A2a

depressiv 1/B1d

deshalb 1/A1a

Deutschkenntnisse, die,
Pl. 10/A2

Deutschprüfung, die,
-en 3/A2a

Deutschtest, der, -s 3/A2a

Deutschübung, die, -en 2/A2c

Diätmenü, das, -s 2/B5

Dialekt, der, -e 1/C5

dick 9/AT1a

Dieb, der, -e 13/B2a

diese, -s, -r 5/C1b

Digitalkamera, die, -s 13/C3a

Ding, das, -e 12/klar7

direkt 8/klar1

doch (hier: Doch, ich habe
Zeit.) 3/B1b

Dokument, das, -e 9/B1a

dreimal, drei Mal 9/D2b

drüben 6/klar3

drücken 5/C2a

Dübel, der, - 6/C4a

Duft, der, "-e 13/B5

Durchschnitt, der, Sg. (hier:
im Durchschnitt) 2/B3b

Durchwahl, die, -en 12/C1a

E

echt 7/B3

Ehe, die, -n 14/A2a

ehrenamtlich 12/A1a

ehrlich 10/A3

eigen 1/A

Eigenschaft, die, -en 10/A2

ein|bauen 9/C5

ein|checken 11/AT1

ein|geben, eingegeben 13/A3b

Einkommen, das, Sg. 13/A2a

einmal, ein Mal 8/B1c

ein|räumen 5/D1b

einsam 6/B3a

ein|schalten 2/B3b

ein|schlafen, eingeschla-
fen 9/E2

Einverständnis, das, -se 4/B5a

ein|zahlen 13/A1

einzig 7/C2a

Elektroabteilung, die,
-en 5/klar2

Elektroartikel, der, - 5/A4

Elternabend, der, -e 4/B3

Elterncafé, das, -s 12/A2a

E-Mail, das/die, -s 2/C

E-Mail-Adresse, die, -n 2/C1a

E-Mail-Programm, das,
-e 2/C1b

endlich 3/AT

Energie, die, Sg. 2/B5

eng 7/B1a

engagieren (+ sich) 12/A2a

engagiert 10/A1a

entnehmen, entnom-
men 13/A3b

entspannen (+ sich) 9/AT1a

entspannend 2/AT2

Entspannung, die, Sg. 9/B2a

Entspannungsübung, die,
-en 9/klar4b

Erde, die, Sg. 13/B5

erfahren, erfahren 11/klar1

erinnern (+ sich + an) 14/B1b

ernähren (+ sich) 9/AT1a

ernst 12/AT1

eröffnen 13/A2a

erreichbar 2/AT2

erschöpft 6/B3b

erst 3/C1a

erzählen 1/A

zweihundertfünfundzwanzig **225**

Alphabetische Wortliste

Erzieher/in, der/die,
-/-nen 5/AT
Essen, das, - 7/A5
Existenzgründerkurs, der,
-e 8/A2

F
Fach (1), das, "-er (Schul-
fach) 4/A5
Fach (2), das "-er 5/C1b
Fahrer/in, der/die, -/-nen 10/A2
Fahrradtour, die, -en 9/klar5
Fahrzeug, das, -e 13/B4a
Fall, der, "-e (*hier:* in diesem
Fall) 9/B1a
fallen, gefallen 3/A3a
Familienmitglied, das,
-er 13/B3a
Familienwagen, der, - 13/B4a
Fan, der, -s 14/B3a
fantastisch 6/B3a
Farbroller, der, - 6/C4a
fast 4/B1a
Fasching, der, Sg. 7/D
Fehler, der, - 1/C2a
Feierabend, der, -e 2/B5
Feiertag, der, -e 7/AT2a
Fensterbank, die, "-e 13/klar4
Ferienwohnung, die, -en 11/A2
Fernsehen, das, Sg. 2/B
Fernsehfilm, der, -e 2/B1a
Fernsehprogramm, das,
-e 2/B1a
fertig 5/B1
fest 10/A5
Festtag, der, -e 7/D
fettarm 9/AT1a
fit 6/B3b
Fitnessstudio, das, -s 3/C1a

fleißig 4/A3
flexibel 10/A1a
Florist/in, der/die,
-en/-nen 5/AT
Flug, der, "-e 11/AT1
Flugticket, das, -s 11/A5
Förderung, die, -en 8/B1a
Fortbildung, die, -en 8/B1b
Fortgeschrittene, der/die,
-n 8/A1a
Fotoapparat, der, -e 7/klar5
Fotokopierer, der, - 5/klar5
Frauenfreundschaft, die,
-en 14/A1b
Freitagvormittag, der, -e 5/B1
freiwillig 12/A4a
Freude, die, Sg. 14/C1b
freuen (+ sich) 6/B2a
freundlich 4/AT1b
Freundschaft, die, -en 14/AT2
Freundschaftsgeschichte, die,
-n 14/B
frisch 9/E1
froh 7/C4a
fröhlich 7/B3
fühlen (+ sich) 6/B3a
Fußballstadion, das,
-stadien 3/A2a
Fußboden, der, "- 6/C2

G
Gabel, die, -n 3/A3a
Garantieschein, der, -e 13/C3b
Gartenstuhl, der, "-e 13/klar4
Gast, der, "-e 3/A3a
Gastgeber/in, der/die,
-/-nen 7/C1
Gasthaus, das, "-er 13/C2
Gebrauchtwagen, der, - 13/B4a

Geburtstag, der, -e 7/A1
Gedanke, der, -n 14/C
Gedicht, das, -e 6/B3a
geduldig 10/A3
geeignet sein 11/A3a
Gefühl, das, -e 14/A1b
gegen 9/C1
Geheimzahl, die, -en 13/A3b
gemeinsam 12/AT1
Gemüsesuppe, die, -n 13/klar4
genügend 4/A5
Gerät, das, -e 12/klar7
Gericht, das, -e 13/B2a
Geringfügigkeitsbasis, die,
Sg. 10/A2
Geschäftsreise, die, -n 11/AT1
Geschenk, das, -e 7/C1
Geschichte (1), die, Sg. 1/AT
Geschichte (2), die, Sg. (*hier:*
Schulfach) 4/AT1b
Geschirr, das, Sg. 7/A3
Gespräch, das, -e 5/C2a
Gesprächsthema, das,
-themen 2/B3b
gesund 2/B5
Getreideprodukt, das, -e 9/A1a
getrennt (*hier:* Zusammen
oder getrennt?) 3/B4a
gewinnen, gewonnen 1/A1a
gewohnt sein 10/C4a
Gitarre, die, -n 8/A3
Gitarrenkurs, der, -e 8/A3
Glückwunsch, der, "-e 3/B1a
Grammatik, die, -en 1/C4a
Gras, das, "-er 14/C2
Guthaben, das, - 13/A2a
Gymnasium, das,
Gymnasien 4/A1

H

Haftpflichtversicherung, die, -en **13/B1**

Haftung, die, Sg. **13/B3b**

Halbpension, die, Sg. **11/A3a**

Hammer, der, "- **6/C4a**

Handball, der, "-e **10/C1a**

Handschuh, der, -e **7/B1a**

Handtuch, das, "-er **11/A6a**

Hauptschulabschluss, der, "-e **4/B1a**

Hauptschule, die, -n **4/A1**

Hauptspeise, die, -n **3/B5a**

Hausaufgabenhilfe, die, -n **12/A1a**

Haushaltsversicherung, die, -en **13/B1**

Haustier, das, -e **6/A1a**

Heimwerkerkurs, der, -e **8/AT1a**

Heiratsurkunde, die, -n **9/B1a**

hektisch **1/AT1b**

Herzlichen Glückwunsch! **3/B1a**

heutig **1/A1a**

Hilfe, die, -n **4/B5a**

hilfsbereit **7/B3**

Hindu, der/die, -s **7/D1**

Hinflug, der, "-e **11/A5**

Hochzeitsfeier, die, -n **7/A1**

hoffentlich **6/B2a**

höflich **5/A5a**

Höhepunkt, der, -e **1/A1a**

Hotel, das, -s **2/klar5**

Hotelkauffrau, die, -en **4/klar5**

Humor, der, Sg. **14/C3a**

I

impfen (+ gegen) **9/C1**

Informatiklehrer/in, der/die, -/-nen **8/B1c**

Information, die, -en **2/B3b**

Informationssendung, die, -en **2/B6b**

informieren **2/B7**

informieren (jmd. + über) **8/B1c**

informieren (+ sich + über) **8/B3a**

Inklusivmiete, die, -n **6/A1c**

Innenstadt, die, "-e **6/AT1**

installieren **5/B1**

Institution, die, -en **8/B1a**

Instrument, das, -e **5/AT1a**

Interesse, das, -n **10/C1a**

interessieren (+ sich + für) **8/B**

interkulturell **7/D**

international **12/C1a**

Internetanbieter, der, - **2/C2**

Internetzugang, der, "-e **2/C2**

J

Jause, die, Sg. **4/B5a**

jederzeit **8/C2b**

jemand **6/A4**

Job, der, -s **3/B1a**

Jubiläum, das, Jubiläen **7/A4**

Jude/Jüdin, der/die, -n/-nen **7/D1**

Jugend, die, Sg. **14/B3a**

jung **1/B1a**

K

Kaffeemaschine, die, -n **13/C4**

Kalender, der, - **7/D**

Kalligraphie, die, Sg. **8/C5a**

Kamera, die, -s **13/B2a**

Karte, die, -n **13/AT1**

Katze, die, -n **3/A3a**

Kaution, die, -en **6/A1b**

Kenntnisse, Pl. **10/C1a**

Kerze, die, -n **7/A3**

Kette, die, -n **7/A3**

Kfz-Mechatroniker/in, der/die, -/-nen **4/A2a**

Kfz-Versicherung, die, -en **13/B1**

Kilometer, der, - **11/B2a**

Kindersendung, die, -en **2/B1a**

Kinofilm, der, -e **8/klar5**

Klasse, die, -n, (Schulklasse) **4/AT1b**

Klassenkassa, die, -en **4/B3**

Klassenvorstand, der, "-e **4/B5b**

Kleinwagen, der, - **13/B4a**

knacken **4/B5a**

Knopf, der, "-e **5/C2a**

Kochidee, die, -n **8/A3**

Komödie, die, -n **14/B3a**

Konto, das, Konten **13/A1**

Kopierer, der, - **5/C1a**

Kosten, Pl. **4/B5a**

kostenlos **13/A2a**

Krawatte, die, -n **7/A3**

kreativ **10/A3**

Krieg, der, -e **1/A1a**

Küchenhilfe, die, -n **10/B3**

Kühlregal, das, -e **5/D2b**

Kulturverein, der, -e **12/B1b**

kündigen **6/A3b**

zweihundertsiebenundzwanzig **227**

Alphabetische Wortliste

Kunst, die (*hier:* Schulfach) **4/AT1b**
Kunstunterricht, der, Sg. **4/B3**
Kursprogramm, das, -e **8/C3b**
küssen (+ sich) **6/B4a**

L
lächeln 12/AT1
lachen 12/AT1
Landkarte, die, -n **11/C2a**
lassen, gelassen **9/C4a**
laufen, gelaufen **3/A3a**
Lautsprecher, der, - **11/klar1**
Lebenslauf, der, "-e **10/C1a**
legen 6/C3a
Lehre, die, -n **4/A2a**
Lehrjahr, das, -e **4/A2a**
leicht 1/C2a
leidtun, leidgetan **5/A2b**
Leiter, die, -n **6/C4a**
Lerntyp, der, -en **1/C3**
Liebesfilm, der, -e **3/klar6**
Lieblingsfach, das, "-er **4/AT1b**
LKW-Fahrer/in, der/die,
-/-nen **8/A3**
LKW-Führerschein, der,
-e **8/AT1a**
Löffel, der, - **3/A3a**
löschen 2/C1a
Luft, die, Sg. **9/E1**
lustig 1/C2a

M
machen (*hier:* Das macht
10 Euro.) **3/B4a**
machen (*hier:* Das macht
nichts!) **11/B2a**
Magenschmerzen, Pl. **9/D1b**

Makler/in, der/die,
-/-nen **6/A1b**
malen 8/C5a
Malkurs, der, -e **14/A2a**
Männerfreundschaft, die,
-en **14/A1b**
Männerurlaub, der, -e **14/B3a**
Maschine, die, -n **12/A2**
Mathematik, die, Sg. **4/AT1b**
Mathematiklehrer/in, der/
die, -/-nen **1/klar2a**
Matura, die, Sg. **1/A1a**
matt **6/B3b**
Medien, Pl. **2/AT**
Medizin, die, Sg. **4/A5**
mehrmals **14/B1b**
meisten (*hier:* die meis-
ten) **5/AT1b**
meistens 6/A4
Melange, die, Sg. **3/B5a**
melden 13/B2a
Menü, das, -s **5/C2b**
merken 13/B2a
Messer, das, - **3/A3a**
mieten 12/C1a
Mietwagen, der, - **13/B4a**
Mieter/in, der/die,
-/-nen **6/A3a**
Milchprodukt, das, -e **9/A1a**
Million, die, -en **12/B1b**
mit (*hier:* mit sechs
Jahren) **4/A2a**
Mitarbeiter/in, der/die,
-/-nen **5/B1**
mit|geben, mitgegeben **4/B5a**
Mitglied, das, -er **12/B1b**
Mitgliedsbeitrag, der,
"-e **12/B1b**
Mitmenschen, Pl. **12/B1b**

mittags **10/B3**
Mitte, die, Sg. **2/AT1**
Mitteilung, die, -en **5/B**
Mode, die, -n **8/klar5**
modisch **7/klar6**
Möglichkeit, die, -en **8/B1c**
monatlich 13/A2a
Monatskarte, die, -n **13/AT2**
Monatsmiete, die, -n **6/A1a**
Moslem/in, der/die,
-s/-nen **7/D1**
Motor, der, -en **5/AT1a**
MP3-Player, der, - **2/AT1**
mündlich 6/A3b
Museum, das, Museen **11/A1b**
Musiksendung, die, -en **2/klar2b**

N
na ja **14/B3a**
nach (*hier:* Das Radio
ist nach dem Fernsehen
Nummer 2.) **2/B3b**
Nachbarschaftszentrum, das,
-zentren **12/A**
Nachhilfe, die, Sg. **4/A2a**
Nachname, der, -n **10/C1a**
nach|sitzen, nachge-
sessen **4/B1a**
Nachspeise, die, -n **3/B5a**
nach|sprechen, nachge-
sprochen **1/C2a**
Nagel, der, "- **6/C4a**
nähen 8/A2
Nähkurs, der, -e **8/A2**
nämlich 4/A2a
Nationalmannschaft,
die, -en **1/A1a**
natürlich 1/B2a
Nebenwirkung, die, -en **9/D1b**

negativ 1/A1c

nervös 9/E2

Nettomiete, die, -n 6/A1a

Neue Mittelschule, die, Sg. 4/A1

neugierig 12/AT1

Neujahr, das, Sg. 7/C4a

Neuwagen, der, - 13/B4a

normal A/1a

normalerweise 4/A2a

Note, die, -n 4/AT1b

Notiz, die, -en 5/B5

Notrufsäule, die, -n 11/B1b

Notrufzentrale, die, -n 11/B1b

nützlich 2/A3

O

ob 10/B1c

Obstkorb, der, "-e 7/A3

öffentlich 6/AT2

Ohrring, der, -e 7/B1b

Olympiade, die, -n 1/A1a

Online-Banking, das, Sg. 13/A2a

Online-Spiel, das, -e 2/A2c

Orangenöl, das, -e 9/E1

Ordner, der, - 5/A3

organisieren 12/A1a

Ostern 7/C4a

P

Pannendienst, der, -e 11/B1b

Parfum, das, -s 7/A3

Party, die, -s 7/C1

Pausenregel, die, -n 5/B3

per 11/klar1

Pensionist/in, der/die, -en/-nen 2/A2a

Pensionsversicherung, die, -en 13/B1

Personalberater/in, der/die, -/-nen 10/A1a

persönliche Daten 10/C1a

pflanzen 9/C5

Physik, die, Sg. 4/AT1b

Pilot/in, der/die, -en/-nen 5/AT

PIN-Code, der, -s 13/A2a

Pinsel, der, - 6/C4a

Pizzafahrer/in, der/die, -/-nen 10/B1b

Platz (hier: auf Platz eins) 2/B3b

Platz nehmen, Platz genommen 5/D2a

Platzreservierung, die, -en 11/B2b

Pokal, der, -e 1/klar4

Politik, die, Sg. 8/B3a

Politikerwitz, der, -e 14/B4a

Polizist/in, der/die, -en/-nen 5/AT1b

Poly, (Polytechnikum) das, Sg 4/A2a

positiv 1/A1c

Post, die, Sg. 5/B4a

Praktikum, das, Praktika 10/AT2

Praline, die, -n 7/A3

prima 6/B3b

privat 8/C4

pro 2/B3b

Profischwimmen, das, Sg. 1/A1a

Profisport, der, Sg. 1/A1a

Projektwoche, die, -n 4/B3

Prospekt, das/der, -e 5/B1

Pros(i)t Neujahr! 7/C4a

Provision, die, -en 6/A1b

Prozent, das, -e 11/C1a

prüfen 13/C3b

Publizistik, die, Sg. 1/A1a

Punkt, der, -e 13/AT2

pünktlich 4/A3

Q

Quiz, das, Sg. 2/B1a

R

Rad, das, "-er 11/C1a

Raum, der, "-e 4/B5a

Rechtsschutzversicherung, die, -en 13/B1

Regel, die, -n 1/C2a

Regensachen, Pl. 11/C2a

rein 14/B3a

Reinigungskraft, die, "-e 10/C4a

Reisebüro, das, -s 10/A4

Reisedokument, das, -e 11/A7b

Reiseführer, der, - 11/C2a

Reisende, der/die, -n 11/AT1

Reiseplanung, die, Sg. 11/C

Reiseversicherung, die, -en 13/B3a

Reisevorbereitung, die, -en 11/A

Reisezeit, die, -en 11/A5

Reklamation, die, -en 13/C3a

reklamieren 13/C

renovieren 6/C1

Reparatur, die, -en 8/C4

reparieren 5/AT1a

reservieren 3/B4a

romantisch 7/B1a

Rotwein, der, -e 3/B4a

Rückflug, der, "-e 11/A5

Rucksack, der, "-e 11/A6a

Russischlehrer/in, der/die, -/-nen 1/B1d

zweihundertneunundzwanzig **229**

Alphabetische Wortliste

S

Sache, die, -n 11/A6b

samstags 3/AT2

Samstagvormittag, der, -e 6/A1b

Satz, der, "-e 1/C2a

sauber 1/AT1b

Säule, die, -n 11/B2a

Schachtel, die, -n 7/A3

schade 7/A2b

Schaden, der, "- 13/B2a

schaffen 1/B

Schalter, der, - 12/C3

schenken 7/A3

Schicht, die, -en (hier: soziale Schicht) 12/A1a

Schichtarbeit, die, Sg. 10A/1b

Schirm, der, -e 3/A3a

Schlafsack, der, "-e 11/C2a

schlank 2/B5

Schleier, der, - 7/B1a

Schmuck, der, Sg. 7/A3

Schokoladeeis, das, Sg. 13/klar4

Schraube, die, -n 6/C4a

schriftlich 1/C2a

Schularbeit, die, -en 4/B3

Schulbildung, die, Sg. 10/C1a

Schüler/in, der/die, -/-nen 2/A2a

Schulhof, der, "-e 4/AT1b

Schuljahr, das, -e 4/A2a

Schulzeit, die, Sg. 4/B2a

Schutz, der, Sg. 13/B3b

schwach 6/B3b

Schwiegereltern, Pl. 3/C1a

schwierig 1/B3

Schwimmprofi, der, -s 1/klar4

Schwimmunterricht, der, Sg. 4/B3

selber 9/C5

selbstverständlich 5/A4

Sendung, die, -en 2/B1b

Serviette, die, -n 3/A3a

sicher 10/B2

Silvester 7/AT1a

SIM-Karte, die, -n 5/C2a

SMS, das/die, - 3/B1a

Software, die, Sg. 5/B1

Softwareprogramm, das, -e 8/B1c

sogar 12/B1b

Sondertarif, der, -e 13/B3a

Sonnenhut, der, "-e 11/A6a

Sonntagabend, der, -e 3/B4a

sozial 12/A1a

spannend 2/AT2

sparen 9/C5

Sparverein, der, -e 12/B1b

Spaziergang, der, "-e 9/E1

Spedition, die, -en 5/D2b

speichern 2/C1a

Speisekarte, die, -n 3/A3a

Sportler/in, der/die, -/-nen 1/A1a

Sportsendung, die, -en 2/B1a

Sportunterricht, der, Sg. 4/B3

Sportverein, der, -e 12/B1b

Sportwagen, der, - 13/B4a

Sprachkurs, der, -e 1/B1d

Spritze, die, -n 9/C1

Spruch, der, "-e 14/C3a

Staatsbürgerschaft, die, -en 1/A1a

Städtereise, die, -n 11/C1a

Stadtfest, das, -e 12/C3

Stadtwerke, Pl. 12/klar3

Stand, der, "-e 12/C1a

Standmiete, die, -n 12/C1a

stark 6/B3a

Start-Taste, die, -n 5/C1b

Stau, der, -s 11/AT1

Steak, das, -s 3/B4a

stecken 13/A3b

stehlen, gestohlen 13/B2a

Stelle, die, -n 8/B1c

stellen (hier: eine Frage stellen) 4/B1a

stellen 5/D2b

steuern 5/AT1a

stimmen (hier: Stimmt so.) 3/B4a

stimmen (hier: Das stimmt.) 8/B1c

Stimmung, die, Sg. 7/C2a

Störung, die, -en 12/C1a

Strafe, die, -n 12/C3

Strauß, der, "-e 13/B5

streichen, gestrichen 6/C1

streng 4/AT1b

Stress, der, Sg. 7/klar4

stressig 9/E1

Studienplatz, der, "-e 4/A2a

Studium, das, Sg. 1/B1c

stundenlang 14/B2

Stundenlohn, der, "-e 10/B1b

surfen 2/AT1

sympathisch 6/B1b

T

Tablette, die, -n 9/D1b

Tageszeitung, die, -en 2/B3a

Tai Chi 8/C4

Tanzfläche, die, -n 7/C2a

Tanzschule, die, -n 14/B1b

Tapete, die, -n 6/C2

tapezieren 6/C1

Taschengeld, das, Sg. 4/B4

Taschentuch, das, "-er **7/B1a**

Taste, die, -n **5/C1b**

Tarif, der, -e **13/B3b**

Tätigkeit, die, -en **10/A2**

Tatsache, die, -n **14/B3a**

tauschen **7/B4b**

Teamarbeit, die, Sg. **10/C4a**

teamfähig **10/A1a**

Technik, die, Sg. **4/A2a**

Teddybär, der, -en **7/A3**

teilen (+ sich etwas) **14/AT2**

teil|nehmen (+ an),
teil|genommen **8/B1c**

Teilzeit, die, Sg. **10/A2**

Telefonzentrale, die, -n **12/C1a**

Teller, der, - **3/A3a**

Text, der, -e **2/C1a**

Thriller, der, - **14/B3a**

Ticket, das, -s **11/C2b**

Tierfilm, der, -e **2/B1a**

Tiersendung, die, -en **2/klar2b**

tja **14/B3a**

Topf, der, "-e **13/B5**

Tourismus, der, Sg. **10/A4**

Tourist/in, der/die,
-en/-nen **7/klar6**

transportieren **9/C5**

Transportwagen, der, - **13/B4a**

Traum, der, "-e **10/A4**

traurig **12/AT1**

Treffpunkt, der, -e **12/AT**

trennen (+ sich) **6/B4a**

Turnverein, der, -e **12/B1b**

U

überall **11/C1a**

überlegen (+ sich) **13/A2a**

übermorgen **7/C3b**

übernachten **4/klar2**

überprüfen **5/AT1a**

überraschen **6/C1**

Übersetzer/in, der/die,
-/-nen **2/A2a**

Überstunde, die, -n **10/C3a**

Übung, die, -en **1/C2a**

Übungsheft, das, -e **4/B4**

umarmen (+ sich) **12/AT1**

Umfrage, die, -n **9/A2a**

um|melden (+ sich) **12/C2**

Umzug, der, "-e **7/klar4**

unbedingt **1/C5**

unbegrenzt **6/A3b**

unbezahlt **12/B1b**

unfreundlich **6/B1b**

ungemütlich **13/C2**

ungesund **9/AT1a**

Universität, die, -en **1/A1a**

unkompliziert **7/C2a**

unpünktlich **14/B2**

unsicher **8/A1b**

unsympathisch **6/B1b**

unter- (*hier:* der untere
Abschnitt) **4/B5a**

unterhalten (+ sich),
unterhalten **7/C2a**

Unterkunft, die, "-e **11/C2b**

unternehmen, unternom-
men **14/A1b**

Unterschied, der, -e **14/A1b**

unterschiedlich **12/B1b**

Untersuchung, die, -en **9/C4a**

unwichtig **2/AT2**

Urlaubsfoto, das, -s **11/A1a**

Urlaubsreise, die, -n **11/AT1**

Ursache, die (*hier:* Keine
Ursache!) **12/C1a**

V

Vase, die, -n **6/C3b**

Veranstaltung, die, -en **12/B1b**

verbinden, verbunden **12/C1a**

verbringen, verbracht **3/C1a**

verdienen **4/A3**

Verein, der, -e **1/A1a**

Vereinsleben, das, Sg. **12/B1b**

vergleichen, verglichen **2/A1**

Verkehrsmeldung, die,
-en **2/B3b**

Verkehrsverbund, der, -e **12/C3**

verlassen (+ sich + auf) **14/A1b**

verlassen, verlassen **1/A1a**

verlieben (+ sich) **6/B4a**

vermieten **6/A1b**

Vermieter/in, der/die,
-/-nen **6/A3a**

Vermutung, die, -en **2/A2b**

verraucht **13/C2**

verreisen **11/A5**

verschieben, verschoben **5/B1**

verschieden **10/A1a**

verschlafen, verschlafen **8/A3**

verschreiben, verschrie-
ben **9/D1b**

versichert sein **9/B1a**

Versicherung, die, -en **13/AT**

Versicherungsschutz, der,
Sg. **13/B3a**

verstehen (+ sich), verstanden **14/B3a**

versuchen **9/E1**

vertrauen **14/B3a**

verwählen (+ sich) **12/C1a**

Visum, das, Visa **11/A4**

Vollzeit, die, Sg. **10/A2**

Volksschule, die, -n **4/A1**

Voraussetzung, die, -en **10/A2**

zweihunderteinunddreißig **231**

Alphabetische Wortliste

Vorbereitung, die, -en 7/klar3

vorgestern 7/C2a

vorher 6/B2a

vor|legen 12/C3

Vorort, der, -e 6/AT1

Vorschlag, der, "-e 11/C2b

vor|schlagen, vorgeschlagen 11/C2b

Vorspeise, die, -n 3/B5a

vor|sprechen, vorgesprochen 1/C2a

vor|stellen (+ sich) 6/B2a

Vorstellungsgespräch, das, -e 10/AT1

W

wach 2/B5

Wagen, der, - 11/B2a

Wagenheber, der, - 13/B4a

Wagennummer, die, -n 11/B2b

Wagentür, die, -en 13/B4a

wählen 4/B1a

Waldspaziergang, der, "-e 14/B2

Wand, die, "-e 6/C2

Wanderkarte, die, -n 11/A6a

Wanderung, die, -en 11/A7b

Wandfarbe, die, -n 6/C4a

Wärme, die, Sg. 14/C1b

warum 2/AT2

Wäscherei, die, -en 10/B3

Was für ein/eine ... ? 7/B2

Wecker, der, - 8/A3

weg 4/A2a

Weihnachten 7/AT1a

weil 2/A2c

weinen 14/C1a

weiter 1/A1a

weiter|arbeiten 10/C4a

weiter|bilden (+ sich) 8/B1c

Weiterbildungsmaßnahme, die, -n 8/B1a

weitere 2/C1a

Welt, die, Sg. 2/B3b

weltweit 13/A2a

wenige 9/A2b

wenn 4/A2a

Werbespot, der, -s 2/B5

Werbung, die, Sg. 2/B4a

werden, geworden 1/A1a

werfen, geworfen 7/B4b

Werk, das, -e 13/C3b

Werkstatt, die, "-en 5/B3

Wetterbericht, der, -e 2/B3b
wichtig nehmen 10/A1a

wissen, gewusst 5/A3

Wochenendarbeit, die, Sg. 10/A2

wohl|fühlen (+ sich) 6/B2a

Wohlfühlsessel, der, - 2/B5

Wonne, die, Sg. 14/C2

Wort, das, "-er 1/C2a

Wortkarte, die, -n 1/C2a

wozu 8/A3

wunderschön 7/B1a

Y

Yoga-Kurs, der, -e 9/E1

Z

z. B. = zum Beispiel 12/A1a

Zahn, der, "-e 9/C4a

zahlen 3/klar2a

zeigen 5/B3

Zeitarbeitsfirma, die, -firmen 10/AT2

Zeitschrift, die, -en 2/B3a

Zeitstrahl, der, Sg. 1/A1b

Zelt, das, -e 11/C2a

zentral 6/AT1

Zettel, der, - 6/A1b

Zeugnis, das, -se 4/A5

Ziel, das, -e 8/A2

Zinsen, meistens Pl. 13/A2a

zu Ende 4/B5a

zu (*hier:* Die Stadt ist zu groß.) 1/AT1b

Zugfahrkarte, die, -n 11/C2a

zu|hören 1/C2a

zu|nehmen, zugenommen 9/AT1a

zurück|bekommen, zurückbekommen 13/C3b

zurück|bringen, zurückgebracht 4/B5a

zurück|schreiben, zurückgeschrieben 3/A2a

zurzeit 12/C1a

zusammen|arbeiten 10/A1a

zuständig 12/C1a

zuverlässig 10/A1a

zweimal, , zwei Mal 9/D2b

Zwilling, der, -e 6/B2a

232 *zweihundertzweiunddreißig*

Antwortbogen

Lesen

Teil 1

1 □ □ □ □ □ □
   a b c d e f

2 □ □ □ □ □ □
   a b c d e f

3 □ □ □ □ □ □
   a b c d e f

Teil 2

4 □ □ □
   a b c

5 □ □ □
   a b c

6 □ □ □
   a b c

7 □ □ □
   a b c

Teil 3

8   □ □ □
    a b c

9   □ □ □
    a b c

10 □ □ □
    a b c

11 □ □ □
    a b c

12 □ □ □
    a b c

13 □ □ □
    a b c

14 □ □ □
    a b c

15 □ □ □
    a b c

Teil 4

16 □ □ □
    a b c

17 □ □ □
    a b c

18 □ □ □
    a b c

19 □ □ □
    a b c

20 □ □ □
    a b c

zweihundertdreiunddreißig **233**

Antwortbogen

Hören

Teil 1

1 ☐ ☐ ☐
   a   b   c

2 ☐ ☐ ☐
   a   b   c

3 ☐ ☐ ☐
   a   b   c

4 ☐ ☐ ☐
   a   b   c

5 ☐ ☐ ☐
   a   b   c

6 ☐ ☐ ☐
   a   b   c

7 ☐ ☐ ☐
   a   b   c

Teil 2

8 ☐ ☐ ☐
   a   b   c

9 ☐ ☐ ☐
   a   b   c

Teil 3

10 ☐ ☐ ☐
    a   b   c

11 ☐ ☐ ☐
    a   b   c

12 ☐ ☐ ☐
    a   b   c

Teil 4

13 ☐ ☐
    Richtig   Falsch

14 ☐ ☐
    Richtig   Falsch

15 ☐ ☐
    Richtig   Falsch

234 *zweihundertvierunddreißig*

Bildkarten

1 Medien. Ordnen Sie zu.

○ der Fernseher   ○ die Zeitschrift   ○ die CD
○ das Radio   ○ das Buch   ○ die DVD
○ das Handy   ○ die Playstation   ○ der MP3-Player
○ die Tageszeitung ○ der Film   ○ der Gameboy

Bildkarten

2 Rund um den Computer. Ordnen Sie zu.

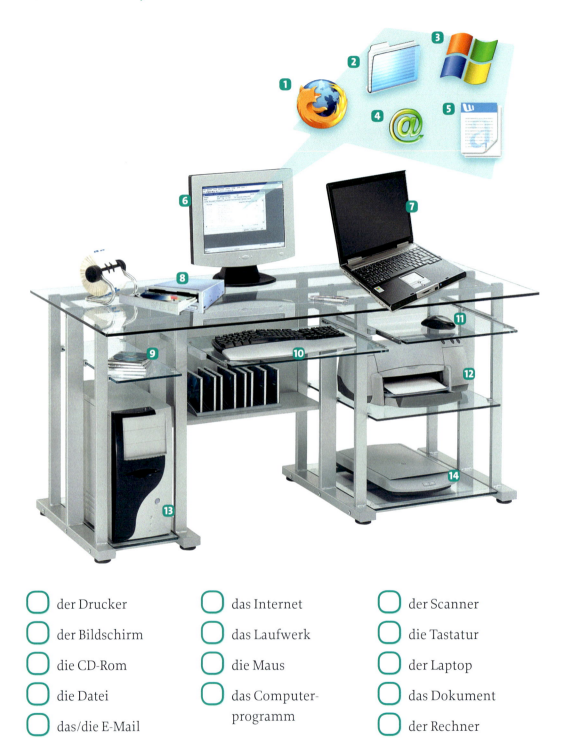

○ der Drucker   ○ das Internet   ○ der Scanner
○ der Bildschirm   ○ das Laufwerk   ○ die Tastatur
○ die CD-Rom   ○ die Maus   ○ der Laptop
○ die Datei   ○ das Computer-   ○ das Dokument
○ das/die E-Mail   programm   ○ der Rechner

3 Berufe. Ordnen Sie zu.

○ die Übersetzerin
○ die Hotelkauffrau
○ der Ingenieur
○ die Erzieherin
○ die Pilotin

○ der Kfz-Mechatroniker
○ die Floristin
○ der Polizist
○ der Restaurantfachmann

○ das Zimmermädchen
○ der Hotelmanager
○ der Elektroniker
○ die Gärtnerin
○ der Installateur

zweihundertsiebenunddreißig 237

Bildkarten

4 Im Restaurant. Was sehen Sie auf dem Tisch? Ordnen Sie zu.

○ die Gabel
○ die Kerze
○ der Pfeffer
○ der Teller
○ die Flasche
○ das Messer
○ das Salz
○ die Serviette
○ der Löffel
○ das Öl
○ das Glas
○ die Tasse

5 Speisen. Ordnen Sie zu.

○ Schnitzel mit Erdäpfelsalat
○ Schweinsbraten mit Knödeln und Sauerkraut
○ Steak mit Pommes Frites und Salatgarnitur
○ Forelle mit Bratkartoffeln
○ Geschnetzeltes mit Champignons und Reis
○ Spaghetti mit Basilikum-Pesto und Tomaten

238 *zweihundertachtunddreißig*

6 Wohnen. Ordnen Sie zu.

○ das Hochhaus
○ das Mietshaus
○ das Einfamilienhaus
○ das Reihenhaus

○ der Altbau
○ der Neubau
○ der Bauernhof

○ die Großstadt
○ die Kleinstadt
○ das Dorf

zweihundertneununddreißig **239**

Bildkarten

7 Fasching – Fastnacht – Karneval

Fasching – Fastnacht – Karneval
- ⭕ das Kostüm
- ⭕ die Konfetti (Pl.)
- ⭕ die Luftschlange
- ⭕ der Umzug
- ⭕ der Luftballon

Ostern
- ⭕ das Osterei
- ⭕ der Osterhase
- ⭕ die bemalten Eier
- ⭕ die Schokoladeneier
- ⭕ der Osterstriezel
- ⭕ der Osterstrauß

Heiliger Martin
- ⭕ die Laterne
- ⭕ der Heilige Martin
- ⭕ der Mantel
- ⭕ das Pferd

240 zweihundertvierzig

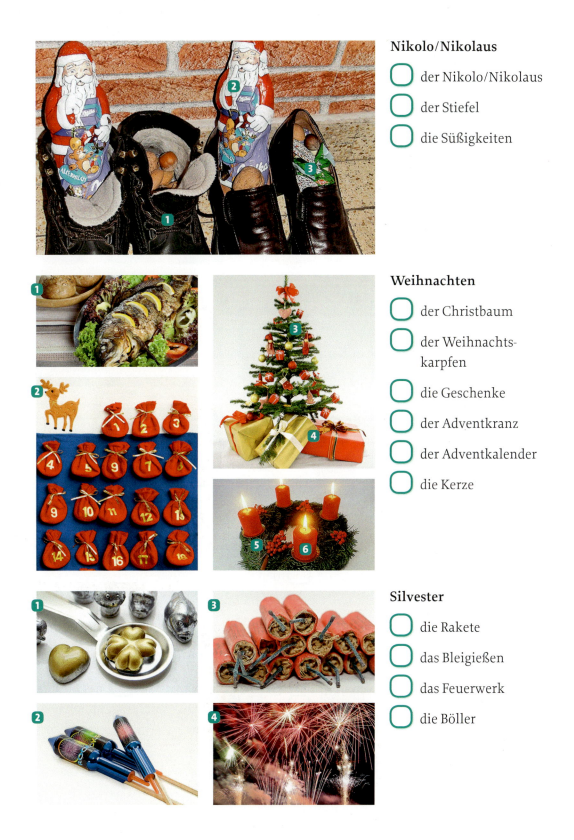

Nikolo/Nikolaus
◯ der Nikolo/Nikolaus
◯ der Stiefel
◯ die Süßigkeiten

Weihnachten
◯ der Christbaum
◯ der Weihnachtskarpfen
◯ die Geschenke
◯ der Adventkranz
◯ der Adventkalender
◯ die Kerze

Silvester
◯ die Rakete
◯ das Bleigießen
◯ das Feuerwerk
◯ die Böller

zweihunderteinundvierzig **241**

Bildkarten

8 Was macht der Arzt? Was kann man beim Arzt machen? Ordnen Sie zu.

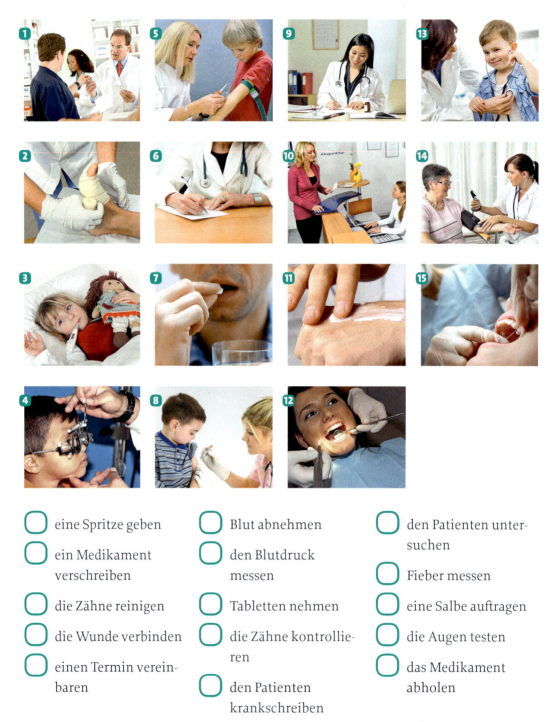

- ○ eine Spritze geben
- ○ ein Medikament verschreiben
- ○ die Zähne reinigen
- ○ die Wunde verbinden
- ○ einen Termin vereinbaren

- ○ Blut abnehmen
- ○ den Blutdruck messen
- ○ Tabletten nehmen
- ○ die Zähne kontrollieren
- ○ den Patienten krankschreiben

- ○ den Patienten untersuchen
- ○ Fieber messen
- ○ eine Salbe auftragen
- ○ die Augen testen
- ○ das Medikament abholen

9 Adjektive. Wie sind die Personen? Ordnen Sie zu.

○ belastbar   ○ engagiert   ○ ernst
○ fleißig   ○ fröhlich   ○ kreativ
○ flexibel   ○ nervös   ○ pünktlich
○ teamfähig   ○ traurig   ○ unpünktlich

Bildkarten

10 Urlaub und Freizeit. Was machen die Leute? Ordnen Sie zu.

- ○ das Zelt aufbauen
- ○ Holz hacken
- ○ eine Sandburg bauen
- ○ mit dem Hund spazieren gehen
- ○ einen Drachen steigen lassen
- ○ Enten füttern
- ○ verstecken spielen
- ○ Feuer machen
- ○ ein Loch buddeln
- ○ sich im Liegestuhl entspannen
- ○ sich sonnen
- ○ wandern

244 zweihundertvierundvierzig

○ im See baden
○ ein Picknick machen
○ Eis essen
○ Ball spielen
○ in der Hängematte schlafen
○ grillen
○ eine Radtour machen
○ malen
○ angeln
○ klettern
○ fotografieren

zweihundertfünfundvierzig **245**

Prüfungsvorbereitung ÖIF-Test Neu: Sprechen

Haben Sie ... ?

Was ... ?

Wo ... ?

Wie ... ?

Bildquellen

Cover © Digitalstock, Jobst (RF) – **U2** © Cornelsen Verlag, Dr. V. Binder – **S. 9** links und oben rechts: © Cornelsen Verlag, Herold; unten rechts: © iStockphoto, Bernard (RF) – **S. 10** 2: © Wolfgang Drabesch; 3: © Cornelsen Verlag – **S. 11** © Cornelsen Verlag, Herold – **S. 12** A, B, D, E: © Taskin – **S. 13** © Jin – **S. 15** © Cornelsen Verlag, Herold – **S. 19** oben links: © iStockphoto, Riedel (RF); oben Mitte: © iStockphoto, nyul (RF); oben rechts + unten Mitte: © Enzelberger; unten links: © Fotolia, snaptitude (RF); unten rechts: © Fotolia, Leopold (RF) – **S. 20** oben 2. von links: © iStockphoto, Sam Burt Photography (RF); unten links: © Fotolia, cdrcom (RF); unten 2. von links: © iStockphoto, Kemter (RF); unten 2. von rechts: © iStockphoto, Stubbs (RF); unten rechts: © iStockphoto (RF) – **S. 21** © iStockphoto, Schmidt (RF) – **S. 23** links: © Fotolia, Pellinni (RF); Mitte: © Fotolia, nachbelichtet (RF); rechts: © Fotolia, Perets (RF) – **S. 25** © Fotolia, Monkey Business (RF) – **S. 26** 1: © Pixelio, Kahnt; 2: © Digitalstock, Lange (RF); 3: © Fotolia, rgbdigital.co.uk (RF); 4: © Fotolia, Fatman73 (RF); 5: © Fotolia, Lye (RF) – **S. 29** rechts: © iStockphoto, Hiersche (RF) – **S. 33** 2: © Cornelsen Verlag, Herold; 3: © Fotolia, Pumba (RF) – **S. 35** oben: © Fotolia, ft_photography (RF); Mitte: © Fotolia, moonboard (RF); unten: © Fotolia, bilderbox (RF) – **S. 39** Mitte und rechts: © Verlag Fraus, Karel Brož – **S. 41** oben: © Fotolia, Bürgi (RF); unten: © iStockphoto, monkey business images (RF) – **S. 42** © iStockphoto, Neustockimages (RF) – **S. 44** oben: © Cornelsen Verlag, Herold; unten: © Cornelsen Verlag, Schulz – **S. 49** oben links: © 123RF, Scariya (RF); oben rechts: © Shotshop, danstar (RF); Mitte links: © iStockphoto, Horrocks (RF); Mitte rechts: © Fotolia, Lerich (RF); unten: © Cornelsen Verlag, Herold – **S. 50** links: © iStockphoto, Reid (RF); 2. von links: © iStockphoto, Bas (RF); 2. von rechts: © Getty Images, Robbins (RF); rechts: © iStockphoto, Weibell (RF) – **S. 53** oben links: © Digitalstock, Pobitzer (RF); unten links: © iStockphoto, Fatur (RF); Mitte: © Christian Kielmann; rechts: © Fotolia, Kurhan (RF) – **S. 58** © Cornelsen Verlag, Herold – **S. 59** links: © Fotolia, Nemec (RF); 2. von links: © iStockphoto, O'Claire (RF); 2. von rechts: © Cornelsen Verlag, Herold – **S. 63** links: © Enzelberger; Mitte und rechts: © Jin – **S. 64** oben: © Fotolia, Monkey Business (RF); unten: © iStockphoto, Lane (RF) – **S. 66** © Cornelsen Verlag, Herold – **S. 68** unten: © iStockphoto, Jankowska (RF) – **S. 69** oben links: © Fotolia, Kaarsten (RF); 2. von links oben: © Fotolia, mine (RF); 3. von links oben: © Fotolia, photoGrapHie (RF); 3. von rechts oben: © Fotolia, Heim (RF); 2. von rechts: © Fotolia, Adler (RF); rechts: © Fotolia, simonkr (RF); unten links: © Fotolia, Webgalerist (RF); 2. und 3. von links unten: © Fotolia, Reitz-Hofmann (RF); 3. von rechts unten: © Fotolia, Durst (RF) – **S. 73** oben Mitte: © Jin; unten links: © iStockphoto, Legg (RF); unten Mitte: © Fotolia, Fischbach (RF) – **S. 76** oben: © Digitalstock, Hähnel (RF); unten: © Fotolia, Jackson (RF) – **S. 78** oben: © Getty Images, Baxter (RF); Mitte: © Digitalstock, housewife (RF); unten: © iStockphoto, Parnell (RF) – **S. 79** A: © Fotolia, reises (RF); B: © Fotolia, Bcubic (RF); C: © Fotolia, anulu (RF); D: © Fotolia, Albersmann (RF) – **S. 80** oben: © iStockphoto, Cutler (RF); Mitte links: © iStockphoto, Siemieniec (RF); Mitte rechts: © iStockphoto, 4FR (RF) – **S. 80/81** © Cornelsen Verlag – **S. 81** Mitte: Wikipedia, CC Attr.

Bildquellen

3.0, © Gründer – **S. 86** links: © Fotolia, Comtat (RF); 2. von links: © Fotolia, nsphotography (RF); Mitte: © Fotolia, Young (RF); 2. von rechts: © Fotolia, fotofrank (RF); rechts: © Fotolia, Prokop (RF) – **S. 89** oben links: © iStockphoto, Goodwin (RF); unten links: © iStockphoto, Shironosov (RF); oben Mitte: © Gillig Fahrschule; rechts: © Pixelio, Sturm – **S. 90** links: © iStockphoto, btrenkel (RF); 2. von links: © Peschel; Mitte: © iStockphoto, Coenders (RF); 2. von rechts: © Fotolia, Henlisatho (RF); rechts: © Fotolia, Kzenon (RF) – **S. 92** © Berufsförderungsinstitut Österreich – **S. 93** © Cornelsen Verlag, Herold – **S. 94** links: © Fotolia, Kadmy (RF); rechts: © Fotolia, ramvseb (RF) – **S. 95** oben: © iStockphoto, Shironosov (RF) – **S. 99** oben links: © Fotolia, Monkey Business (RF); oben Mitte: © Fotolia, Kroener (RF); oben rechts: © iStockphoto, Phillips (RF); unten links: © iStockphoto, Schindler (RF); unten Mitte: © Fotolia, Helgason (RF); unten rechts: © Fotolia, danielschoenen (RF) – **S. 101** oben: © BKK; Mitte: © WGKK; unten links: © AOK-Mediendienst; unten rechts: © Fotolia, Saloutos (RF) – **S. 102** oben links: © iStockphoto, nyul (RF); oben rechts: © Fotolia, reklektastudios (RF); unten Mitte: © Fotolia, Duplass (RF); unten rechts: © iStockphoto, Rao (RF) – **S. 104** © Cornelsen Verlag, Herold – **S. 105** oben links: © iStockphoto, Chauvin (RF); oben Mitte: © Fotolia, Cervo (RF); oben rechts: © iStockphoto, Ljubisavljevic (RF); unten rechts: © Fotolia, marioArte (RF) – **S. 109** 1: © Fotolia, Leitner (RF); 2: © Fotolia, Sanders (RF); 3: © iStockphoto, Gregor (RF); 4: © Fotolia, pixelot (RF); 5: © iStockphoto, Chaplin (RF) – **S. 111** oben links: © Fotolia, auremar (RF); oben Mitte: © iStockphoto, Chutka (RF); oben rechts: © iStockphoto, brockwell (RF); unten: © Fotolia, chris74 (RF) – **S. 112** links: © iStockphoto, Hähnel (RF); rechts: © Fotolia, Coburn (RF) – **S. 113** © Fotolia, Fuhr (RF) – **S. 114** © Getty images, Peterson (RF) – **S. 115** © iStockphoto, Gregor (RF) – **S. 119** links: © Cornelsen Verlag, Herold; oben rechts: © Fotolia, Steinbach (RF); unten rechts: © Fotolia, Pfluegl (RF) – **S. 120** oben: © Fotolia, detailblick (RF); unten: © iStockphoto, konradlew (RF) – **S. 123** links: © Enzelberger; Mitte: © Cornelsen Verlag, Herold; rechts: © Fotolia, fotokalle (RF) – **S. 124** links (großes Foto): Fotolia, Digitalpress (RF); 2. von links: © Fotolia, Waldteufel (RF); 3. von links: Wikipedia, gemeinfrei, © Krok; 2. von rechts: Wikipedia, GNU, CC Attr. Sha 1.2, © Beyer; oben rechts: © Fotolia, fotoman (RF); unten rechts: © Pixelio, Joujou – **S. 125** oben links: © Fotolia, Sereda (RF); rechts (kleines Foto): © Pixelio, Sodeikat; rechts (großes Foto): © Fotolia, Kröger (RF) – **S. 129** rechts: © Fotolia, tom (RF) – **S. 130** links: © iStockphoto, Young (RF); 2. von rechts: © iStockphoto, Locke (RF); rechts: © iStockphoto, Yeulet (RF) – **S. 133** unten rechts: © iStockphoto, Shironosov (RF) – **S. 134** © Wiener Hilfswerk – **S. 135** oben links: © Fotolia, Duplass (RF); oben rechts: © iStockphoto, Dean (RF); unten links: © Fotolia, deanm1974 (RF); unten rechts: © Fotolia, Pfluegl (RF) – **S. 136** oben links: © iStockphoto, Krinke (RF); oben Mitte: © iStockphoto, Zhorov (RF); oben rechts: © Tenbrock; Mitte links: © Fotolia, Fritzen (RF); Mitte rechts: © asylkoordination österreich; unten links: © Funk; unten Mitte: © Hefuna – **S. 141** links: © iStockphoto, Petkov (RF); 2. von links: © Pixelio, Weiss; Mitte: © Fotolia, rgbdigital.co.uk (RF); 2. von rechts: © Fotolia, Yuganov (RF); rechts: © Pixelio, Morlok – **S. 143** oben links: © Cornelsen Verlag, Herold; 2. von oben rechts: © iStockphoto, Avdeev (RF); 2: © Fotolia, michanolimit (RF) – **S. 144** © Fotolia, Sanders (RF) – **S. 145** rechts: © iStockphoto, Sekulic (RF) – **S. 146** 1: © Fotolia,

Bujack (RF); 3+5: © Fotolia, Thaut Images (RF); 4: © Fotolia, Häßler (RF); 6: © Fotolia, Engine Images (RF) – **S. 149** © mauritius images, Radius images (RF) – **S. 153** 1: © iStockphoto, Klaschik (RF); 2: © iStockphoto, Martinez (RF); 3: © iStockphoto, Coenders (RF); 4: © iStockphoto, digital-skillet (RF) – **S. 154** oben links: © iStockphoto, Killer (RF); oben rechts: © Fotolia, Herget (RF) – **S. 157** links: © Fotolia, Rodriguez (RF); rechts: © Fotolia, ewolff (RF) – **S. 158** © iStockphoto, Losevsky (RF) – **S. 171** © Paar – **S. 172** © Paar – **S. 178** © Jin – **S. 179** © Digitalstock, Hähnel (RF) – **S. 235** 1: © Fotolia, Ölei (RF); 2: © Fotolia (RF); 3: © Fotolia, zmajdoo (RF); 4: © Fotolia, dinostock (RF); 5: © Fotolia, Pargeter (RF); 6: © Fotolia, Pfluegl (RF); 7: © Adpic, Baumann (RF); 8: © Fotolia, rgbdigital.co.uk (RF); 9: © Fotolia, cs333 (RF); 10: © Pixelio, Rose; 11: © Fotolia, massi b (RF); 12: © Fotolia, Pfluegl (RF) – **S. 236** © Jahnke GmbH & Co. KG – **S. 237** 1: © Fotolia, Valentin (RF); 2: © Enzelberger; 3: © Fotolia, Kzenon (RF); 4 und 13: © iStockphoto, 1001nights (RF); 5: © Fotolia, ArtmannWitte (RF); 6: © Fotolia, Dmitrijevs (RF); 7: © Fotolia, Winters (RF); 8: © iStockphoto, Yeulet (RF); 9: © iStockphoto, Driedger (RF); 10: © iStockphoto, Gumerov (RF); 11: © iStockphoto, Kashkin (RF); 12: © Fotolia, moonboard (RF); 14: © Fotolia, puje (RF) – **S. 238** oben und 12: © Fotolia, carlos (RF); 9: © Fotolia, Patschull (RF); Mitte: © Fotolia, Hildebrandt (RF); 1: © Fotolia, Oechsner (RF); 2: © Fotolia, Eckgold (RF); 3: © Fotolia, StephanieB (RF); 4: © Fotolia, Alen-D (RF); 5: © Fotolia, f/2.8 by ARC (RF); 6: © Fotolia, msheldrake (RF) – **S. 239** 1: © Pixelio, Sterzl; 2: © Digitalstock, Leitner (RF); 3: © Fotolia, Panoramo.de (RF); 4: © Fotolia, LianeM (RF); 5: © Fotolia, Svenni (RF); 6: © Fotolia, Thomas B. (RF); 7: © Fotolia, ArTo (RF); 8: © Fotolia, Balk (RF); 9: © Fotolia, Design4all (RF); 10: © Fotolia, Dragon (RF) – **S. 240** 1. Reihe links: © Fotolia, kai-creativ (RF); 1. Reihe rechts: © Shutterstock, Merlini (RF); 2. Reihe links: © iStockphoto, Siemieniec (RF); 3. Reihe links: © Fotolia, der twix (RF); 3. Reihe rechts: © Fotolia, Patrizier-Design (RF); 4. Reihe links: © Pixelio, Schütz; 4. Reihe rechts: © Fotolia, Kenckophotography (RF); 5. Reihe links: © Pixelio, BSS; 6. Reihe: © www.dein-allgaeu.de – **S. 241** 1. Reihe: © Pixelio, Patzal; 2. Reihe links: © Fotolia, Kostic (RF); 2. Reihe rechts: © Fotolia, drubig-photo (RF); 3. Reihe links: © iStockphoto, svehlik (RF); 3. Reihe rechts: © Project Photos (RF); 4. Reihe links: © Fotolia, Bogdanski (RF); 4. Reihe rechts: © Fotolia, Kempf (RF); 5. Reihe links: © Fotolia, Bram J. Meijer (RF); 5. Reihe rechts: © Pixelio, gnubier – **S. 242** 1: © iStockphoto, Locke (RF); 2: © iStockphoto, fatur (RF); 3: © Fotolia, luna (RF); 4: © Fotolia, reflektastudios (RF); 6: © iStockphoto, furabolo (RF); 7: © Fotolia, somenski (RF); 8: © Fotolia, Duplass (RF); 9: © iStockphoto, Rao (RF); 10: © Fotolia, Wydmuch (RF); 11: © Fotolia, Eppele (RF); 12: © Fotolia, negrobike (RF); 13: © iStockphoto, nyul (RF); 14: © Fotolia, Sanders (RF); 15: © Fotolia, maennerbeiderarbeit (RF) – **S. 246** oben: © iStockphoto, Philipp (RF); unten: © Fotolia, Pfluegl (RF) – **S. 251** © Cornelsen Verlag, Dr. V. Binder – U3 © Cornelsen Verlag, Dr. V. Binder

S. 10 1: © picture-alliance/dpa, Thissen – **S. 12** C: © ullstein bild, photothek – **S. 29** links: © ullstein bild, Meißner – **S. 33** 1: © mauritius images, Matthias – **S. 39** links: © picture-alliance/ZB, Büttner – **S. 43** links: © ullstein bild, Pilger-Feiler; rechts: © ullstein bild/CARO, Oberhäuser – **S. 59** rechts: © mauritius images/image broker, Begste – **S. 68** oben: © picture-alliance/dpa/

Bildquellen

dpaweb/Fotoreport, Ossinger – **S. 73** oben links: © mauritius images, Photononstop; rechts: © picture-alliance/dpa/epa-Bildfunk, Badawi – **S. 80** unten: © ullstein bild, Tollkühn – **S. 81** oben: © picture-alliance/dpa/afp; unten: © picture-alliance/Bildagentur Huber, Schmid – **S. 89** unten Mitte: © picture-alliance/ZB, Kalaene – **S. 95** unten: © ullstein bild, sinopictures/Readfoto – **S. 102** unten links: © mauritius images, Walker – **S. 121** © picture-alliance/dpa, Haid – **S. 125** unten links: © mauritius images/imagebroker, Auth – **S. 130** 2. von links: © mauritius images, Raith – **S. 132** © mauritius images/ib, Wrba – **S. 133** oben links: © ullstein bild/CARO, Oberhäuser; oben rechts: © mauritius images, Gilsdorf; unten links: © picture-alliance/ZB/dpa-Report, Woitas– **S. 136** Mitte: © picture-alliance/dpa, Dornberger; unten rechts: © picture-alliance/dpa, Matzerath – **S. 143** 2. von oben links: © mauritius images/ib, Flegar; oben rechts: © ullstein bild, Hackenberg – **S. 145** links: © ullstein bild, photothek – **S. 146** 2: © mauritius images, Ripp – **S. 148** © picture-alliance/ZB, Thieme – **S. 154** unten: © mauritius images, Merten – **S. 242** 5: © mauritius images, Walker

Pluspunkt Deutsch A2

Österreich
Deutsch als Zweitsprache
Kursbuch

Im Auftrag des Verlages erarbeitet von Friederike Jin, Jutta Neumann und Joachim Schote

Bearbeitung und Redaktion: Dieter Maenner
Verantwortliche Redakteurin: Andrea Mackensen
Beratende Mitwirkung: Eva-Maria Enzelberger (Wien), Verena Paar-Grünbichler (Graz)
Bildredaktion: Katharina Hoppe-Brill

Redaktion der Originalausgabe:
Maria Funk und Dagmar Garve (verantwortliche Redakteurinnen), Andrea Mackensen,
Gunther Weimann (Projektleitung)
Redaktionelle Mitarbeit: Dieter Maenner
Unter besonderer Mitwirkung an der Originalausgabe: Georg Krüger

Beratende Mitwirkung an der Originalausgabe: Annekatrin Bach (Colmnitz), Nicola Ferling (Mannheim),
Ina Schiffhauer (Berlin), Dr. Vesna Stanicic-Burchards (Norderstedt)

Illustrationen: Matthias Pflügner
Gesamtgestaltung und technische Umsetzung: SOFAROBOTNIK, Augsburg und München
Technische Umsetzung der österreichischen Ausgabe: zweiband.media, Berlin

Autoren von Pluspunkt Deutsch · Der Integrationskurs: Georg Krüger und Matthias Merkelbach

Symbole

🔊 Hörverstehensübung (Hörtext auf CD)
🔊 Phonetikübung mit CD
👥 Partnerübung
✶ Portfolio-Übungen

www.cornelsen.de

Die Webseiten Dritter, deren Internetadressen in diesem Lehrwerk angegeben sind,
wurden vor Drucklegung sorgfältig geprüft. Der Verlag übernimmt keine Gewähr für
die Aktualität und den Inhalt dieser Seiten oder solcher, die mit ihnen verlinkt sind.

1. Auflage, 7. Druck 2017

Alle Drucke dieser Auflage sind inhaltlich unverändert
und können im Unterricht nebeneinander verwendet werden.

© dieser Ausgabe: 2017 Cornelsen Verlag GmbH, Berlin
© dieser Ausgabe: 2012 Cornelsen Verlag, Berlin

Das Werk und seine Teile sind urheberrechtlich geschützt.
Jede Nutzung in anderen als den gesetzlich zugelassenen Fällen bedarf der
vorherigen schriftlichen Einwilligung des Verlages.
Hinweis zu den §§ 46, 52 a UrhG: Weder das Werk noch seine Teile dürfen ohne eine
solche Einwilligung eingescannt und in ein Netzwerk eingestellt oder sonst öffentlich
zugänglich gemacht werden.
Dies gilt auch für Intranets von Schulen und sonstigen Bildungseinrichtungen.

Druck und Bindung: Livonia Print, Riga

ISBN 978-3-06-120534-8